Jessica DIGUET

La Prisonnière de Versailles

Roman

Libre 2 Lire

Cet ouvrage a été composé et imprimé en France
par Libre 2 Lire

www.libre2lire.fr – contact@libre2lire.fr
9, Rue du Calvaire – 11600 ARAGON

ISBN papier : 978-2-38157-122-5
ISBN Numérique : 978-2-38157-123-2
Dépôt légal : Mai 2021

Prologue

À Navarre :

Pour Ninon, le bonheur serait de ne plus être qui elle est. Née à Navarre, fille du roi Henri et de la reine Anne : la princesse Ninon de Navarre.

Un statut qui l'empêche de vivre sa vie comme elle le souhaite, un statut qui la retient enfermée dans ce qu'elle appelle sa prison dorée. Ninon rêve de liberté et d'amour, deux choses sur lesquelles elle n'a aucun contrôle. Elle est prisonnière de sa condition, prisonnière de sa propre vie. Elle est comme un animal sauvage enfermé dans une cage. Elle rêve de voir autre chose que les murs et les jardins du château, mais il lui est interdit de sortir. Navarre est situé entre deux royaumes puissants : la France et l'Espagne. Deux royaumes ennemis qui cherchent tous les deux à contrôler le sien. La famille royale peut être en danger et de ce fait, le roi interdit à ses enfants de sortir de l'enceinte du château sans une escorte et un trajet bien défini. Autrement dit, cela est très loin de ce qu'on appelle la liberté. Par chance, Ninon est loin d'être seule au château, elle a plusieurs frères et sœurs avec qui elle s'entend plus ou moins bien.

Tout d'abord il y a Charles, l'aîné, le dauphin de Navarre, le prochain héritier au trône. Il a été élevé pour devenir roi, c'est sa destinée et il l'a depuis longtemps accepté. Depuis qu'il est né, il n'y a qu'une issue pour lui, il n'a pas le choix. Il ne joue pas, il s'instruit, il apprend, il s'entraîne. Autrement dit, sa cage est encore plus restreinte que celle de Ninon qui déplore de passer trop peu de temps avec son frère aîné. Elle est encore plus triste pour lui que pour elle-même car pour lui, il n'y a aucune échappatoire possible. Elle au moins, elle pourra quitter les lieux grâce à un mariage. Un mariage qu'elle n'aura probablement pas choisi car, c'est bien connu : une princesse n'épouse pas un homme mais un pays à des fins politiques.

Ensuite il y a Marie, sa sœur aînée, elle a toujours voulu devenir la reine d'un grand pays et son éducation a été suivie et soignée pour que ce soit le cas. Elle parle plusieurs langues, connaît tous les us et coutumes, c'est une experte en broderie et elle est imbattable en ce qui concerne les rois et dauphins de chaque royaume aux alentours. C'est son rêve et elle n'a jamais compris pourquoi Ninon souhaite une autre vie que celle-ci. Pour Marie, il n'y a rien de mieux que de vivre au-dessus de tous et dans le luxe alors que pour Ninon, tout cela n'a aucune importance. Mais Marie ne comprend pas et ne veut pas comprendre, pour elle, ce ne sont que des foutaises.

Thomas, le frère jumeau de Ninon, est le seul à la comprendre. Tout comme elle, il se fiche de la royauté et de tout ce qui va avec. Il veut simplement profiter de la vie et s'adonne à tous les vices possibles et imaginables, dans le plus grand secret de la cour de Navarre bien évidemment. Il a l'impression de pouvoir contrôler sa vie, d'en faire ce qu'il veut, mais c'est juste une manière de retarder l'inévitable : un jour ou l'autre, on va lui imposer une épouse, un mariage politique pour créer une nouvelle alliance. Ou dans le pire des cas, s'il arrivait malheur à son frère, il serait le prochain sur la liste et c'est ce qui le terrifie le plus. Tout comme sa sœur, il veut être libre mais il a un avantage qui n'est pas des moindres : c'est un garçon. Il est plus facile pour lui de faire ce qu'il veut, quand il veut et ça, Ninon lui envie beaucoup.

Et la petite dernière, Hélène. Elle rêve aussi d'épouser un roi même si elle dit souvent qu'elle se contenterait aussi d'un duc. Elle suit l'exemple de sa sœur Marie dans tout ce qu'elle fait : études, activités et la mode. Hélène admire la détermination de sa sœur aînée et ne doute pas que Marie réussira à devenir une grande reine. Donc si elle suit son exemple, elle pourra elle aussi avoir tout ce qu'elle souhaite. Pourtant, elle envie de loin les jumeaux qui n'en font qu'à leurs têtes et se fichent des convenances.

Ninon et Thomas aiment vivre comme s'ils étaient d'autres personnes. Ils vivent au jour le jour, font ce qu'ils veulent quand ils le veulent car personne n'attend d'eux d'être le prince et la princesse parfaits, du moins pas pour le moment. Charles et Marie portent ce fardeau pour eux. Leur mode de vie et leur manière de penser créent des problèmes dans la fratrie. Charles préfère les ignorer pour ne pas se détourner de son devoir. Marie ne les comprend pas et les considère comme des traîtres à leur sang. Et Hélène est jalouse, au fond elle aimerait faire pareil mais elle sait qu'il y aura des conséquences. Ils savent tous que les jumeaux sont les favoris du roi même s'ils se demandent tous pourquoi : ils sont loin d'être les enfants idéals et leurs frasques créent souvent des problèmes à la cour. Beaucoup de nobles demandent à ce qu'ils soient bannis, pourtant leur père les couvre et trouve toujours une excuse pour eux, ce qui agace de plus en plus la reine.

Le roi Henri, considère Navarre comme le plus beau des pays et il respecte son peuple plus qu'aucun autre roi. Le royaume est toujours prospère, les gens sont heureux et la famille royale reste proche de tout le monde. Il aime tous ses enfants et il est fier de chacun d'entre eux. Mais ce qu'il aime le plus chez les jumeaux c'est leurs esprits libres. Quand il était jeune, il rêvait lui aussi de liberté, alors il les comprend mieux que quiconque et c'est pour cela qu'il ne peut leur en vouloir. Bien sûr, il sait qu'un jour il devra les enfermer dans une vie qui ne leur conviendra pas tout comme il l'a été. Et même s'il préfèrerait qu'il en soit autrement, c'est le devoir des princes et princesses d'un royaume de faire des mariages politiques. Quand il était jeune, il voulait être musicien et était amoureux d'une jeune cuisinière de la cour. Pourtant il a dû faire son devoir et suivre sa route en épousant la fille du roi d'Écosse, pour finalement devenir roi.

La reine Anne d'Écosse est une femme de pouvoir. Elle contrôle sa cour d'une main de maître, même si les jumeaux réussissent toujours à passer outre ses règles. Sa fille Marie est sa fierté, elle fera d'elle une grande reine et déplore que sa cadette ne soit pas comme son aînée et sa benjamine. Ninon est incontrôlable et cela la chagrine beaucoup, surtout quand son époux n'use pas de sévérité avec elle. Thomas est un homme, ce sera donc plus facile de faire oublier ses frasques lors de son futur mariage mais pour une fille c'est différent. Personne ne voudra d'elle si les rois voisins ont connaissance de son comportement irrespectueux envers la cour et ses devoirs.

Mais voilà, la vie presque paisible du château va vite être perturbée quand le royaume voisin, la France, va y être mêlé. La réponse tant attendue par la reine et la princesse Marie est enfin arrivée et va bouleverser leurs vies à jamais.

En France :

Louis-Philippe est le dauphin, son père est un roi aimé de tous et cela le terrorise de devoir suivre ses traces un jour. Il a peur de ne pas être à la hauteur et de ruiner tout ce que son père a construit. Il sait qu'on va bientôt lui choisir une épouse et ça aussi, ça le terrifie. Il espère que ce sera une femme qu'il pourra aimer avec le temps et sur qui il pourra compter. Il aimerait pouvoir la choisir lui-même, mais ce n'est pas ce qu'on attend de lui. La seule chose qui intéresse la couronne, la noblesse et même le pape, ce sont les héritiers. Peu importe qu'il soit heureux ou non. Il se sent seul tout le temps et ne trouve aucun soutien dans sa propre famille. Son petit frère, Gaston, aime le pouvoir et il sait qu'un jour ou l'autre il tentera de s'en emparer. Il ne peut avoir confiance en lui, il sait qu'une fois à la tête du royaume, il sera seul. C'est pour cela qu'il doit s'entourer de personne en qui il pourra avoir confiance, même s'il sait que quand on est roi, la confiance est un luxe. Sa sœur, Augustine, n'a qu'un an de moins que lui, ils étaient proches étant enfants mais à présent, chacun suit son propre chemin. Elle a elle aussi de grandes ambitions et le chemin vers le trône en est une. Tellement de distance s'est installée entre eux, qu'il a l'impression qu'elle est juste une noble de plus vivant à la cour de Versailles.

Il y a pourtant une personne en qui il a pleinement confiance et c'est pour cela qu'il l'a fait revenir à Versailles : son cousin Antoine, duc de Bourbon. Il a aussi fait en sorte qu'il soit nommé capitaine dans l'armée royale. En cas de guerre il aura au moins quelqu'un pour couvrir ses arrières. Antoine est le fils du frère du roi, son père, sa mère et ses sœurs ont tous été assassinés lors d'un coup contre la famille royale. Il est le seul survivant et c'est pour cela que le roi Louis, son oncle, a pris soin de lui depuis. Le problème c'est qu'Antoine ne vit pas réellement depuis qu'il a vu la mort de près. Il accomplit seulement son devoir envers le roi, mais rien ne le rend heureux et ça, Louis-Philippe le sait que trop bien. Il ne l'a jamais vu sourire en dix ans.

Le roi Louis est en homme juste et droit. Il a fait de la France un royaume peuplé et prospère malgré les guerres passées. Il est monté sur le trône à l'âge de quatorze ans et a tout appris par lui-même. Il veut léguer à son fils, un pays puissant, une monarchie puissante, et pour cela il a besoin d'une grande reine aux côtés du dauphin. Son épouse est décédée après l'accouchement de leur dernier fils Gaston et cela n'a pas toujours été facile après. Il souhaite une femme forte et en bonne santé pour son fils pour que le schéma ne se reproduise pas.

L'annonce tant redoutée par Louis-Philippe est arrivée. On lui a choisi une épouse, la fille du roi d'un royaume voisin, une femme dont il n'avait jamais entendu parler jusqu'à présent. Son destin est en marche et il ne peut rien faire pour l'éviter.

1 – Le futur mariage

1688.

Ninon est une fois de plus dans sa bulle. Il pleut dehors, alors elle n'a pas pu s'échapper dans les jardins pour ne pas assister au remue-ménage qui est en train de prendre place dans le château. Son père, le roi Henri est sur le chemin du retour, il sera là dans quelques heures, ou quelques minutes, elle a perdu la notion du temps depuis qu'elle s'est cachée ici. Il était parti en France pour rencontrer le roi Louis et convenir d'une alliance face à la menace espagnole.

Tout le monde sait ici ce que cette alliance signifie : le mariage entre le dauphin de France et Marie, sa sœur aînée. Une fois qu'il sera rentré, tout le monde sera fixé, le roi de France a-t-il accepté ce mariage ? Ninon espère que oui, elle supporte de moins en moins les remarques désobligeantes de sa sœur. Elles sont très différentes et ne se comprennent pas. Marie est la parfaite petite princesse alors qu'elle, elle est la princesse rebelle qui n'en fait qu'à sa tête. D'ailleurs, si elle se cache la moitié du temps, c'est pour ne pas être obligée d'assister à ce genre de frivolité qui ne l'intéresse guère.

Elle est cachée dans la chambre du roi, personne n'a le droit d'y entrer en son absence, pas même son intendant, alors elle sait qu'elle y est tranquille. Elle en profite pour lire. Souvent des livres qu'on lui interdit, car un peu trop osés selon sa mère, mais c'est son moyen à elle de s'évader dans un autre monde. Elle imagine souvent être l'héroïne du roman, elle a une vie différente à chaque fois et cela lui plaît beaucoup. Elle s'est allongée sur le lit, les yeux fermés pour profiter de ces derniers instants de répit. Elle entend son nom à plusieurs reprises, on la cherche, elle le sait mais peu importe, elle veut être seule. Quand son père sera de retour, elle devra trouver une autre cachette, peut-être dans la chambre de sa servante Charlotte. C'est sa meilleure amie, elle garde tous ses secrets et bien plus. Ninon n'imagine pas un seul instant sa vie sans elle. Elles ne se sépareront jamais, elles en ont fait la promesse. Si un jour elle devait se marier, alors Charlotte la suivrait.

Alors qu'elle est sur le point de s'endormir, une voix la sort de sa solitude tant recherchée.
— Je savais que tu serais là.

Elle ouvre les yeux, Thomas se tient debout devant le lit et la regarde compatissant.
— Tu es bien le seul à me trouver où que je sois.
— Parce que je te connais mieux que personne chère sœur.
— Et comment se déroulent les festivités ? lui demande Ninon.
— Mère te cherche partout, elle est furieuse. Et Marie a dit que tu étais une personne sur qui on ne pouvait pas compter.
— J'ai déjà entendu pire venant d'elle.

Thomas rigole et s'assied sur le lit. Ninon se redresse et se glisse à ses côtés. Elle met sa tête sur l'épaule de son frère et se sent apaisée en un instant. Il a cette faculté à la faire se sentir en sécurité, immunisée contre le monde qui les entoure.
— Thomas, crois-tu que nous pourrions nous enfuir et vivre notre vie comme nous le souhaitons ?
— Nous pourrions. Mais nous ne tiendrions sûrement pas longtemps, nous ne savons rien de la vie en dehors de ces murs.
— C'est bien ce qui est désolant, nous ignorons ce qu'il se passe à l'extérieur.

Thomas hoche la tête afin d'acquiescer et reprend :
— Nous devrions y aller, le roi arrive dans quelques minutes, nous devons l'accueillir.

Ils se lèvent, sortent de la chambre en toute discrétion et filent rejoindre leur mère dans le vestibule. La reine regarde Ninon avec un mélange de désolation et de contrariété. Marie secoue la tête en la regardant elle aussi, mais Ninon n'en a que faire, elle a l'habitude.

— Nous réglerons cela plus tard jeune fille, réplique sa mère.

Ninon sait qu'elle pourra passer outre les remontrances de la reine une fois que le roi sera là. Il a toujours été compatissant avec elle et ne lui en tient jamais rigueur quand une autre personne vient se plaindre de son comportement. Elle le sait et elle en profite, le roi a toujours eu un faible pour elle et Thomas.

Les portes s'ouvrent et le roi Henri entre tel un conquérant. Il était parti pendant deux semaines et Ninon se rend compte qu'il lui avait manqué plus qu'elle ne le pensait. Elle ne peut s'empêcher de sourire en voyant son visage. Il s'avance vers eux et tous le saluent.
— Versailles est un château splendide mais rien ne vaut son chez-soi, dit-il.

Il s'avance vers Ninon et lui prend les mains.

Il reprend :
— Ma chère enfant, votre sourire et votre maladresse m'ont beaucoup manqué.
— Vous m'avez aussi beaucoup manqué père, répond Ninon en souriant.

Elle se glisse dans ses bras et il la serre contre lui. Tout n'est pas si horrible entre ces murs finalement, quand elle est dans les bras de son père, elle se sent forte et aimerait ne jamais les quitter.
— J'espère que vous avez bien pris soin de votre sœur, Thomas.
— Comme toujours.

Le roi lui fait un signe de tête puis se détache de Ninon et va voir sa benjamine pour lui ébouriffer les cheveux, Hélène déteste ça mais il n'en a que faire, lui ça l'amuse. Il met sa main sur l'épaule de Marie puis sur celle de Charles.
— Je meurs de faim, allons dîner, j'ai une annonce à vous faire.

Marie regarde sa mère, elles sourient toutes les deux, impatientes de savoir quand le mariage aura lieu. Pour Anne, la reine, l'issue est forcément positive, sa fille est née pour être reine et le roi de France, ne peut pas rejeter cette alliance face à l'Espagne. Ils se dirigent tous vers la salle à manger et s'installent autour de la table dressée de leur plus belle porcelaine et de mets qui ont l'air plus délicieux les uns que les autres. Ninon se surprend alors à penser que Thomas a raison, ils ne survivraient pas longtemps livrés à eux même, elle n'a aucune idée de comment faire du pain ou préparer un de ces plats.
— Alors mon cher mari, cette visite fut elle fructueuse ?
— Le roi de France est un homme sage et bien avisé. Il m'a de lui-même proposé une union entre nos deux familles. En échange il déploiera des troupes dans le royaume pour nous préserver d'une attaque espagnole.
— Et laquelle de vos filles avez-vous promise au dauphin ? demande la reine.
— Marie, vous allez devenir dauphine de France.

Marie exalte de joie en entendant ces mots, venant d'elle cela veut dire un sourire et un hochement de tête. Elle ne montre pas ses émotions, elle garde toujours une distance. Au contraire de Ninon qui elle, n'a pas peur des démonstrations ou de dire tout ce qui lui passe par la tête.
— Je suis très fière de vous ma chère fille, dit Anne en souriant à son aînée.

Thomas se penche à l'oreille de Ninon et dit tout bas :
— Il faut fêter ça, nous serons bientôt débarrassés de la reine des glaces.

Ninon glousse. Il a raison, c'est un vrai soulagement, plus de reproche à longueur de temps et ses journées seront sûrement plus agréables après le départ de sa sœur.
— Nous partirons pour Versailles dans un mois et le mariage aura lieu le samedi après Pâques. Ninon et Thomas vous viendrez avec nous en France, Marie aura besoin de sa sœur pour les préparatifs et Thomas vous sympathiserez avec le dauphin.

— Moi aussi je veux venir, intervient Hélène.
— Je suis désolé mais vous resterez pour prendre soin de votre mère. Charles je vous confie Navarre en mon absence.
— Vous pouvez compter sur moi père, lui répond-il.
— Je comptais venir et assister au mariage, dit alors la reine. Ma fille devient dauphine de France, je ne veux pas rater cela.
— Vous devez rester pour aider votre fils en cas de besoin ma chère. Et puis vous avez assisté au mariage de Charles il y a peu, vous devriez être satisfaite.

On peut lire la colère sur le visage de la reine, elle a travaillé dur pour ce moment et elle ne pourra même pas voir le fruit de son travail. Mais elle ne dit rien et se contente d'acquiescer, c'est le rôle d'une reine et d'une femme en général, obéir à son époux.

C'est ce que Ninon redoute le plus avec le mariage. Elle n'est pas une grande fervente de l'obéissance et son futur époux risque de ne pas trop apprécier. Sauf si par chance, elle se marie avec un homme qui la comprenne. Si elle le pouvait, elle laisserait sa place bien volontiers pour ce voyage en France, mais elle se console en se disant qu'on moins elle va enfin avoir une occasion de quitter ce château. Et puis ils partent à quatre mais ne reviendront qu'à trois et elle sera enfin libérée des sermons de sa sœur.

Elle a entendu parler de Versailles et de ses nobles pour qui l'apparence et la richesse sont tout ce qui importe. Tout l'opposé de ce qui l'intéresse et cela risque de l'empêcher de profiter de ce voyage.

Thomas est ravi d'avoir cette opportunité, la réputation de Versailles n'est plus à faire, le vice est une vertu là-bas. Il y sera comme un poisson dans l'eau et faire de nouvelles rencontres est toujours un plaisir pour lui. Là-bas, ils ne connaissent personne et il va en profiter pour montrer à Ninon les petits plaisirs de la vie. Il veut que sa jumelle puisse s'amuser un peu, loin des yeux de leur mère et qu'elle puisse enfin être elle-même.

En France, Louis-Philippe a reçu la confirmation qu'il sera bientôt marié à la princesse Marie, du royaume de Navarre. On dit qu'elle est une personne très droite, qui ne se laisse pas guider par ses émotions et qui connaît son devoir envers lui et la France. Qu'elle a été élevée comme une future reine et qu'elle sera un pilier pour lui. Une femme élevée pour devenir reine, qu'est-ce que cela peut bien vouloir dire ? Elle a l'air ennuyante au possible, loin de ce qu'il s'était imaginé. Il aurait aimé une femme différente de ce qu'il a toujours connu, une femme auprès de qui, il aurait pu se réfugier quand il en aurait eu assez de parler politique, guerre, impôts et tout ce qui va avec. Il sera déjà entouré de ministres ennuyants, élevés et éduqués pour servir le roi. Ce n'est pas ce qu'il attendait de sa future femme.

Il a convoqué son seul ami et cousin Antoine. Il a besoin d'en parler avec quelqu'un, il a besoin qu'on lui dise que tout ira bien.
— Antoine, entrez vite, le presse Louis-Philippe.

Antoine entre et salue le dauphin.
— Pas besoin de faire de révérence, nous ne sommes que tous les deux.
— Vous vouliez me parler ? demande Antoine.
— J'ai besoin de conseil, je vais me marier.
— Toutes mes félicitations.

Les épaules de Louis-Philippe s'affaissent et il va s'asseoir dans un fauteuil près de la cheminée. Il fait signe à Antoine de le rejoindre.
— Je ne sais pas si des félicitations sont de rigueur mon cher cousin. Ils disent que c'est une princesse élevée pour être reine.

Antoine s'assied face à lui et le regarde, déconcerté.
— Je ne vois pas où est le problème, c'est une bonne chose au contraire non ?
— Je ne sais pas, j'ai peur de me retrouver avec un autre ministre dans ma chambre à coucher.

— Ou bien elle connaît le rôle d'une reine et vous sera d'un grand soutien.
— J'ai peur qu'elle soit barbante, le genre de femme avec laquelle on ne prend pas plaisir à converser. Et si elle n'était pas à mon goût et que je n'avais pas envie de… vous savez…

Il fait de gros yeux et montre le lit avec un signe de tête. Antoine remue dans son siège, un peu gêné.
— Ou peut-être qu'au contraire elle sera à votre goût et munie d'un esprit brillant.
— Si c'est le cas, alors peut-être que c'est moi qui ne lui plairais pas. Si cela arrivait et qu'elle se refusait à moi ?
— Je ne pense pas que vous ayez besoin de vous inquiéter pour cela.
— De toute façon, ni elle ni moi n'avons vraiment le choix.

Louis-Philippe regarde les bûches s'enflammer dans la cheminée et Antoine fait de même. Il sait que son cousin est toujours pris de panique en cas de grand changement et il a l'habitude de devoir le rassurer. Il sait quoi lui dire pour qu'il se calme, mais il doit quand même avouer qu'il est très heureux de ne pas être à la place du dauphin.

Le mariage, très peu pour lui et même s'il n'a pas l'intention d'épouser qui que ce soit, si un jour il devait le faire, alors se sera son choix, ce ne sera pas une personne qu'on lui aura imposée. C'est pour cela qu'il a toujours pensé être plus chanceux que Louis-Philippe malgré tout ce qu'il a vécu par le passé.
— Antoine, comptez-vous vous marier ? Nous avons besoin d'une duchesse de Bourbon, il vous faut une descendance.
— Je suis marié à mon devoir envers la France, je suis un soldat avant d'être le duc de Bourbon.
— Je comprends. Le mariage peut être terrifiant.

Antoine regarde le dauphin mais ne répond pas. Il ne parle pas de ce genre de chose, il ne parle pas de sentiment ou de mariage et encore moins avec le futur roi de France. Il pense qu'il n'a pas le droit au bonheur, il s'en veut d'avoir survécu alors que les siens ont tous été tués sans qu'il ne fasse rien. Il ne mérite pas d'être heureux et encore moins d'être aimé. Et de la manière dont il voit les choses, aucune femme ne pourra jamais le comprendre, ni sa détresse ni son rejet du bonheur.

2 – Bienvenue à Versailles

Après un long trajet peu confortable, ils arrivent enfin à Versailles. La calèche s'arrête et ils descendent tour à tour, suivis par la deuxième voiture composée de leur personnel. Tous sont subjugués par ce qui se trouve devant eux : un château immense en forme de U, avec une cour intérieure des plus vaste. De nombreuses dorures se trouvent sur les portails et les portes. Ninon est plus que pressée de découvrir les jardins de ce somptueux palais.

— Les gens ne plaisantaient pas dans leurs récits sur Versailles et sa grandeur, réplique Thomas.

— Et encore vous n'avez pas vu l'intérieur les enfants, dit le roi Henri.

Ils s'avancent jusqu'aux portes du palais où ils sont accueillis par le roi de France lui-même.

— Bienvenu mon cher ami.

Il s'avance vers le père de Ninon et ils joignent leurs mains.

— Quel plaisir de vous revoir ! Voici Marie, je sais que vous prendrez grand soin d'elle.

Marie s'avance et fait une révérence.

— Votre Majesté, dit-elle.

— C'est un plaisir jeune demoiselle, lui répond le roi de France.

— Et voici la princesse Ninon et le prince Thomas, les présente le roi de Navarre.

À leur tour Ninon et Thomas s'inclinent devant le roi.

— Le dauphin n'est pas encore revenu de la chasse, il ne peut donc pas vous accueillir lui-même, mais ce soir, j'ai organisé une présentation officielle, avec tous les nobles de la cour dans la salle de bal. En attendant, mon intendant va vous escorter jusqu'à vos appartements.

— Veuillez me suivre Sire, dit Louvois en s'inclinant face à Henri de Navarre.

Ils partent tous en direction de leurs quartiers à la suite de Louvois. Marie reste imperturbable alors que Ninon regarde partout autour d'elle, la bouche ouverte, émerveillée par tant de splendeur. Elle ne regrette pas d'être venue finalement, ce château est incroyable. Quant à Thomas, il sourit à toutes les femmes qu'il croise sur son passage. Il se dit que son séjour risque d'être fort agréable, toutes les femmes de la cour sont plus belles les unes que les autres.

Ninon entre dans sa chambre suivie de Charlotte et des porteurs de bagages. Une fois de plus, elle est émerveillée par ce qu'elle voit. La tapisserie est colorée et attire la lumière, les fenêtres s'étendent tout le long de la pièce avec une vue directe sur les jardins, son endroit préféré où qu'elle se trouve. Les tentures sont couvertes de fils d'or qui brillent au soleil.
— Charlotte, je crois que nous allons nous plaire ici.
— En effet mademoiselle. La princesse Marie a beaucoup de chance avec sa nouvelle demeure.
— Et nous, nous aurons la chance de ne plus supporter ses médisances.

Charlotte sourit aux paroles de sa maîtresse. Marie s'en prend aussi très souvent à elle, disant qu'elle ne fait pas son travail correctement ou qu'elle profite trop de l'amitié de la princesse Ninon.
— Allons visiter les jardins ! reprend Ninon.
— Nous devrions nous occuper de votre tenue pour ce soir mademoiselle, il reste peu de temps.
— Très bien, mais faisons vite, comme ça je pourrais aller voir les jardins avant de m'y rendre.

Charlotte acquiesce et s'affaire à défaire les valises de Ninon, qui elle en profite pour explorer de plus près cette chambre. Elle teste le lit, il a l'air très confortable, c'est un bon point, elle ne dort pas toujours très bien quand elle n'est pas dans sa chambre.

— Je crois que vous devriez mettre la robe bleu ciel, elle fait ressortir vos yeux verts, dit Charlotte de l'autre côté de la pièce.
— Peu importe, ce n'est pas mon mariage, je n'ai pas besoin d'impressionner qui que ce soit.
— Mais il faut quand même faire bonne figure auprès du roi et qui sait, il y aura peut-être un charmant jeune homme dans la salle.
— Tu fais erreur, je ne suis pas Thomas, je ne suis pas venue ici pour batifoler à tout va.

Charlotte glousse, c'est vrai que Thomas est un vrai coureur de jupons et parfois elle aimerait qu'il lui coure après même si elle sait que cela n'arrivera jamais. C'est son petit secret. Ninon la rejoint et elles commencent la préparation pour la soirée de ce soir. Un rituel qui agace souvent la jeune princesse de par sa longueur, elle a l'impression de passer la moitié de sa vie à s'habiller et se déshabiller, tellement il y a de couches de vêtement.

Après ce qui lui a semblé des heures, Ninon est enfin prête et par chance, il lui reste encore un peu de temps pour aller voir les jardins. Elle sort en vitesse suivie par Charlotte et file à l'extérieur du palais. Sa première pensée en arrivant dans les jardins est qu'ils sont magnifiques, c'est le printemps et les fleurs bourgeonnent un peu partout. Elle voit d'ici l'immense fontaine qui se trouve au centre, une pure beauté. Elle est dans son élément. La nature, c'est ce qu'elle aime par-dessus tout. Elle déambule tournoyante au milieu des arbustes et des buissons.

Antoine de son côté, est fin prêt pour aller soutenir son cousin. Il regarde par la fenêtre pour profiter des derniers rayons du soleil de la journée et aperçoit alors une silhouette au milieu des jardins. Une femme est en train de tourner sur elle-même faisant voler sa robe suivie par une autre femme qui essaye de l'arrêter. Il se demande si ce ne serait pas la future dauphine qui profite de sa nouvelle demeure. Elle a l'air si

heureuse qu'il n'arrive pas à détacher son regard de cette robe bleue qui tourne encore et encore.
— C'est l'heure Monsieur.
— Merci, Édouard.

Il regarde une dernière fois vers la jeune femme et part rejoindre la salle de bal.

Quand il arrive, le dauphin est déjà présent, il fait les cent pas et Antoine va le rejoindre. Comme ils ne sont pas seuls, il doit lui marquer le respect qu'il doit au dauphin. Quand ils sont seuls, c'est différent, Louis-Philippe préfère qu'il lui parle comme à un ami.
— Tout va bien se passer cher cousin, dit Antoine
— Est-ce que vous l'avez vu ?
— Non, pas encore.
— Dommage, vous auriez pu me donner votre avis.

Le roi s'avance vers eux et ils le saluent à l'unisson.
— Venez, vous allez vous mettre à mes côtés, Antoine vous pouvez aussi vous joindre à nous.

Ils se dirigent tous les trois vers l'estrade qui domine toute la pièce. Le roi et le dauphin s'installent dans leurs fauteuils respectifs et Antoine se place un peu en retrait au côté de Louis-Philippe. Gaston, le comte d'Artois et frère du dauphin n'est pas là. Il devrait se tenir aux côtés du roi lui aussi. La princesse Augustine s'avance dans la foule et se met devant tout le monde.

La porte s'ouvre et le roi de Navarre entre suivit de Marie et Thomas. Ils avancent d'un pas déterminé jusqu'à l'estrade. Le roi se lève et salue son homologue avec un grand sourire. Marie et Thomas font la révérence et Louis Philippe se redresse pour mieux voir sa promise.

C'est alors que des petits pas se font entendre au loin, le roi Henri se gratte la gorge, il sait que c'est Ninon qui arrive pour les rejoindre, en retard une fois de plus. Marie essaye de cacher sa colère et Thomas essaye de ne pas rire.

Elle entre faisant claquer ses talons sur le parquet en bois, file se mettre au côté de son père et s'incline rapidement. Louis-Philippe la regarde confus, il ne sait plus qui regarder, laquelle est Marie ?

Antoine reconnaît tout de suite la robe bleue, c'était donc elle dans les jardins. Si c'est la future dauphine et qu'elle arrive en retard à la soirée organisée pour elle, alors les choses risquent de devenir intéressantes à Versailles.

Le roi Henri regarde sa fille qui hausse légèrement les épaules en faisant une petite moue. Puis le regard de Ninon croise celui de Louis-Philippe et elle baisse rapidement la tête. Cette fois elle a peut-être un peu dépassé les bornes en arrivant en retard, elle veut bien le reconnaître.
— Veuillez pardonner la princesse pour cette entrée peu discrète, dit le roi de Navarre en regardant sa fille avec insistance.

Ninon comprend qu'elle doit s'excuser. Elle s'avance alors un peu plus vers le roi de France et s'incline de nouveau.
— Pardonnez-moi Votre Majesté, elle se redresse et le regarde. Je me suis perdue et croyez-moi ce n'est pas une mince affaire de courir avec une robe qui pèse une tonne et un corset qui vous empêche de respirer.
— NINON ! gronde son père.

Elle sursaute, le regarde et comprend finalement ce qu'elle vient de dire et surtout à qui elle vient de le dire. Elle se retourne de nouveau vers le roi et baisse la tête en signe d'excuse.

Antoine se surprend à sourire en regardant la jeune femme. Louis-Philippe sait à présent que ce n'est pas sa promise mais cette jeune princesse effrontée l'intrigue. Marie regarde sa sœur furieuse, elle va lui faire regretter d'être venue à Versailles. Thomas met sa main devant son visage pour essayer de cacher le fait qu'il rigole, il adore sa sœur et pour rien au monde il ne voudrait qu'elle change. Avec elle on ne s'ennuie jamais.

Le roi Louis la regarde plusieurs secondes et éclate de rire. Un rire des plus communicatif car tout le monde se met à rigoler dans la pièce mettant Ninon mal à l'aise.
— Vous avez raison, je ne sais pas ce que c'est et je vous crois sur parole, dit-il toujours en rigolant.

Ninon fait un petit sourire gêné et va se remettre derrière son père. Elle jette un coup d'œil à Thomas qui lui fait un immense sourire. Elle s'aventure alors à regarder sa sœur qui lui lance un regard glacial. Elle va s'en prendre plein la tête avant la tombée de la nuit c'est certain.

Marie décide de reprendre les choses en main et s'avance alors vers le dauphin afin de se présenter correctement. Le problème c'est que Louis-Philippe ne lâche pas Ninon des yeux, comme toutes les personnes présentes d'ailleurs. Marie en veut d'autant plus à sœur, elle a tout gâché et volé son moment de gloire. C'est elle la future dauphine, les gens devraient se concentrer sur elle et non pas sur son énervante petite sœur qui ne respecte rien.

Des bruits de pas se font alors de nouveau entendre et Gaston s'avance rapidement vers son père et son frère. Louis-Philippe ne supporte pas quand il fait ça, il veut se faire remarquer, il a toujours besoin que tous les regards soient braqués sur lui. Il sait qu'il a fait exprès de venir en retard pour que l'on remarque son entrée. Seulement cette fois, ce n'est pas sur lui que sont les regards mais sur la jeune Ninon dans sa robe bleu ciel qui s'impose de par sa beauté et sa prestance.
— Excusez mon retard. Il se retourne vers les nouveaux arrivants. Je suis le frère du dauphin, le comte d'Artois, qui est donc la future dauphine ? Il s'avance vers Ninon. Est-ce vous ?
— Non il s'agit de ma sœur Marie, lui répond Ninon montrant sa sœur.

Gaston regarde un instant la future épouse de son frère puis son regard se reporte rapidement sur la jeune princesse.

— Excellent, comme ça nous allons pouvoir faire connaissance.

Un sourire carnassier se dessine sur son visage, mettant Ninon très mal à l'aise. Une chose est sûre c'est qu'elle n'a pas vraiment envie de le connaître. Thomas l'observe en plissant les yeux, ce comte d'Artois ne lui plaît pas beaucoup.

Antoine secoue la tête face à tant d'arrogance et ressent de la pitié pour la jeune femme qui ne sait pas encore dans quelle galère elle se trouve. Quant à Louis-Philippe il n'a qu'une envie : aller se réfugier dans sa chambre.

3 – Délicieuse rencontre

Ninon n'a qu'une envie c'est de sortir d'ici, même si cette pièce est immense, elle est en train d'étouffer. Une fois de plus, elle a parlé trop vite et s'est fait remarquer. Par chance le roi Louis, ne lui en a pas tenu rigueur, bien au contraire. Mais elle sait que ce ne sera pas le cas de Marie, elle va lui faire un sermon qui va probablement durer des heures. C'est aussi pour ça qu'elle veut partir et vite, ça repoussera l'échéance à demain. Marie est en train de discuter avec le dauphin, ils ont l'air aussi mal à l'aise l'un que l'autre, c'est assez embarrassant à regarder. Mais au moins elle est occupée et si Ninon veut éviter le sermon, elle doit partir sans plus attendre.

Elle cherche Thomas du regard pour lui dire qu'elle s'en va mais le seul regard qu'elle croise est celui du comte d'Artois. Elle détourne vite la tête avant qu'il ne pense que c'est un signe et qu'il peut venir la voir. Mais c'est trop tard, Gaston s'avance déjà vers elle, elle voit alors la porte sur sa droite et décide de s'y engouffrer le plus rapidement possible afin de lui échapper.

Elle marche vite, elle ne sait pas où elle va, mais elle y va, tant que c'est le plus loin possible de ce comte et de Marie. Elle longe un long couloir et se retrouve dans une pièce absolument magnifique. De grandes fenêtres tout le long, des lustres en cristaux, des peintures magnifiques au plafond, un décor digne d'un grand royaume. Elle comprend qu'elle est dans la fameuse Galerie des Glaces.

Elle en avait entendu parler mais c'est encore plus somptueux qu'elle n'aurait pu l'imaginer. Il faudra qu'elle revienne en journée, avec le reflet du soleil, cela doit être magique. Le roi Louis est assurément un visionnaire, chaque recoin est pensé et travaillé avec soin.

Antoine, qui avait vu la princesse s'enfuir de la salle, l'a suivi pour s'assurer que tout allait bien. Il ne peut s'empêcher de sourire en la regardant s'émerveiller. Elle l'avait déjà fait sourire tout à l'heure lors des présentations. Ce n'était pas arrivé depuis longtemps, au point qu'il ne se croyait plus capable de pouvoir le faire. Et voilà que ça arrive de nouveau, Ninon l'intrigue beaucoup et il veut en savoir plus.
— Vous êtes encore perdue ?

Ninon se retourne en sursautant, pensant être seule. Il s'avance lentement vers elle et s'incline une fois arrivé à sa hauteur. Il est beau, voilà la première chose que se dit la jeune princesse en le voyant. Sa démarche est sûre, ses habits montrent que c'est un noble et il a des yeux noirs, tellement noirs, qu'elle en est hypnotisée. Elle secoue la tête pour se remettre les idées en place.
— En effet, je ne vais pas le nier. Ce palais est beaucoup trop grand pour notre bien si vous voulez mon avis, mais tellement somptueux. Du coup je n'ai pas regardé où j'allais pendant ma fuite.
— Vous êtes en fuite ?

Ninon hoche la tête avec vivacité.
— Si vous pouviez ne pas dire que vous m'avez-vous, ce serait gentil.
— Et qui fuyez-vous ?
— Le comte d'Artois ! J'ai l'impression d'être une antilope face à une hyène.

Ninon se rend alors compte de ce qu'elle vient de dire, devant un noble qu'elle ne connaît pas. Elle a ouvertement dit du mal du fils du roi, frère du dauphin, prince de sang.
— Ce n'est pas... ce que je voulais dire c'est que..., continue Ninon.
— Le comte d'Artois est une hyène vous avez raison.

Ninon le regarde surprise. Elle ne s'attendait pas à ce qu'il confirme ses dires. Il est rare de trouver à la cour, et ce dans n'importe quel royaume, une personne critiquant ouvertement

une personne de rang supérieur avec une personne que l'on ne connaît pas. Cela peut créer de sérieux problèmes et parfois même mener à la pendaison.
— Et vous êtes ? Je ne crois pas que nous ayons été présentés, lui demande Ninon.
— Antoine, duc de Bourbon et neveu du roi.
— Il est rare de voir un duc à la cour avec une épée et un mousquet accroché à la ceinture.
— Je suis également capitaine dans l'armée royale.
— Je suis ravie de vous rencontrer Capitaine.

Il abaisse de nouveau la tête, signe de respect envers elle. Ninon se mort l'intérieur de la joue pour ne pas trop sourire. Le duc de Bourbon est un nom à ne pas oublier.
— Ah, vous êtes là Ninon ! Je vous cherchais.

Le comte d'Artois s'avance d'un pas rapide vers elle, il se met à ses côtés et regarde Antoine de haut en bas.
— Capitaine ? Que faites-vous là ? demande Gaston. Je vous pensais accroché aux basques de mon cher frère.

Antoine, qui n'a qu'une envie : lui fermer son clapet, remarque que la princesse le regarde suppliante. Il ne faut pas qu'il l'abandonne avec cet homme dont l'humilité est inexistante. Antoine ne compte pas la laisser seule avec lui, qui sait ce qu'il serait capable de faire, il se croit tout permis ici à Versailles.
— Le roi de Navarre m'a demandé d'aller chercher la princesse, il doit lui parler de toute urgence. Il regarde Ninon. Allons-y.

Il lui fait signe de s'avancer et elle ne se fait pas prier. Elle salue très rapidement le comte et s'en va, suivie par Antoine. Une fois hors de la galerie, Ninon se retourne vers lui.
— Merci.
— Vous voulez que je vous raccompagne jusqu'à votre chambre ? Cela vous évitera de vous perdre. Et puis j'ai entendu dire qu'il est difficile de porter une robe telle que la

vôtre et un corset quand on essaye de retrouver son chemin à Versailles.

Ninon laisse échapper un petit rire. Il était présent quand elle a parlé plus vite qu'elle ne l'aurait souhaité. Mais tout est vrai, le corset est une vraie torture.
— Avec plaisir. Allons jusqu'à ma chambre que je puisse enfin retirer tous ces vêtements.

Antoine ne peut s'empêcher de sourire une fois de plus, Ninon fait de gros yeux puis se mort la lèvre en baissant la tête. Elle est plus que gênée, elle n'arrive pas à croire qu'elle vient de dire ça mais elle ne se démonte pas et lui fait face de nouveau.
— Cette phrase semble plus ambiguë qu'elle ne devrait l'être. Je tournerai sept fois ma langue dans ma bouche avant de parler à présent.
— Il n'y a pas d'ambiguïté, ne vous en faites pas.
— Dans ce cas, nous devrions y aller.

Elle s'avance vers la porte qui se trouve sur sa gauche, le duc est la première personne qu'elle trouve intéressante et la voilà à faire des gaffes, elle va devoir être plus prudente pour ne pas le faire fuir.
— C'est de l'autre côté.

Antoine a toujours un sourire affiché au visage, cette fille est vraiment différente de toutes celles qu'il a pu rencontrer jusqu'à présent. Sa façon de dire tout ce qui lui passe par la tête sans réfléchir est adorable. Ninon s'arrête, ferme les yeux quelques instants, souffle un bon coup pour essayer de reprendre contenance et se retourne.
— Je le savais ! Je voulais juste m'assurer que vous connaissiez le château avant de vous suive.

Elle lui adresse un petit sourire crispé et file de l'autre côté. Antoine est fasciné, elle est troublante et attachante. Il se lance à sa suite et vient se placer à côté d'elle. Ninon est, elle aussi, perturbée par le duc, il la traite comme une personne normale

et ça lui plaît beaucoup. Elle veut en savoir davantage sur lui, il faut qu'elle lance la conversation mais ne sait pas trop comment faire. Elle aimerait lui poser des questions sans paraître trop indiscrète.
— Vous êtes à Versailles avec la duchesse de Bourbon ?

Ninon grimace, la subtilité ce n'est vraiment pas son point fort.
— Il n'y a pas de duchesse.

Ninon a envie de sourire mais se retient. Cette annonce lui fait plus plaisir qu'elle ne l'aurait cru. Qu'est-ce qu'il lui arrive ? Elle le connaît depuis cinq minutes.
— Ah oui ? C'est étrange, vous êtes duc, capitaine, bien bâti et plutôt beau garçon. Les demoiselles de Versailles doivent essayer d'obtenir vos faveurs.
— C'est le cas. Mais aucune d'elles ne m'y a redonné goût.
— Goût à quoi ?
— À la vie.

Ninon s'arrête et il fait de même. Elle avait remarqué son côté un peu mystérieux accentué par ses yeux noir ébène, mais elle ne pensait pas qu'il serait aussi torturé.
— Vous n'aimez pas la vie ?
— Elle ne m'a rien apporté jusqu'à présent.
— Vous préférez la mort ?
— Elle ne me fait pas peur, mais elle n'a pas l'air de vouloir de moi.
— Sûrement parce que vous avez encore des choses à accomplir.

Antoine la regarde avec intensité, c'est la première fois qu'il se confie autant à quelqu'un, mais avec elle, cela semble tellement facile qu'il s'y est laissé prendre.
— Vous devriez laisser une chance à la vie, elle pourrait vous surprendre.

Leurs yeux ne se lâchent pas une seconde. Antoine se dit qu'elle a peut-être raison, il ne s'attendait pas à rencontrer une femme comme elle au palais.
— J'imagine que vous, vous aimez votre vie telle qu'elle est, lui demande Antoine.

Ninon détache ses yeux et se remet à marcher. Antoine la suit. Elle n'est pas du genre à raconter ce qu'elle a sur le cœur à un inconnu mais avec lui elle se sent en confiance.
— Vous avez été honnête alors je vais l'être aussi. Ma vie est facile, je suis une princesse, tout m'est acquis sans que je n'aie rien à faire. Je ne manque jamais de rien, j'ai les plus beaux vêtements et les gens me respectent. Mais mon Dieu c'est tellement ennuyant ! Le protocole, les us et coutumes, la vie de château. Je suis enfermée dans une cage dorée, ma vie est contrôlée d'un bout à l'autre et je ne peux faire mes propres choix.

Antoine hoche la tête comprenant très bien ce qu'elle ressent. Il n'est pas roi ou dauphin mais son statut de prince de sang l'oblige à vivre comme une personne de sang royal, comme un noble, alors qu'il aimerait simplement être comme tout le monde, loin de tout ça. Ninon remarque le hochement de tête, signe qu'il comprend ce qu'elle veut dire. Elle s'arrête et lui fait face, maintenant qu'elle a commencé, elle veut dire tout ce qu'elle a sur le cœur.

Elle reprend :
— J'aimerais tellement pouvoir avoir le choix et être libre. Je me fiche des frivolités de la cour : la dernière mode, les bals, les potins. J'aimerais pouvoir faire comme mon frère Thomas. Lui aussi il n'est pas forcément heureux d'être prince, mais il a trouvé une échappatoire : la concupiscence. Il fait tout ce qu'il veut, avec qui il veut, et tout le monde le sait à Navarre. Mais c'est un garçon alors on lui pardonne. Si je venais à faire la même chose alors je serais pendue sans la moindre hésitation et ma propre mère serait mon bourreau.
— Vous souhaitez avoir la même vie que votre frère ?

— Non, ce n'est pas ce que je recherche, c'est juste que nous sommes tous les deux dans la même situation mais les choses sont plus faciles pour lui.
— Et que recherchez-vous ?

Ninon le regarde surprise par cette question. À part Thomas personne ne lui avait jamais demandé ce qu'elle voulait. Antoine la regarde avec compassion, il sait ce que c'est que de se sentir enfermé. Sa cage à lui ce ne sont pas les murs d'un château mais son passé.
— Vivre. Voir le monde. Tomber amoureuse. Épouser l'homme que j'aurai choisi. Je veux simplement pouvoir être moi, Ninon et pas la princesse de Navarre.
— Faites-le, profitez, tombez amoureuse, épousez l'homme que vous aimez, soyez heureuse.
— Si seulement c'était aussi simple.

Antoine est vraiment surpris d'avoir rencontré une personne aussi différente des autres. Tout comme lui, elle se fiche de la vie de château, elle veut vivre sa vie comme elle l'entend sans devoir rendre des comptes. C'est une amoureuse de la vie, un esprit libre, une beauté comme on en voit rarement.
— Vous aviez raison, la vie peut parfois être surprenante. Je ne pensais pas trouver à Versailles, une personne avec un esprit aussi ouvert.

Ninon sourit un peu gênée. Elle ne pensait pas non plus rencontrer une personne qui comprendrait son désespoir. Pour les gens, sa vie est la vie dont tout le monde rêve mais pas pour elle. Et mieux encore, il ne la juge pas, il ne pense pas qu'elle est une princesse en pleine crise, il la comprend.

Elle s'apprête à lui répondre quand elle entend la voix de son frère.
— Ah, tu es là ! Je te cherchais.

Thomas salue Antoine qui fait de même.
— Voici mon frère, le prince Thomas, et voici le duc de Bourbon.

— Jolie épée, dit Thomas en montrant la ceinture d'Antoine.
— Elle est efficace au front.

Ninon les regarde tour à tour puis le duc s'incline devant eux.
— Vous êtes maintenant entre de bonnes mains, mon travail est terminé.
— Merci pour votre aide, lui dit Ninon.
— Ce fut un plaisir.

Il les salue de nouveau et s'éloigne. Ninon ne le quitte pas du regard, ce que remarque son frère.
— Je peux déjà t'appeler la duchesse de Bourbon ou j'attends un peu ? la taquine-t-il.

Ninon lui met un coup dans le bras et s'éloigne de lui le plus vite possible. Elle n'a pas envie que son frère la taquine. C'est la première fois qu'elle ressent ce genre de chose pour un homme, elle est attirée par lui, il est différent des autres. Elle entre dans sa chambre suivie par Thomas. Elle remarque alors une robe d'un rouge éclatant posée sur son lit. Ce n'est pas une des siennes, elle n'a pas ce genre de robe, celle-ci est vraiment osée.
— Tu devrais la porter ce soir, lui dit Thomas en se glissant à ses côtés.
— Ce soir ?
— Nous allons profiter des plaisirs de Versailles.
— Qu'est-ce que cela signifie ?
— Tu voulais connaître mon monde, et bien ce soir tu vas y entrer par la grande porte. Nous ne sommes pas à Navarre, tu peux profiter et faire tout ce que tu veux.

Elle regarde son frère, confuse, puis regarde de nouveau la robe. Thomas a raison, elle est avide de connaître son jardin secret et ils sont loin de leur maison. Ils repartiront bientôt et personne ne saura ce qu'il s'est passé à Versailles une fois rentré. Les mots du capitaine lui reviennent aussi en tête : « *Faites-le, profitez* » et ce soir, c'est l'occasion. Elle va prendre sa vie en main et faire ses propres choix, elle va suivre

Thomas dans la décadence et porter cette robe rouge qui ferait hurler Marie.

4 – Vices à Versailles

Cachée de tous, une pièce où tout est permis. Thomas est comme un poisson dans l'eau dans ce genre d'ambiance et ce soir il a décidé d'y emmener sa sœur jumelle. Ici tout est dépravation, débauche, décadence, déchéance, concupiscence. Alcool, drogue, jeux, luxure tout y est. Et tout ce qu'il se passe ici reste ici, une fois les portes passées et le retour à la réalité chacun se montre digne d'être un noble à la cour.
— Que la fête commence, dit Thomas à sa jumelle en arrivant derrière une porte.

Il frappe et un homme très grand et très musclé, habillé tout en noir ouvre la porte.
— Mot de passe ? demande-t-il.
— Que Dieu nous pardonne, répond Thomas.

L'homme s'écarte pour les laisser passer, Thomas entre en premier et Ninon le suit sans hésiter. Elle aime le fait que ce genre d'endroit soit aussi secret. Ils ont dû emprunter plusieurs couloirs sombres dans les bas-fonds de Versailles. Elle ne sait pas combien de temps ils ont marché mais c'était assez loin, elle n'est même plus sûre d'être dans l'enceinte du château. Et le fait qu'il y est un mot de passe pour entrer décuple sa curiosité, tout le monde ne peut pas y accéder et elle voit ça comme un privilège de pouvoir passer ces portes.

Ils arrivent dans une pièce calfeutrée, lumières tamisées, Ninon entend des rires, des verres qui s'entrechoquent, des cris de joie. Ils se trouvent en haut des escaliers, Ninon avance jusqu'à la rambarde pour regarder ce qu'il se passe en bas. Elle voit des tables de jeu, un bar avec vin et champagne qui coulent à flot. Un banquet avec de nombreuses mignardises telles que des petits gâteaux, des fraises enrobées de chocolat, des macarons et tant d'autres. Il y a aussi de grands sofas un peu partout avec des personnes en train de se bécoter ou simplement en train de discuter, rigoler.

Ninon sourit en voyant tout cela, elle comprend pourquoi Thomas aime y passer ses soirées, tout le monde à l'air de bien s'amuser. Cela fait seulement quelques heures qu'ils sont arrivés et son frère a déjà réussi à trouver cet endroit et à obtenir le droit d'entrer, il est assez impressionnant il faut bien l'avouer.
— Viens, on descend et reste près de moi. Si tu veux partir fais-moi signe et on s'en va, d'accord ? lui dit son frère.

Ninon hoche la tête mais elle est trop fascinée pour avoir envie de partir, elle veut en savoir plus, elle veut en profiter, elle veut s'amuser. Quand elle va rejoindre son frère en haut des marches, elle aperçoit le duc de Bourbon assis sur un des sofas. Il est entouré de deux jeunes demoiselles qui essayent d'attirer son attention, mais il a le regard dans le vide avec un verre de vin à la main. Elle descend lentement les marches toujours en le regardant. Il a l'air de se moquer des courbettes des deux jeunes femmes et les paroles du duc lui reviennent en tête, aucune d'entre elles ne l'attire vraiment. Une fois en bas, un noble dont Ninon ignore le nom s'avance vers eux en souriant plus que de raison.
— Quel honneur ! Le prince et la princesse de Navarre ! crie-t-il pour que tout le monde entende.
— Monsieur le marquis, réponds Thomas. Ninon, je te présente le marquis de Vauban, grâce à qui nous avons pu venir ce soir.

Antoine, qui était en train de repenser à sa conversation avec Ninon un peu plus tôt dans la soirée, relève brusquement la tête en entendant les noms des nouveaux arrivants. C'est elle, ici, dans cet endroit, avec une robe rouge sang qui met en valeur sa peau de porcelaine et ses formes. Elle est superbe, tellement belle qu'il en reste bouche bée. Elle fait un signe de tête à tous ceux qui la regardent, elle n'a pas l'air gênée, au contraire elle sourit et ses yeux pétillent.

Ninon a l'habitude d'attirer l'attention et elle n'y prête plus vraiment d'importance, sauf quand il s'agit d'une personne à qui elle a envie de plaire, comme le duc de Bourbon. Elle tente un regard vers lui pour voir s'il a remarqué sa présence et apparemment c'est le cas car il ne la lâche pas des yeux. En enfilant cette robe, elle ne pensait qu'à une chose : « *est-ce que le capitaine me trouvera jolie ?* ». Elle n'était pas sûre qu'il serait là, mais elle est contente que ce soit le cas, elle a envie de passer du temps avec lui.

Antoine réussit enfin à remettre ses idées en place et se lève pour aller la rejoindre laissant les deux jeunes femmes sur le sofa. Il doit lui dire qu'elle est magnifique dans cette robe. Il vient se placer face à Ninon et Thomas et s'incline devant eux, elle se mord la lèvre inférieure pour éviter de sourire comme une idiote.
— Capitaine, ravi de vous revoir, lui dit Thomas.
— Tout le plaisir est pour moi, répond Antoine en regardant Ninon.
— Capitaine, le salue Ninon.
— Je suis surpris de vous voir ici Princesse.
— Je n'ai fait que suivre vos conseils, Monsieur le Duc.

Un homme et une femme s'avancent vers eux, tout aussi souriants que les autres personnes présentent dans cette salle. Ils s'inclinent et Ninon ressent tout de suite de la sympathie pour eux, ils ont l'air très gentils et accueillants. Ninon avait entendu dire que les nobles de Versailles se croyaient mieux que tout le monde et qu'ils étaient très guindés. Ces personnes n'avaient sûrement jamais participé à ce genre de soirée secrète, parce qu'on est loin de la classe de la noblesse française et c'est exactement ce dont Ninon avait besoin. Des gens comme elle, qui ne se soucie guère des convenances.
— Je vous présente, le duc et la duchesse de Provence, dit alors Antoine.
— Ravie de faire votre connaissance, répond Ninon.
— Votre robe est juste parfaite, réplique alors la duchesse en frappant dans ses mains. Je l'adore !
— Merci beaucoup, lui dit Ninon en souriant.

— Je crois que parmi toutes les soirées de ce genre auxquelles j'ai assisté, c'est la première fois que j'y croise un homme avec sa femme, intervient Thomas.
— J'ai la chance d'avoir une femme qui aime les plaisirs de la vie tout autant que moi, lui répond le duc.
— C'est moi qui ai la chance d'avoir un époux me laissant faire tout ce dont j'ai envie, dit la duchesse en s'accrochant au bras de son mari.

Ninon les regarde et se dit que finalement c'est possible de rencontrer une personne partageant ses idées. Elle jette un regard au capitaine, elle l'a peut-être même trouvé.
— Qui est-ce ? demande alors Thomas en regardant derrière Ninon.

Ils se retournent tous les quatre pour voir de qui il parle. Une femme avec une superbe chevelure rousse et une robe blanche encore plus osée que celle de Ninon arrive sous les acclamations. Thomas est subjugué par cette femme pleine de confiance et son sourire éclatant. Ninon elle, admire ce genre de femme, on voit d'ici que c'est elle qui a les pleins pouvoirs sur sa vie.
— La duchesse de Bretagne, réputation sulfureuse, femme de caractère, un mari très vieux qui ne sort plus de chez lui. Elle est seule à Versailles et en profite, lui répond la duchesse de Provence.
— Tout à fait mon genre de femme. Capitaine, je vous confie ma sœur, le devoir m'appelle.

Sans perdre un instant, il s'avance vers la duchesse de Bretagne, laissant Ninon seule avec Antoine et le duc et la duchesse de Provence. On leur propose un verre de vin, qu'ils prennent tous sans hésiter. Antoine regarde Ninon et se dit qu'elle est la plus belle femme qu'il n'ait jamais vu.
— La duchesse à raison, cette robe vous va à ravir, vous êtes magnifique.

— Merci. Elle est différente de ce que je porte habituellement. Elle met en valeur des atouts dont je n'avais pas conscience, vous avez remarqué ?

Elle ferme les yeux une seconde et regrette déjà ce qu'elle vient de dire. Cela commence à devenir une mauvaise habitude quand elle est en présence du duc de Bourbon.
— Impossible de ne pas les voir, lui répond Antoine les yeux fixés sur sa poitrine.

Ninon prend alors conscience de l'endroit où se dirigent les yeux du capitaine et couvre rapidement sa poitrine à l'aide de ses bras. Elle n'est pas habituée à ce genre de regard, même si elle doit bien l'admettre, elle apprécie beaucoup surtout venant de lui. Elle boit son verre d'un trait pour reprendre contenance. La duchesse éclate de rire et dit à son mari qu'il est temps pour eux de voguer vers d'autres horizons. Elle fait un clin d'œil à Ninon et s'éloigne suivie de son époux, les laissant tous les deux.

Antoine peut enfin se concentrer sur celle qui occupe toutes ses pensées ces derniers temps. Il ne voulait pas la mettre mal à l'aise en faisant ce compliment au contraire, mais comme elle l'a si bien dit elle-même, cette robe dévoile ses charmes et il en est plus que ravi. Elle est divine, elle n'a pas à se sentir gênée, elle a un corps superbe qui mérite d'être regardé.
— Je suis désolé, je ne voulais pas vous mettre dans une situation inconfortable mais sachez que vous n'avez pas le moins du monde besoin de vous sentir gênée, surtout dans cet endroit.
— Vous avez raison. Et puis ce soir les choses sont différentes, je peux être la vraie Ninon.
— Et en quoi la vraie Ninon est-elle différente de celle qui nous a été présentée à la cour ?
— La vraie Ninon aime beaucoup cette robe et elle est ravie qu'elle vous plaise.

Elle le regarde droit dans les yeux sans flancher, elle aime se sentir aussi sûre d'elle, ou du moins prétendre qu'elle l'est.

Antoine la regarde en faisant un petit sourire en coin, il aime qu'elle soit aussi directe.
— Et que ferait-elle pour profiter et s'amuser comme elle l'a toujours souhaité ?

Ninon le regarde avec un sourire coquin, il y a une chose qu'elle a toujours voulu faire mais n'a jamais osé. Ce soir, c'est l'occasion et de savoir que le duc la pousse à faire ce qu'elle a envie, la motive d'autant plus. Il y a un homme à côté du bar en train de jouer du piano, elle s'avance vers lui avec assurance et pose son verre vide sur le bar au passage.

Antoine l'observe se demandant ce qu'elle va faire. Elle se penche vers le musicien et lui chuchote quelque chose à l'oreille. Il se met à jouer une musique plus entraînante, Ninon soulève sa robe et réussit à monter sur le bar avec l'aide du marquis de Vauban. Elle se met alors à danser, à remuer son corps de manière à la fois provocante et adorable. Elle joue avec sa robe et avec ses lèvres tout en regardant Antoine qui ne la lâche pas des yeux. Elle est simplement parfaite.

Tous dans la pièce se mettent à suivre le rythme et à danser à leur tour. La duchesse de Provence rejoint Ninon sur le bar et elles dansent ensemble tout en étant dans la séduction et les hommes sont littéralement à leurs pieds. Tout le monde rigole, danse, s'amuse pendant plusieurs minutes.

Thomas regarde sa sœur, surpris par son audace mais aussi avec beaucoup de fierté. Sa sœur fait enfin ce qui lui plaît sans se soucier des conséquences. C'est ce qu'il a toujours voulu pour elle, qu'elle soit aussi libre que lui. Il remarque que le capitaine ne lâche pas sa jumelle des yeux, il a l'air envoûté. Il décide d'aller le rejoindre.
— Elle est surprenante n'est-ce pas ? Lui demande Thomas.
— Elle est vraiment incroyable, unique en son genre, lui répond le duc.
— Prenez soin d'elle.

Antoine regarde Thomas surprit mais il est déjà en train de s'éloigner. Pourquoi lui dire de prendre soin de sa sœur ? Lui aurait-elle dit quelque chose ? Bien sûr qu'il va prendre soin d'elle. Il s'était déjà donné pour mission de la protéger au moment où, il avait souri pour la première fois depuis bien longtemps grâce à elle. Mais c'est en la voyant comme ça heureuse, faisant ce qu'elle a envie, qu'il prend conscience qu'il veut plus que seulement la protéger.

Ninon descend du bar et retourne voir Antoine, souriant comme elle n'avait jamais souri auparavant. Elle se sent libre pour la première fois de sa vie. C'est un sentiment qu'elle veut garder le plus longtemps possible, c'est enivrant. En se rapprochant, elle remarque que les yeux du capitaine sont différents, ils sont moins noirs et beaucoup plus chaleureux.
— Alors ? Comment vous sentez-vous ? lui demande Antoine.
— Je me sens enfin moi-même.

Il lui sourit tendrement et Ninon comprend à ce moment, qu'elle est tombée sous son charme. La façon dont il la pousse à vivre sa vie comme elle le souhaite, la manière dont il la regarde, c'est la première fois qu'elle se sent aussi bien auprès d'un homme. Ce soir, elle prend sa vie en main, elle fait ses propres choix et elle devient enfin une femme dont elle peut être fière. Elle lui prend alors son verre de vin des mains et le boit d'un trait pour se donner du courage. Elle s'approche du duc de Bourbon et l'embrasse. Elle en mourrait d'envie depuis qu'elle est entrée et qu'elle l'a vu assis sur le sofa.

Antoine ne s'attendait pas à recevoir un baiser de la part de Ninon, il est surpris mais la laisse faire. Ses lèvres sont douces et ont un goût de fraise. Lorsqu'elle se recule, il ressent un manque instantanément. Elle le regarde mais ses yeux sont fuyant, sa respiration est forte, il voit sa poitrine se lever et descendre rapidement. Quant à lui, il la regarde plein de désir et il en veut plus. Il l'attrape par la taille, l'attire de nouveau contre lui et écrase ses lèvres sur les siennes. Si leur premier baiser était un baiser chaste, celui-là ne l'est pas du tout, il est plein de passion et d'envie.

Ninon n'a jamais ressenti ce qu'elle ressent en ce moment même, elle se sent vivante, excitée et surtout pleine d'amour. Elle met ses bras autour du cou du capitaine pour le rapprocher encore un peu plus d'elle et il la serre encore plus fort entre ses bras. En temps normal, elle serait gênée de faire cela en public mais pas ici. Elle aimerait que ce moment ne s'arrête jamais, elle est heureuse, vraiment heureuse et elle se sent en sécurité dans les bras de cet homme.

Antoine se dit qu'il ne pourra plus jamais vivre sans la sensation de ses lèvres sur les siennes. Il a embrassé de nombreuses femmes mais c'est la première fois qu'il y prend du plaisir. Il est certain que la jeune princesse de Navarre aura raison de lui et il ressent quelque chose qu'il n'avait plus ressenti depuis la mort de sa famille : il est heureux d'être en vie.

Ils s'écartent finalement afin de reprendre leurs respirations, mais ne se lâchent pas. Le marquis de Vauban s'avance vers eux et les regarde tour à tour. Ninon s'écarte alors un peu plus du capitaine, soudain un peu gênée de son comportement en public. Elle a encore du travail à faire sur elle-même avant de se sentir vraiment à son aise quand elle agit de la sorte.

— Capitaine, il reste une place à notre table, voulez-vous jouer aux cartes ? lui demande le marquis de Vauban.

— Vous savez que si je m'installe avec vous je vais tous vous ruiner ? lui répond-il moqueur.

— Vous avez un talent caché pour le jeu Capitaine ? demande Ninon.

— Disons que ce sont eux qui n'en ont aucun.

Ninon éclate de rire et Antoine est ravi de la voir ainsi.

— Eh bien moi, je suis d'humeur joueuse, m'accepteriez-vous à votre table Monsieur le marquis ?

— Avec grand plaisir, répond-il en lui tendant son bras.

Ninon fait une petite révérence au duc de Bourbon et prend le bras du marquis pour le suivre. Antoine laisse échapper un petit rire n'arrivant toujours pas à croire que ce petit bout de femme lui fasse autant tourner la tête.

Ninon passe une bonne partie de la soirée à jouer aux cartes et aux dés avec le capitaine à ses côtés. Elle boit plus que de raison et passe la meilleure nuit de toute sa vie en compagnie de ces gens délurés. Elle a enfin goûté à la liberté et elle ne compte plus y renoncer.

5 – Le bal des condamnés

Après la soirée d'hier, Ninon est certaine qu'elle ne veut pas d'une vie comme celle qui attend sa sœur aînée. Pour la première fois de sa vie, elle était elle-même. Elle ne s'est jamais autant amusée, elle a sympathisé avec Constance, la duchesse de Provence et Louise, la duchesse de Bretagne. Elle ne remerciera jamais assez Thomas de l'avoir emmené dans son monde.

Ils sont au bal organisé par le roi de France pour célébrer Pâques. Apparemment à Versailles, la moindre occasion est synonyme de bal et la noblesse adore ça. C'est une occasion pour les femmes de s'acheter de nouvelles toilettes, la dernière robe à la mode et pour les hommes d'afficher leurs épouses et leur argent. En résumé, tout ce qui agace Ninon.

Elle n'a pas vu Antoine de la journée, depuis hier soir et leurs nombreux baisers langoureux, ils ont décidé de s'appeler par leurs prénoms respectifs quand ils sont seuls. Elle regarde partout dans la salle mais ne le voit pas, passer du temps avec lui était la seule chose qui l'avait motivée à venir ce soir. Sans lui cette soirée risque d'être des plus ennuyante, surtout que Thomas n'a d'yeux que pour la duchesse de Bretagne, qui une fois de plus est superbe.

Marie est assise dans un des fauteuils placés sur l'estrade aux côtés du dauphin, il y a également le roi Louis et le roi Henri. Ces deux-là, discutent comme de vieux amis alors que Marie et le dauphin s'adressent à peine la parole jusqu'à ce que Marie décide d'engager la conversation :

— La musique est divine, vous ne trouvez pas ? demande-t-elle à Louis-Philippe.

— Oui, nos musiciens sont très talentueux.

— C'est une très belle soirée. Pensez-vous qu'il serait possible de me présenter quelques nobles de la cour ?

— Quand ils viendront nous saluer, je vous les présenterai.

Louis Philippe n'a pas envie de parler avec Marie. Il a aperçu la princesse Ninon un peu plus tôt et elle était vraiment très belle dans sa robe ivoire. Il l'observe du coin de l'œil depuis son arrivée, elle est seule et semble s'ennuyer. Il aimerait aller la rejoindre et discuter avec elle, il veut apprendre à la connaître, elle semble tellement différente des autres et surtout de sa sœur. Dès qu'il l'a vu pour la première fois, il est tombé sous son charme, elle est tellement vivante et il aime sa façon de parler sans aucun filtre. Mais il se retient d'aller la voir car ce serait mal venu de sa part, surtout devant sa future épouse.

Antoine entre dans la salle de bal, il ne voulait pas venir mais il savait que Ninon serait là. Il ne fait que penser à elle depuis son réveil, il a envie, besoin de la voir. Aujourd'hui, il était en réunion toute la journée à parler de guerre. Avant il avait toujours aimer ça, organiser les batailles, partir au front mais ce matin il s'est rendu compte que, maintenant, il avait enfin une raison de vivre. Et elle est là, devant lui dans sa belle robe ivoire à siroter du champagne. Il s'avance doucement et se place juste derrière elle, il a envie de la prendre dans ses bras mais se retient.

— Cette robe vous va à ravir, dit-il.

Ninon sourit, il est enfin arrivé, la soirée va pouvoir commencer. Elle ne se retourne pas tout de suite pour éviter de montrer à quel point elle l'attendait avec impatience. Elle veut se faire désirer.

— Je suis ravie qu'elle vous plaise Capitaine.

Elle se retourne finalement, trop impatiente et lui fait face, il est très beau dans sa tenue de l'armée. Si elle pouvait elle se glisserait dans ses bras mais n'en fait rien, son père est dans la salle et même s'il est habitué à ce qu'elle n'en fasse qu'à sa tête, là, se serait un peu trop.

— Je dois aller saluer la famille royale et votre père, lui dit Antoine.

— Je vous accompagne.

Il lui tend son bras, elle le prend et ils se dirigent vers l'estrade. Antoine s'avance et s'incline face au roi Louis, puis le roi de Navarre, le dauphin et la future dauphine et enfin le comte d'Artois qui pour une fois est à l'heure. Celui-ci ne lâche pas Ninon des yeux mais elle n'y prête même pas attention, elle est aux côtés du duc et ne voit personne d'autre que lui.
— Vous voilà enfin cher cousin, lui dit Louis-Philippe.
— Pardonnez mon retard.
— Je vois que vous connaissez la princesse Ninon.
— Nous nous sommes rencontrés dans la Galerie des Glaces.
— J'étais perdue et le duc de Bourbon m'a gentiment aidé à retrouver mon chemin, enchaîne Ninon.

Louis-Philippe ne peut s'empêcher de noter la manière dont la princesse regarde son cousin : un regard admiratif. Le même qu'il affiche quand il la regarde, elle. Marie remarque que le dauphin ne quitte pas sa sœur des yeux, elle jette alors un regard méchant à Ninon lui faisant comprendre de s'éloigner.
— Monsieur le duc, vous étiez en train de me raconter la manière dont vous avez vaincu le roi d'Autriche, j'aimerais connaître la suite, dit Ninon.

Antoine comprend qu'elle veut s'éloigner d'eux, il n'est pas contre bien au contraire et il n'aime pas l'idée qu'elle soit trop proche du comte d'Artois. Il s'incline de nouveau face au dauphin et ils s'écartent sur le côté.
— C'est mal si je vous veux pour moi toute seule ? demande Ninon à Antoine.
— Bien au contraire, lui répond-il en souriant.

Thomas et la duchesse de Bretagne viennent à leur rencontre. Marie les observe de loin, se demandant qui est cette femme au bras de son frère. De plus, elle a l'air assez proche de Ninon car elle vient de la prendre dans ses bras. Thomas semble également bien connaître le duc de Bourbon car ils se lancent dans une conversation comme de vieux amis.

— Pardonnez-moi, savez-vous qui est la femme qui se tient à côté de mon frère Thomas ? demande Marie au dauphin.
— C'est la duchesse de Bretagne. Votre frère devrait faire attention, la réputation de la duchesse est assez sulfureuse.

Marie étouffe un petit rictus, ça ne l'étonne même pas de son frère. S'il y a une femme avec des mœurs plus que douteuses, il allait forcément la trouver, lui-même étant un Casanova de première. Par contre elle est assez surprise de voir Ninon aussi proche d'elle, ils sont depuis peu à Versailles, elles ne peuvent être déjà amies. Pour Marie construire une amitié prend du temps, elle doit d'abord être sûre que cette personne soit quelqu'un de bien et qu'elle mérite sa confiance. Elle ne pourrait pas rire de la sorte avec une inconnue, parfois Ninon est beaucoup trop simplette à son goût.

Le duc et la duchesse de Provence s'avancent vers le dauphin et sa future épouse afin de les saluer. Louis-Philippe se dit que c'est l'occasion de faire plaisir à Marie et de lui présenter des nobles de grande qualité. Le duc et la duchesse sont des modèles de bienséance et il est très fier de les avoir à la cour de Versailles.
— Marie, je vous présente le duc et la duchesse de Provence.

Ils s'inclinent face à elle, Marie se sent importante à cet instant et elle adore ça.
— Ils font partie la noblesse proche de la famille royale et ils sont irréprochables, une des fiertés de Versailles, continu le dauphin.

La duchesse essaye de ne pas éclater de rire en entendant les louanges du dauphin. S'il savait à quel genre de soirée ils participent, il en perdrait sa perruque.
— Je suis ravie de faire votre connaissance, leur dit Marie de manière sérieuse, trop sérieuse même.
— Bienvenue à Versailles, lui répond le duc en faisant de nouveau une révérence.
— Je serais ravie de boire le thé avec vous Duchesse, vous pourrez me conter les histoires du palais.

— Avec plaisir Madame, lui répond la duchesse.

Constance la salue d'un signe de tête puis voit Ninon et Louise, la duchesse de Bretagne discuter non loin de là.
— Philippe, nous devrions aller saluer nos amis, dit-elle à son époux.

Ils s'inclinent rapidement devant Marie et Louis-Philippe, puis s'en vont rejoindre Antoine et les autres. Quand ils arrivent près d'eux, ça repart en embrassade entre Constance et Ninon puis Constance et Louise. Marie les observe toujours, comment les jumeaux ont-ils pu se faire autant d'amis en si peu de temps ? Elle est jalouse même si elle ne veut pas l'admettre. Elle sait qu'elle n'est pas aussi avenante qu'eux, mais elle n'est pas non plus asociale. Elle se dit que ce doit être à cause de son statut de future dauphine et qu'une fois le mariage passé et Ninon loin d'ici, ce sera à son tour de briller. Elle en est même persuadée, les gens vont l'adorer après tout elle est faite pour être reine. Louis-Philippe la sort de ses pensées :
— Le prince et la princesse ont l'air de bien s'adapter, ils sont très avenants avec les gens, c'est une grande qualité.

Marie se rend compte qu'il se parle plus à lui-même qu'il ne lui parle à elle. Elle compte les jours avec impatience, elle ne veut plus voir Ninon et Thomas à Versailles.

Ninon est en grande conversation avec les duchesses qui lui posent beaucoup de questions sur la cour de Navarre. Les hommes reviennent avec des coupes de champagne et ils discutent tous ensemble. Pendant près d'une heure, ils rigolent, boivent beaucoup et mangent très peu. Les bulles leur montent vite à la tête et se font remarquer de tous avec leurs éclats de rire.

En particulier par le dauphin qui se dit qu'il aimerait participer à ce genre de conversation. Ils ont l'air de passer du bon temps sans se préoccuper du statut de chacun, ils sont simplement entre amis. Il sait qu'en tant que futur roi de France, il doit garder ses distances avec les gens mais il les envie beaucoup.

La musique devient alors plus rythmée et la duchesse de Bretagne regarde Ninon tout sourire.
— Il est temps de montrer à cette cour comment s'amuser, vous ne pensez pas ?

Ninon, les yeux brillants et le cerveau embrumé par l'alcool, n'arrive plus à réfléchir correctement. Elle oublie un instant où elle se trouve, attrape les duchesses et les entraîne à sa suite sur la piste de danse. Elles se mettent alors à danser et à rigoler comme elles l'ont fait la veille, sous les regards interloqués des autres nobles et de la famille royale.

Henri regarde sa fille et pousse un soupir, il aime la voir si heureuse car ça lui arrive trop peu mais ce n'est ni le moment ni l'endroit. Le roi Louis les observe avec curiosité, il ne connaît pas cette danse, ce n'est pas une danse traditionnelle il en est certain, mais ça à l'air amusant.

Louis-Philippe les regarde, fasciné, venant de la duchesse de Bretagne il n'en attendait pas moins, mais la duchesse de Provence, d'habitude si calme, ça c'est une surprise. Quant à Ninon et son esprit libre, ça ne le surprend pas le moins du monde.

Marie se sent gênée au début mais la colère prend vite le dessus, sa sœur à constamment besoin de se faire remarquer et cela l'exaspère. Elle aimerait qu'elle cesse d'agir comme une enfant pour une fois, surtout en présence du roi de France.

Thomas aime l'audace dont sa sœur vient de faire preuve, une nouvelle Ninon est née, elle est enfin elle-même. Il sait que le duc de Bourbon y est pour beaucoup et il n'oubliera pas de le remercier plus tard. En les voyant danser de la sorte, il n'a qu'une envie : les rejoindre. Il regarde ses deux comparses et les emmène sur la piste avec lui.

Les trois couples se forment et ils dansent, encore et encore sans s'arrêter, seuls ou à deux, ils rient, s'amusent, les yeux pétillants. À cet instant ils sont tous heureux, heureux d'être là, heureux d'être ensemble.

Ninon et Antoine se rapprochent dangereusement sous les yeux du dauphin qui est soudain mal à l'aise. Il aimerait être à la place de son cousin et danser avec la princesse. Marie l'observe et se dit qu'elle devrait faire quelque chose, montrer qu'elle aussi elle peut s'amuser, même si, au grand jamais, elle ne danserait de la sorte, elle a de la dignité, elle !
— Souhaitez-vous aller danser ?
— Je ne préfère pas non, lui répond Louis-Philippe un peu surpris par cette question.
— Je suis étonnée de voir le duc et la duchesse de Provence sur la piste, vous aviez dit qu'ils étaient bien élevés, continue-t-elle.

Avant que Louis-Philippe ne puisse répondre, le roi de France se lève alors de son siège et tout s'arrête. Plus de musique, plus de bavardages, plus de danse pour nos six amis alcoolisés. Ils se tournent tous vers lui, prenant conscience qu'ils ont peut-être été trop loin.
— C'est la première fois que je vois des nobles danser de la sorte. Princesse Ninon, accepteriez-vous de m'initier ? Cela me plaît beaucoup.

Tout le monde regarde le roi, choqué, sauf Ninon qui sourit en faisant une révérence. Marie n'en revient pas et le dauphin non plus. Le roi Henri esquisse un léger sourire et le roi Louis va rejoindre la jeune femme sur la piste. Il fait un signe de la main et la musique reprend. Ninon danse alors avec le roi qui a l'air aux anges.

Après plusieurs danses le roi s'incline devant la jeune princesse et retourne vers l'estrade, ravi du moment qu'il vient de passer en leur compagnie sur la piste.

Il s'avance vers le roi Henri :
— Vos enfants sont de vrais bouts en train, ils ramènent un peu de jeunesse dans ce palais.

— Il est vrai qu'ils ont leur propre manière de voir la vie.
— Ils m'ont épuisé, je vais me retirer.

Une fois de plus, tout s'arrête. Le roi annonce son départ mais affirme que la soirée peut continuer. Tous s'inclinent alors qu'il s'en va. Le roi Henri fait un signe à ses enfants, il va se retirer lui aussi. Ninon et Thomas le rejoignent suivis par Antoine et Louise de Bretagne.

Maintenant que sa sœur est près d'elle, Marie en profite pour la rejoindre, elle a deux mots à lui dire sur son comportement de ce soir. Le dauphin la suit de près car elle a l'air énervée.
— Ninon ! l'interpelle Marie. Comment as-tu pu te comporter de la sorte en présence du roi de France ?
— Je n'ai rien fait de mal Marie, nous nous sommes amusés c'est tout.
— Amusé ?
— Oui, tu devrais essayer parfois, ça te ferait du bien ! Tu as le cul tellement serré qu'on pourrait déboucher une bouteille avec !

Thomas et la duchesse de Bretagne éclatent de rire sans même essayer de se retenir. Antoine tente de ne pas rire mais c'est très difficile, Ninon dit vraiment tout ce qu'elle pense sans prendre de gant et il adore ça. Même Louis-Philippe esquisse un sourire tandis que Marie est furieuse. Comment sa sœur peut-elle lui parler comme ça devant le dauphin ? Il n'y a vraiment plus aucun respect. Ninon la regarde droit dans les yeux pour lui montrer qu'elle n'a plus peur, elle en a marre de ses reproches et compte bien lui tenir tête à partir de maintenant.
— Ninon, ce ne sont pas des manières, intervient son père. Excuse-toi auprès de ta sœur.

Ninon le regarde, elle ne veut pas s'excuser mais elle ne peut pas lui tenir tête, le roi, l'homme le plus puissant de Navarre, son père. Elle se tourne alors vers sa sœur à contrecœur.
— Je m'excuse, c'est à cause de l'alcool.

Elle salue Marie, le dauphin et son père puis file en vitesse, elle ne veut pas rester ici une minute de plus. Elle était bien, heureuse et Marie a tout gâché une fois encore. Thomas, Louise et Antoine l'imitent et partent à sa suite. Le comte d'Artois se rapproche de son frère.
— Cette jeune princesse est incroyable vous ne trouvez pas ? dit Gaston.

Il s'en va avant même d'avoir entendu la réponse. Marie reste bouche bée, honteuse de la scène qui vient de se produire devant son futur époux. Louis-Philippe se surprend à penser que Ninon de Navarre est vraiment une fille à part et qu'il en ferait bien sa reine.

6 – Lendemain difficile

Louis-Philippe se retrouve à faire les cent pas devant les appartements de la famille de Navarre. Il ne sait pas où se trouve chacun d'entre eux et n'ose pas entrer. Il aimerait prendre des nouvelles de la princesse Ninon, qui visiblement avait beaucoup bu hier soir, il veut s'assurer qu'elle va bien. Il est le premier surpris mais il est vraiment inquiet pour elle. Ils ne se connaissent pas et n'ont jamais vraiment parlé alors il ne comprend pas pourquoi il se sent aussi attiré par elle. Pourtant depuis qu'il a remarqué son absence au repas de ce matin, il ne pense plus qu'à une chose : s'enquérir de son état de santé.

Le roi Henri sort de l'appartement devant lequel se trouve le dauphin.

— Louis-Philippe, que faites-vous ici ? lui demande le roi.

Louis-Philippe se sent mal à l'aise et bascule d'un pied à l'autre ne sachant pas quoi répondre. Il ne s'attendait pas à tomber sur le roi lui-même surtout qu'il se trouve dans une situation délicate et ne sait pas comment le faire savoir à la famille royale de Navarre et à son père. Cependant il sait que ce n'est pas le moment alors il inspire un grand coup et répond enfin au roi :

— Je voulais juste m'assurer que la princesse va bien, hier soir elle était un peu désorientée.

— Quelle noble intention de votre part. Je peux vous assurer qu'elle va bien, Marie est une jeune femme très forte et réussie toujours à passer outre ce genre d'enfantillage de la part de sa jeune sœur. C'est une femme qui vous aidera beaucoup en cas de problème, je peux vous l'assurer.

Le dauphin ne parlait pas de Marie, il aurait dû être plus précis. Il se doute que la réplique de Ninon est entrée par une oreille et ressortie par l'autre en un instant. Dommage, c'était un bon conseil.

— Votre Majesté ? dit Marie qui arrive derrière son père.

— Vous arrivez au bon moment, le dauphin est venu prendre de vos nouvelles, il était inquiet à cause d'hier soir, dit le roi Henri.
— Je vais bien merci. Une bonne nuit de sommeil peut résoudre de nombreux problèmes.

Ou bien pour simplement les mettre aux oubliettes se dit Louis-Philippe. Malheureusement, il ne pense pas qu'une nuit de sommeil suffira pour régler son problème. Il est destiné à une femme mais il en désire une autre.
— Vous devriez passer du temps tous les deux, cela vous permettra de faire plus ample connaissance. Quant à moi, je vais rejoindre votre père.

Marie et Louis-Philippe s'inclinent devant le roi qui s'éloigne rapidement. Marie est ravie d'être enfin un peu seule avec le dauphin. Elle veut lui montrer qu'elle est bon parti et qu'ils feront un très bon mariage.
— Je suis touchée que vous soyez venu jusqu'ici pour prendre de mes nouvelles.

Louis-Philippe lui fait un léger sourire, c'est plus facile que de lui répondre. Il essaye de réfléchir rapidement à un moyen d'échapper à cette conversation, il sait à présent qu'il ne veut pas l'épouser et ne voit pas l'intérêt d'essayer d'apprendre à la connaître. Il se sent coupable de penser de la sorte mais il doit être honnête avec lui-même, il préfère la princesse Ninon et de loin.
— Je voulais également prendre des nouvelles de votre sœur, elle a beaucoup bu hier soir.

Marie a l'impression de se prendre un coup de couteau en pleine poitrine. Une fois de plus on en revient à Ninon et elle commence à se dire que le dauphin lui préfère sa sœur. Cependant, elle ne va pas montrer qu'elle est blessée, ce n'est pas son genre, elle vaut mieux que ça.
— Je suis sûre qu'elle va bien.
— Vous ne l'avez pas vu ?

— Non, j'imagine qu'elle n'a pas osé se montrer après le grabuge d'hier soir.
— Nous devrions aller la voir pour être sûrs que tout va bien.
— Vous vous inquiétez beaucoup pour ma petite sœur et je n'ai pas pu m'empêcher de remarquer que vous l'observiez aussi beaucoup.

Le futur roi est un peu gêné, il semblerait qu'il ne soit pas aussi discret qu'il ne l'aurait cru.
— C'est votre sœur c'est normal que je m'intéresse à elle et que je m'inquiète, vous ne pensez pas ?
— Pardonnez-moi, en effet c'est gentil de votre part. Elle doit être dans sa chambre, suivez-moi.

Marie repart d'où elle est venue mais cette fois Louis-Philippe la suit. Il ne peut pas annoncer de but en blanc les changements de plan qui lui trotte dans la tête. Il doit encore y réfléchir et s'assurer que cela est possible.

Ils entrent dans les appartements de Ninon, il n'y a aucun signe de vie, les rideaux sont toujours fermés et aucune bougie n'est allumée. Marie s'avance vers les fenêtres et ouvre les rideaux afin de laisser entrer la lumière du jour. Une fois qu'ils peuvent y voir plus clair, ils remarquent alors l'état de la pièce : des bouteilles vides s'étalent un peu partout et des restes de nourriture sont éparpillés aux quatre coins. C'est une vraie porcherie.

Le futur roi de France s'apprête à rebrousser chemin quand il entend le bruit des draps qui bougent. Sans réfléchir, il se dirige alors vers le lit se fichant des convenances. Marie qui le voit faire, trouve cela vraiment étrange de sa part. Un homme ne peut pas entrer dans la chambre d'une femme sans prévenir surtout quand elle est encore au lit.

Louis-Philippe s'arrête net en voyant la scène devant ses yeux et détourne rapidement la tête. Marie le rejoint en vitesse et se dit que sa sœur doit être dévêtue pour qu'il réagisse de la sorte. Mais à sa grande surprise, Ninon est couverte par les draps, le problème c'est qu'elle n'est pas seule. On ne voit pas son visage car sa tête est enfouie sous l'oreiller mais au vu de ce dos nu et ces pieds qui dépassent, c'est largement suffisant pour comprendre que c'est un homme.

Marie est outrée, elle n'aurait jamais cru cela de sa sœur, elle n'aurait jamais pensé qu'elle irait jusque-là. Elle passe devant le dauphin, le faisant reculer en le poussant légèrement, et file jusqu'au lit pour secouer Ninon qui est en train de dormir paisiblement.

Ninon sent qu'on la secoue mais elle n'a pas envie de réagir, elle est encore trop fatiguée pour ça. Hier après le bal, ils sont venus ici et ont bu plus que de raison. Les secousses deviennent de plus en plus fortes et elle entend une voix qui l'appelle. Elle se redresse alors brusquement en grognant pour voir qui la dérange pendant son sommeil.

La première chose qu'elle voit c'est le visage de Marie et ça la met encore plus de mauvaise humeur, elle n'est pas prête pour son sermon matinal sur ses agissements de la veille. Ninon voit ensuite le dauphin posté au pied de son lit, elle ne comprend pas vraiment ce qu'il fait là mais peu importe. Elle baisse la tête pour essayer de le saluer mais la nausée lui vient de suite. Elle se recouche sans rien ajouter, attrape le bras de la personne à ses côtés, le colle contre elle et appui son front contre l'épaule.

Louis-Philippe est à la fois admiratif et déçu. Admiratif de cet homme qui arrive à dormir malgré tout le bruit que font les deux princesses, enfin surtout Marie, sans se sentir inquiété de se trouver dans une mauvaise posture. Il aimerait pouvoir agir ainsi au lieu de toujours faire attention à ce que disent les autres. Déçu, parce que Ninon n'est pas aussi délicate et innocente qu'il le pensait. Il lui est impossible de l'épouser à présent, surtout si le fait qu'elle dorme avec un homme hors mariage se sait dans le palais. Et connaissant Versailles et ses potins, c'est probablement déjà le cas. Il va devoir changer ses plans de nouveau et se contenter de Marie.

Marie n'en revient pas du comportement de sa sœur, comment ose-t-elle se coller à un homme à moitié nu alors qu'elle sait qu'elle n'est pas seule dans la pièce ? Elle secoue alors de nouveau Ninon pour que cette mascarade s'arrête, sa réputation va être anéantie si les gens apprennent ce qu'il se passe dans la chambre de la jeune princesse de Navarre. Et par un effet boule de neige, cela va également entacher sa propre réputation et ça, elle ne le permettra jamais.
— Quoi ?! dit Ninon en se redressant agacée, telle une enfant.
— Tu n'es pas seule dans ton lit et tu n'es pas marié ! Sors de là !

Ninon la regarde en grimaçant et secoue avec force le corps inerte à côté d'elle. Un grognement digne d'un animal s'échappe de sous l'oreiller. Elle recommence à le secouer, elle veut que Marie parte au plus vite et pour qu'elle la laisse tranquille, elle doit le voir de ses propres yeux.

L'oreiller se soulève enfin et la tête de Thomas apparaît. Il n'aime pas être réveillé quand il dort aussi bien.
— Laisse-moi dormir ! grogne Thomas.

Il ouvre un peu plus les yeux et voit Marie qui le regarde interloquée.
— Pourquoi tu es dans le lit de Ninon ?
— Parce que le mien était trop loin.

Il se réinstalle dans le lit, cette fois c'est lui qui attrape le bras de Ninon comme elle l'a fait juste avant et se rendort dans la seconde. Ninon s'était déjà rendormie depuis qu'il avait relevé la tête.

Marie est rassurée dans un sens que ce soit Thomas, elle n'aura pas à rattraper les dégâts, c'est déjà ça. Elle regarde son futur époux qui paraît lui aussi soulagé.

Et c'est le cas, il est tellement rassuré, Louis-Philippe se dit que finalement Ninon n'a pas entaché sa réputation. C'est étrange qu'elle partage son lit avec son frère mais c'est mieux que n'importe quel autre noble de la cour, qu'il aurait été forcé d'exclure pour avoir osé toucher la princesse.

Marie lui fait signe de sortir et il s'en va à contrecœur. Ninon a l'air si paisible quand elle dort, on dirait un ange. Une fois dans le couloir, seul avec elle, il se sent de nouveau mal à l'aise. Il sait qu'elle ne va pas le laisser s'en tirer comme ça, alors que son père a lui-même suggéré qu'ils devaient passer du temps ensemble.

— Ça leur arrive souvent de dormir dans le même lit ? demande-t-il.

La conversation en revient toujours à Ninon, même s'il essaye de changer de sujet, il n'y arrive pas. Il est comme obnubilé et veut tout savoir.

Marie cache son agacement, il devrait lui poser des questions sur elle et non pas sur sa fratrie. Ce n'est pas l'important dans la conjoncture actuelle. Ils vont se marier, il devrait commencer à s'intéresser à elle nom d'une pipe ! Elle décide de voir le bon côté des choses, au moins il a engagé la conversation et c'est bien la première fois depuis son arrivée.

— Les jumeaux sont inséparables depuis toujours. Ma mère m'a dit que petit, Thomas était très malade, les médecins disaient qu'il était faible et ne vivrait pas longtemps, il passait son temps à pleurer et mangeait très peu. Un jour mon père a allongé Ninon à côté de lui sur les conseils d'une guérisseuse et il a tout de suite arrêté de pleurer. Ninon lui aurait attrapé le bras comme elle a fait tout à l'heure et il se serait apaisé d'un coup. Après un certain temps, il allait beaucoup mieux. Mes parents les ont laissé dormir tous les deux pendant très longtemps mais j'ignorais que ça leur arrivait encore aujourd'hui.

— C'est une histoire incroyable. J'ai déjà entendu parler du lien très fort qui unit des jumeaux mais je ne savais pas que c'était à ce point-là.

— Charles, notre frère aîné, dit toujours que l'homme qui épousera Ninon devra épouser Thomas avec. Ils ne pourront jamais vivre l'un sans l'autre.

Louis-Philippe se dit qu'il pourrait vivre avec cette idée. Si pour avoir Ninon il faut prendre les deux, alors Thomas restera à Versailles lui aussi. Il lui trouvera une épouse digne de son rang et Ninon pourra vivre heureuse. Il s'en voudrait de les séparer alors que Ninon a littéralement sauvé la vie de son frère.
— Apparemment ils ont toujours besoin de se tenir le bras.
— Probablement une vieille habitude, répond Marie.
— Ils avaient l'air tous les deux mal en point, peut-être qu'ils s'aident mutuellement à se sentir mieux. Je trouve ça fascinant.

Il sourit à Marie, un sourire sincère mais il ne lui est pas vraiment adressé. Elle le sait mais peu importe, elle se sent tout émoustillée. S'ils doivent parler des jumeaux pour se rapprocher alors elle est prête à faire un effort. Ils seront bientôt loin d'ici de toute façon.

7 – Faîtes vos jeux

Ce soir, c'est soirée « Appartement » à Versailles. Apparemment, elles ont lieu trois fois par semaine et Ninon ne sait pas vraiment à quoi s'attendre, elle n'a jamais participé à ce genre de soirée avant. Avec Thomas, ils se sont réveillés tard aujourd'hui et elle a un vague souvenir de la présence de Marie mais ne sait plus vraiment ce qu'il s'est passé. À son réveil Charlotte est venue lui dire que la soirée commençait à dix-neuf heures, elle aurait aimé aller se balader dans les jardins mais n'a pas osé de peur d'arriver de nouveau en retard et s'est donc dépêchée de se préparer. Même si la dernière fois, le roi Louis avait été conciliant, elle n'a pas envie de retenter l'expérience. Elle s'est suffisamment fait remarquer et ne veut pas causer de problème à son père.

Thomas est pressé de voir ce que va être la soirée « Appartement ». Il sait que ce ne sera pas le genre de fêtes auxquelles il a l'habitude de participer car celle-ci est organisée par le roi lui-même, mais il est tout de même très curieux. Louise lui a dit que c'était l'occasion de plumer les nobles et ça, ça lui plaît beaucoup. Hier soir quand ils sont revenus ici, il a longuement discuté avec Antoine. Il s'est rendu compte que c'était un homme droit et assez ouvert pour comprendre sa jumelle et le fait qu'elle n'aime pas être une princesse. Thomas pense sincèrement que le duc de Bourbon serait un grand soutien pour Ninon et qu'elle pourrait également lui être bénéfique. Antoine lui a expliqué son histoire et il comprend maintenant pourquoi il accordait si peu d'importance à sa vie.

Ils entrent tous les deux dans la fameuse salle de jeu de la noblesse. Ninon se demande s'ils sont en avance car ni le roi, ni son père, ni le dauphin et Marie ne sont arrivés. Certains nobles sont déjà en train de jouer, les parties sont beaucoup moins mouvementées que l'autre soir mais ils ont l'air de s'amuser.

Thomas repère tout de suite les rafraîchissements, comme disent certains et le buffet. Il va leur chercher des verres pendant que Ninon continue d'observer ce qu'il se passe. Elle ne reconnaît personne, elle espère que les duchesses vont venir pour qu'elle puisse s'amuser un minimum. Elle voit le duc de Bourbon entrer et son sourire s'élargit instantanément, il lui fait toujours cet effet dès qu'elle l'aperçoit.

Antoine repère Ninon sans aucune difficulté, une fois de plus, elle est la plus belle et la plus lumineuse de la pièce. Il est en train de tomber fou amoureux de ce petit bout de femme et compte bien le lui dire. Il ne veut pas qu'elle reparte à Navarre et s'il doit l'épouser pour qu'elle reste alors il le fera. Par la même occasion Thomas restera sûrement lui aussi, ils ne peuvent pas se séparer et il le considère vraiment comme un ami sur qui il peut compter. Il a enfin trouvé un sens à sa vie et il fera le nécessaire pour essayer d'être enfin heureux. Il rejoint rapidement Ninon et s'incline devant elle, comme le veut la bienséance.

— Vous m'avez beaucoup manqué aujourd'hui Capitaine.

— Croyez-moi, si je le pouvais je resterais près de vous à chaque instant.

Les yeux de Ninon se mettent à pétiller et son cœur s'emballe, elle ne veut plus jamais quitter cet homme, elle serait prête à rester à Versailles, malgré Marie pour rester près de lui. Dans quelques jours, il est prévu qu'elle retourne à Navarre et elle ne le reverra peut-être plus jamais. Ce n'est vraiment pas une option, elle en aurait le cœur brisé.

— Antoine, vous voilà enfin ! s'écrit Thomas en revenant avec deux verres de vin.

— Je n'allais pas manquer une occasion de passer la soirée avec le prince et la princesse de Navarre et prendre l'argent de tous ces nobles au passage.

— Je pense que nous avons de grandes chances de les ruiner, lui répond Thomas.

— Vous pouvez me croire, c'est toujours un plaisir. Et puis cela arrange le roi.
— Que voulez-vous dire ? demande Ninon.
— Ce n'est pas pour rien que le roi organise ce genre de soirée. Les courtisans y dépensent beaucoup d'argent et certains vont jusqu'à se ruiner, le roi leur prête alors de l'argent et ils lui sont redevables.
— C'est donc un moyen pour le roi de contrôler les nobles de Versailles sans qu'ils ne s'en rendent compte, dit Ninon.
— Vous avez tout compris.

Thomas hoche la tête trouvant que ceci est une idée de génie et va en parler à Charles pour faire la même chose à Navarre. Ninon boit une gorgée de vin en se disant que le roi Louis est vraiment un homme intelligent et en avance sur son temps. Il n'y a qu'à voir le palais dans lequel il vit. C'est l'ancien roi, le père du roi actuel, qui avait commencé les travaux du château mais c'est bien le roi Louis qui en a fait ce qu'il est devenu.

La duchesse de Provence entre dans la salle et va rejoindre sa nouvelle amie. Ninon l'accueille avec un grand sourire, elle adore cette femme, toujours pleine de vie et d'une gentillesse rare. Elle est suivie de près par son époux et la duchesse de Bretagne. Thomas ne peut s'empêcher de la rejoindre et de l'embrasser sur la joue, aux yeux de tous. Il se fiche de ce qu'ils peuvent bien dire, il ne va pas se mettre des barrières à cause de certains esprits étriqués. Bien sûr, elle est mariée mais son mari est loin et ne peut plus satisfaire ses besoins naturels. Il est ravi de pouvoir prendre sa place pour cela, la duchesse est une vraie tigresse.

Une femme se rapproche du petit groupe, Ninon ne la connaît pas mais tous la saluent.
— Je vous présente la comtesse de Toulouse, dit alors Constance de Provence.
— Ravie de faire votre connaissance Comtesse, lui dit Ninon.

— Moi également. Je tenais à me présenter car je suis admirative de la jeune princesse de Navarre qui a réussi à faire danser le roi.
— Ce n'était vraiment pas grand-chose.
— C'est pourtant un exploit, je ne l'avais pas vu danser depuis des années. Je pense d'ailleurs que tout le monde ici est impressionné.

Ninon sourit et la comtesse s'incline avant de retourner à ses affaires.
— Je ne l'aime pas, dit Louise de Bretagne. Elle cherche toujours à se faire bien voir de tout le monde alors que c'est une vraie commère.
— Dans ce cas, j'éviterai de boire le thé avec elle. J'ai confiance en votre jugement Duchesse, dit Ninon.

Le duc de Provence revient avec une assiette pleine de mignardises et en propose à tout le monde.
— J'ai ouï dire que le roi aurait un peu de retard. Nous devrions en profiter pour remuer un peu tout ça avant qu'il n'arrive. Cette soirée n'est pas très festive.
— C'est dans mes cordes, réplique Thomas.

Il monte sur la table derrière lui et s'éclaircit la gorge.
— Mesdames et Messieurs, je crois qu'il est temps d'animer un peu cette soirée. Un peu de musique s'il vous plaît.

Il redescend, attrape sa sœur par la main et va se placer au milieu de la pièce. Tous les yeux sont braqués sur eux.
— Voilà comment on danse à Navarre.

Ninon rigole et ils commencent à danser, une danse traditionnelle de chez eux. Tout le monde frappe dans ses mains pour les accompagner. C'est à ce moment-là que le roi Louis fait son entrée, accompagné du roi Henri, de ses deux fils, de sa fille et de Marie. Il faut plusieurs secondes pour que l'on remarque leur présence à cause des jumeaux qui sont toujours en train de danser. Louvois annonce alors le roi, et tout le monde s'arrête et s'incline, y compris Ninon et Thomas.

Le roi Louis s'avance vers eux et Thomas se dit qu'ils vont avoir des ennuis pour avoir fait de la soirée du roi, la leur.
— C'est toujours un plaisir de vous voir tous les deux animer les soirées de la cour. Princesse Ninon quel jeu me conseiller vous ce soir ? Vous serez mon porte-bonheur.
— Je peux vous aider à gagner en jouant aux cartes. C'est plus facile à contrôler que les dés, Votre Majesté.
— Ce sera donc les cartes pour moi ce soir. Venez mon enfant.

Il lui tend la main et Ninon la prend en faisant un petit sourire. Elle va faire en sorte que le roi gagne beaucoup d'argent pour qu'il apprécie encore plus sa famille et donc Marie qui aurait vraiment besoin d'aide car elle est trop sur la réserve. Si Marie se sent appréciée du roi alors peut-être qu'elle acceptera l'idée que Ninon reste à Versailles si elle le souhaite. Le roi s'installe à une table et Ninon se penche à son oreille.
— Je vais vous aider à ruiner vos courtisans, je vous dirais quand vous devrez jouer ou vous coucher pour ne pas perdre.
— Cela s'appelle tricher jeune demoiselle.
— Et cela pose un problème Sire ?

Le roi se met alors à rigoler à cœur joie.
— Soyons fous, lui répond-il.

Les parties de jeu s'enchaînent, Ninon fait le tour de la table à chaque main pour regarder le jeu des opposants. Elle fait des signes discrets au roi qui gagne alors presque toutes les manches. Il rigole, s'amuse comme un enfant et passe une excellente soirée. Ninon est contente que son plan soit un succès. Elle ne manque pas une occasion de regarder vers le capitaine qui semble être en veine lui aussi.

Le roi, largement gagnant, décide de se retirer de la table pour aller à l'encontre de ses courtisans. Il salue Ninon, qui lui fait un clin d'œil et va rejoindre le dauphin qui se trouve avec Marie et Augustine.
— Votre sœur est divine ma chère, vous avez beaucoup de chance, dit le roi à Marie.
— C'est vrai qu'elle est incroyable, dit alors Louis-Philippe.

Marie est en train de bouillir intérieurement, c'en est trop. Elle ne veut plus qu'on lui parle de Ninon. S'ils l'aiment tant tous les deux, ils n'ont qu'à la marier au dauphin ! Au moins elle n'aura plus à supporter tout ça ! Mais elle ne dit rien et se contente de sourire, comme cela lui a été inculqué.

Ninon veut rejoindre Thomas mais il est en très bonne compagnie alors elle le laisse tranquille. Elle décide de rejoindre le roi Louis et lui tend la main le visage rieur.
— Vous désirez quelque chose princesse ? lui demande le roi Louis.
— Ma part du butin, lui répond Ninon

Le roi rigole de nouveau de bon cœur.

Ninon reprend :
— J'ai fait la moitié du travail après tout.

Cette fois Marie n'arrive plus à se contrôler et réprimande sa jeune sœur.
— Ninon ! Comment oses-tu demander cela au roi ? s'énerve-t-elle.
— Mais elle a tout à fait raison. Voici jeune fille.

Le roi lui donne la bourse entière, elle est pleine à craquer et il continue :
— Je crois même que la totalité vous revient, j'ai passé une excellente soirée grâce à vous.
— C'est un plaisir de faire affaire avec vous Votre Majesté, dit-elle en souriant.

Elle pèse la bourse, c'est la première fois qu'elle a autant d'argent entre les mains, son argent. Elle se rapproche alors du roi pour lui parler doucement :
— Si l'envie vous reprend de berner tous ces nobles, je suis votre homme.

Elle lui fait un clin d'œil, fait une révérence rapidement et s'éloigne en sautillant. Marie reste sans voix face à cet irrespect. Louis-Philippe, Augustine et le roi, eux ne peuvent s'empêcher de sourire.

— Marie votre sœur doit absolument rester à Versailles, vous pourriez faire d'elle une de vos dames de compagnie, dit alors le roi Louis

Elle cache son envie de crier et s'incline en guise de réponse, voulant dire qu'elle suivra la demande de Sa Majesté. Louis-Philippe est content de la demande du roi, il apprécie vraiment la jeune princesse et il sait à présent qu'il est tant d'avoir cette fameuse discussion. Il se retourne vers Marie et dit :
— Versailles a besoin de quelqu'un comme elle, aimée de tous, enjouée, pleine de vie et amusante.

Il la salue et s'éloigne pour aller rejoindre son cousin. Le capitaine est proche du prince et de la princesse, il pourra peut-être l'aider.

Antoine, qui a arrêté de jouer depuis qu'il a vu Ninon partir, s'apprête à la rejoindre quand son cousin l'intercepte.
— Antoine, comment se fait-il que les deux princesses soient aussi différentes ?
— D'après ce que j'ai compris, elles n'ont pas reçu la même éducation. La princesse Marie s'est préparée à devenir reine, elle connaît l'étiquette, la bienséance et sait comment se comporter en tant que future reine. Alors que la princesse Ninon et le prince Thomas n'ont pas reçu l'éducation royale à proprement parlé. Le roi a été plus clément et moins autoritaire avec eux, c'est pour cela qu'ils peuvent agir de la sorte. Mais si vous vous êtes senti offensé, je suis sûr que ce n'était pas leur but.
— Au contraire, je trouve ça tellement différent et rafraîchissant cette manière de voir la vie. La future dauphine est tellement guindée et elle ne sourit jamais alors que la jeune princesse est si pleine de vie qu'il est impossible de ne pas l'apprécier.
— En effet, cela est impossible.
— Je crois que j'aurais préféré qu'elle soit ma promise.

Antoine le regarde surprit. Il ne s'attendait pas à ce que le dauphin dise une telle chose. Il peut apprécier Ninon mais cela doit s'arrêter là, elle n'est pas faite pour lui, elle n'est pas faite pour être reine. Elle est faite pour vivre sa vie en toute liberté et c'est ce qu'il compte lui offrir en l'épousant, ce que ne pourra jamais faire le futur roi de France.

Marie non loin de là, entend la conversation. Elle voulait simplement montrer à quel point, elle était prête à être reine de France. Elle ne voulait pas qu'on la croie trop immature ou pas assez éduqué, c'est pour cela qu'elle a voulu rester digne et ne pas trop montrer ses sentiments. Pour la première fois de sa vie, elle sent qu'elle a perdu face à sa petite sœur rebelle qui n'apprécie même pas la chance qu'elle a d'être une princesse. Ninon a toujours tout eu sans jamais faire aucun effort alors qu'elle a travaillé dur pour en arriver là. C'est aussi pour ça qu'elle a toujours été froide et distante avec sa sœur.

Elle sort de la pièce rapidement, sentant les larmes montées. Elle va se cacher pour pleurer face à cette injustice qui, malheureusement, la poursuit depuis la naissance des jumeaux.

8 – Liaisons dangereuses

Marie est accroupie dans le petit renfoncement d'un couloir près des quartiers de la famille de Navarre. Elle avait d'abord voulu se réfugier dans sa chambre mais elle n'en serait plus jamais ressortie, alors elle est restée dans le couloir. Elle vient de pleurer toutes les larmes de son corps et essaye de reprendre ses esprits. Elle essuie son visage et prend de grandes inspirations. Elle est partie depuis une bonne vingtaine de minutes et les gens sont sûrement en train de se demander où elle est. Ou peut-être pas, après tout, elle a pu constater que l'intérêt de la cour est uniquement porté sur sa sœur et non sur elle. Si ça se trouve, personne n'a même remarqué son absence et cette pensée lui donne envie de pleurer de nouveau.

Cela ne lui ressemble pas, elle est plus forte que cela, d'habitude elle sait gérer ses émotions et ne les laisse pas prendre le contrôle. La différence cette fois-ci, c'est qu'il s'agit de son rêve, ce pour quoi elle a travaillé toute sa vie. Il faut qu'elle reprenne les choses en main, elle ne peut pas rester sagement à regarder sa vie voler en éclat sans rien faire.

Elle se lève, remet sa robe et ses cheveux en place, elle va reprendre le contrôle de la situation, même si pour cela, elle doit se mettre son frère et sa sœur à dos. Elle va leur parler, leur demander de prétendre être malade et de ne plus pouvoir assister à la vie de la cour de Versailles jusqu'à leur départ. Ils peuvent bien faire ça pour elle après la façon dont ils se sont comportés jusqu'à présent.

Elle s'apprête à retourner vers la salle de jeu quand elle entend des voix et des rires se rapprocher d'elle. Elle ne veut pas que les gens la voient ici, cachée toute seule dans le noir alors elle se renfonce un petit peu pour les laisser passer sans être vue. Elle aperçoit la fameuse duchesse de Bretagne passer devant elle en sautillant suivie par Thomas qui lui cour gentiment après en rigolant.

— Tu ne vas pas m'échapper, rien ne sert de courir, tu finiras quand même dans mon lit ! dit Thomas.
— Et que comptes-tu me faire ce soir ? lui demande la duchesse en s'arrêtant non loin de Marie.
— Ce soir c'est toi qui as toutes les cartes en main, je suis ta chose.

Thomas attrape la duchesse par la taille et l'embrasse à pleine bouche, Marie détourne les yeux, dégoûtée. Son frère est vraiment sans gêne et cette femme n'a vraiment aucune dignité. Après un long baiser, ils repartent en direction de la chambre de Thomas. Marie s'avance pour sortir et voit alors Ninon accompagnée du duc de Bourbon arriver. Elle retourne dans sa cachette.

Antoine regarde Ninon, elle est magnifique quand elle marche dans la pénombre et il ne peut attendre une seconde de plus. Lorsqu'ils se trouvent juste devant la cachette de Marie, Antoine attrape le bras de Ninon et l'oblige à lui faire face.

Marie retient sa respiration pour qu'ils ne détectent pas sa présence. De plus elle est vraiment curieuse de savoir ce qu'il va se passer. Si Ninon se dévergonde avec le duc alors elle aura un moyen de pression sur elle et sa sœur n'aura d'autre choix que de faire ce qu'elle demande sous peine de voir sa réputation de princesse ruinée. Elle s'en fiche peut-être, mais elle ne pourra pas faire ça à son père adoré.

Antoine caresse délicatement la joue de celle qu'il aime plus qu'il ne l'aurait cru. Son insouciance de ce soir était simplement magique et l'a rendu encore plus désirable à ses yeux.
— Tu es si belle, lui dit Antoine.

Ninon ne répond rien et se contente de lui sourire en se perdant dans ses grands yeux noirs. Elle est heureuse qu'il se sente assez proche d'elle pour la tutoyer. Il lui prend la main et la rapproche de lui, elle sait ce qui va suivre et elle le désire tout autant que lui alors elle le laisse faire. Il colle sa bouche sur la sienne et lui donne un baiser plein d'amour et de

tendresse. Elle a des papillons plein le ventre et c'est ainsi qu'elle veut passer le reste de sa vie : dans ses bras.
— Nous devrions continuer cette conversation dans ma chambre, dit Ninon.

Elle lui prend la main et ils partent en vitesse loin de Marie. Celle-ci sourit, sa petite sœur n'est pas aussi innocente que tout le monde le croit. Même s'il ne passe rien dans cette chambre, inviter un homme dans ses quartiers est déjà synonyme de mauvaise réputation.

Ninon entre dans sa chambre suivie par Antoine. Il la pousse contre la porte et reprend où ils s'étaient arrêtés, embrasser la princesse va vite devenir une drogue dont il ne pourra plus se passer.
— Épouse-moi ! lance-t-il plein d'espoir.

Ninon le regarde surprise, elle ne s'attendait pas à cette question. Bien sûr, elle y avait elle-même pensé et elle ne serait pas contre mais il y a tout de même une petite chose qui la dérange avec cette possible union. Elle s'écarte de lui, se sert un verre de vin qu'elle boit d'une traite et va s'asseoir dans un des fauteuils près de la cheminée.

Antoine la rejoint, tout en restant sur ses gardes. Si elle refuse, il en aura le cœur brisé, un sentiment qu'il s'était juré de ne plus jamais ressentir. Pourtant elle a percé sa carapace et a pris possession de son cœur.
— Je ne pensais pas qu'un jour je rencontrerais un homme qui me comprenne et m'accepte tel que je suis. Pourtant c'est le cas, tu es l'homme idéal pour moi, tu ne me reproches rien et me laisses faire mes propres choix. Tu n'essayes pas de brider mon esprit et de faire de moi celle que tu voudrais que je sois. Si tu savais à quel point je t'ai rêvé et te voilà devant moi à me demander ce que j'avais le plus envie d'entendre depuis notre rencontre.

Antoine s'agenouille devant elle et prend ses mains dans les siennes.

— Je ne peux plus imaginer ma vie sans toi, tu as réussi à me redonner le sourire et tu m'as permis d'aimer la vie à nouveau. Épouse-moi et tu pourras rester celle que tu es jusqu'à la fin de tes jours, je t'en fais la promesse.
— J'en suis sûre oui… Mais j'aime la vie autant que tu aimes la mort et je ne pourrais jamais être vraiment heureuse alors que tu mets ta vie en danger. Tu ne me demandes pas de changer qui je suis et je ne veux pas te demander de changer qui tu es. Le problème c'est que je serais toujours inquiète pour toi si une guerre venait à être déclarée. Tu serais envoyé au front et je ne peux pas vivre comme cela.
— Loin de moi l'idée de t'imposer mes choix de vie et si tu acceptes de devenir ma femme, je ne ferai pas de toi une veuve qui doit s'occuper seule de nos enfants. Je vais quitter l'armée et vivre comme le duc de Bourbon à partir de maintenant.
— Je ne veux pas que tu fasses ce choix pour moi, tu pourrais finir par m'en vouloir et ce serait encore pire.
— Je le fais pour moi. J'ai une raison de vivre à présent, je ne veux plus risquer ma vie sur un champ de bataille. Je veux vivre une vie normale à tes côtés, aimer, m'amuser, être heureux. Une vie qui mérite d'être vécue, voilà ce que tu m'apportes chaque jour.

Ninon sent des larmes rouler sur ses joues, ce sont des larmes de bonheur. Antoine se relève et elle fait de même, il essuie ses larmes et la regarde avec tendresse.
— Princesse Ninon de Navarre, acceptez-vous de faire de moi le plus heureux des hommes ?
— Ce serait un honneur d'être votre femme Monsieur le duc.

Ils sourient tous les deux et s'embrassent de nouveau avec tout l'amour qu'ils ressentent l'un pour l'autre.
— Je demanderai officiellement ta main auprès de ton père dès demain.
— Nous devrions attendre que mariage royal soit passé, je ne voudrais pas que les regards soient braqués sur nous. Marie m'en voudrait à mort.

— Vos désirs sont des ordres, Madame la Duchesse de Bourbon.
— Cela me plaît beaucoup comme titre, lui répond Ninon en souriant. Mais il y a un autre problème dont je dois te parler : je suis protestante.
— Je ferai tout ce qui est en mon pouvoir pour que tu vives ta vie comme tu l'as toujours rêvé. Et je suis même prêt à me convertir au protestantisme pour rendre cela possible.

Ninon laisse échapper un petit rire puis son regard devient sérieux. Depuis que leurs yeux se sont croisés pour la première fois dans la Galerie des Glaces, elle n'a fait qu'imaginer ce que serait de passer la nuit avec le duc. Elle l'a désiré dès la première seconde, avant même d'apprendre à le connaître, c'est pour cela qu'il n'y a jamais eu de barrière entre eux. Et ce soir, elle a envie de céder à la tentation, elle a envie de se donner à lui toute entière.

Antoine est soulagé, elle a dit oui. Cela n'a pas été facile pour lui de se laisser aller de la sorte mais il s'est vite rendu compte qu'il était trop faible face à l'amour qu'il ressent pour elle. À présent, il est impatient de commencer sa vie à ses côtés.

Ninon prend son courage à deux mains et commence à défaire les boutons du veston d'Antoine. Il met alors ses mains sur les siennes pour l'arrêter. S'il se refuse à elle alors elle risque de perdre confiance en elle et en sa détermination.
— Ninon, qu'est-ce que…
— Je suis tellement heureuse que je veux que cette nuit soit notre première nuit d'amour.
— Tu es sûre ?
— Oui, répond Ninon en hochant la tête. Nous allons nous marier, nous ne commettons aucun péché.

Elle reprend où elle s'était arrêtée mais cette fois Antoine lui apporte on aide. Il se retrouve rapidement torse nu et Ninon part en exploration de son corps avec ses mains. Elle le caresse délicatement tout en se mordant la lèvre inférieure et se dit qu'il a vraiment un corps parfait avec des muscles bien dessinés et ferment.

Antoine ne veut pas brusquer sa future femme et la laisse aller à son rythme. Et puis c'est loin d'être désagréable de sentir ses mains sur sa peau. Elle se mord la lèvre inférieure et ça lui donne envie de la mordre à sa place. Elle relève les yeux vers lui, se retourne, décale ses cheveux sur le côté et il comprend que c'est à son tour de la déshabiller. Il ne comprend pas pourquoi les femmes portent autant de couches de vêtement mais il prend son mal en patience sachant que cela en vaut la peine.

Ninon fait glisser sa robe sur le sol, suivie par le reste de ses accoutrements jusqu'à se retrouver vulnérable dans sa petite chemise blanche. Elle sent les mains d'Antoine sur ses épaules, d'en un premier temps puis le long de ses bras. Il l'embrasse tendrement dans le cou et elle ne peut s'empêcher de fermer les yeux pour ressentir chaque sensation.

Il la retourne et l'embrasse avec passion cette fois. Ils vont jusqu'au lit où ils s'allongent sans relâcher leur baiser. Ils ont encore des vêtements sur eux, ils n'ont pas encore été trop loin et Antoine veut s'assurer que c'est bien ce qu'elle veut. Il se redresse sur les genoux et la regarde, elle paraît si pure dans cette tenue malgré ses joues rosies par le désir.

Ninon s'assied, Antoine s'est relevé et elle a peur qu'il n'ait plus envie d'elle. Peut-être qu'elle a fait quelque chose de travers. Tout à coup, elle se sent beaucoup moins téméraire.
— Il y a un problème ? demande-t-elle d'une petite voix.
— Je veux juste être sûr que c'est vraiment ce que tu veux.

Le parfait gentilhomme se dit Ninon. C'est aussi pour ça qu'elle l'aime et qu'elle veut l'épouser. Et c'est pour ça qu'elle est prête à se donner à lui ce soir. Elle retire sa chemise et se retrouve nue devant lui, c'est la meilleure réponse qu'elle pouvait lui donner.

Antoine en reste béat et ne peut pas quitter des yeux ses petits seins parfaits qui ne demandent qu'à ce qu'il s'occupe d'eux. Elle a l'air sûre d'elle et il ne lui en faut pas plus. Il se relève, retire le reste de ses vêtements et revient auprès d'elle. Il l'embrasse tout en caressant son corps à la peau si douce. Il va y aller doucement, il sait que ce n'est pas forcément une partie de plaisir la première fois pour les femmes et il veut faire en sorte qu'elle souffre le moins possible. Il se glisse entre ses jambes, qu'elle écarte pour mieux l'accueillir.

Ninon sait qu'elle est prête, elle le désire, elle le veut. Alors quand il la regarde une fois de plus par précaution, elle lui sourit et hoche légèrement la tête. Il entre en elle tout doucement et elle grimace. Ça fait moins mal qu'elle ne l'aurait cru mais ce n'est pas agréable non plus, enfin pas pour le moment. Il s'enfonce encore un peu et la légère douleur revient, elle sait que ce n'est qu'un mauvais moment à passer et qu'après ce ne sera que du plaisir, selon les dires de Thomas.

Antoine essaye d'être le plus délicat possible et quand il est enfin totalement en elle, il s'arrête pour laisser le temps au corps de Ninon de s'habituer à sa présence. Il lui embrasse le bout du nez pour la rassurer puis il entreprend des vas et viens. Petit à petit les grimaces disparaissent pour laisser place à des sourires.

Ninon commence enfin à ressentir du plaisir, la douleur a pratiquement disparu et elle se laisse enfin aller. Il est doux avec elle ce qu'elle apprécie vraiment. Elle ne regrette en aucun cas son choix, elle lui appartient toute entière.

Cette nuit, ici, dans cette chambre, dans ce lit, Antoine sait enfin ce que c'est le vrai bonheur. Ninon, qui maintenant bouge en rythme avec lui, possède à présent son cœur, son âme et son corps pour l'éternité.

Le lendemain matin, Ninon entre dans la chambre de Thomas sans s'annoncer et regrette immédiatement son choix ayant peur qu'il ne soit pas seul. Elle aime son frère et ils partagent beaucoup mais il y a des choses qu'elle ne préfère pas savoir ou voir. Par chance, il n'y a aucun bruit suspect, elle tente alors de s'avancer et le voit allongé seul et habillé sur le lit, ce qui est une bonne chose.

Elle s'allonge à côté de lui et le secoue pour qu'il se réveille, elle a reçu un message de Marie demandant de la retrouver dans trente minutes dans la chambre de Thomas. Elle ne sait pas de quoi il s'agit mais au cas où, ils devraient élaborer un plan d'attaque. Ce n'est jamais bon signe lorsqu'ils sont convoqués par leur grande sœur.
— Réveille-toi ! Je crois que nous allons avoir des problèmes.
— Quels problèmes ? grogne Thomas. Je n'ai pas beaucoup dormi la nuit dernière alors j'espère que c'est important.
— Marie veut nous parler à tous les deux, elle va venir ici dans quelques minutes.

Thomas se redresse et regarde sa sœur, qui hausse les épaules. Il la regarde alors plus intensément car il trouve qu'elle a quelque chose de différent.
— Tu as couché avec Antoine de Bourbon ! crie Thomas stupéfait.
— Quoi ?! dit Ninon en se redressant. Pourquoi tu dis ça ? demande-t-elle gênée.
— Je suis ton frère jumeau, je sais ce genre de chose ! dit-il en souriant.

Elle veut bien croire qu'ils ont une sorte de connexion mais c'est impossible qu'il sache ce genre de chose rien qu'en la regardant. Ce n'est pas comme si c'était écrit sur son front. Ou peut-être bien que si, parce que depuis ce matin, elle n'arrête pas de sourire. Elle n'arrive d'ailleurs pas à retenir celui qui s'affiche sur son visage en ce moment même.
— On va se marier. Il m'a demandé de l'épouser et j'ai dit oui. Alors on a fêté ça… plusieurs fois.
— Tu ne sais pas à quel point je suis fier, rigole-t-il.

La porte de la chambre s'ouvre avec fracas et Marie entre, telle une conquérante. Les jumeaux se lèvent rapidement et

vont la rejoindre. Elle sait qu'elle est en position de force et cette fois elle va gagner.
— Je vais être directe. Je ne veux plus qu'aucun de vous deux ne participe à la vie de la cour jusqu'à mon mariage. Vous resterez ici dans vos chambres et vous vous ferez discret. Compris ?
— Le problème c'est qu'on aime profiter de Versailles chère sœur, lui répond Thomas.
— C'est bien le problème. Je ne supporte plus de vous voir agir comme si ce palais vous appartenait. Versailles est à moi, vous vous amuserez une fois de retour à Navarre.
— Et pourquoi nous ferions ça ? demande Thomas.
— Parce que sinon je dirai à tout le monde ce que notre chère petite Ninon fait dans sa chambre avec le duc de Bourbon. Je ruinerai sa réputation et notre père ne s'en remettrait pas, vous le savez aussi bien que moi.

Marie regarde sa sœur victorieuse. Malgré tout ce que Ninon avait subi de la part de sa sœur, elle ne l'avait jamais détesté, jusqu'à cet instant. Marie est prête à tout, elle le sait, mais elle ne pensait pas qu'elle irait jusqu'à ruiner sa propre famille.
— Si tu venais à lancer cette rumeur, cela te toucherait également. Les gens se demanderont si tu n'es pas comme ta sœur ou même ton frère, ma réputation me précède et tout le monde m'a vu avec la duchesse.
— Non, ils ont tous remarqué que je suis très différente de vous. Ils ne penseront pas un seul instant que je suis une fille facile.
— C'est vrai que le balai que tu as dans le derrière prend déjà toute la place ! rugit Thomas.
— Je resterai dans ma chambre, intervient Ninon. Mais ça ne concerne pas Thomas, c'est de moi que tu es jalouse pas de lui.

Le sourire de Marie s'efface en une seconde. Jalouse ? Elle n'est pas jalouse, elle veut simplement que tout se déroule

sans accroc. Elle doit épouser le dauphin et elle est prête à tout pour que cela se réalise. Il n'y a aucune jalousie dans cette histoire.
— Ce n'est pas de la jalousie petite sœur, seulement du bon sens. Thomas est trop extraverti et cela peut me nuire, alors il restera ici lui aussi. Tu ne voudrais pas que ta sœur chérie ait des problèmes n'est-ce pas ? demande-t-elle à Thomas.

Thomas n'a jamais été un grand fan de sa sœur aînée, il n'aime pas la façon dont elle traite sa jumelle depuis leur naissance. Bien sûr que c'est une histoire de jalousie, cela a toujours été de la jalousie. Le roi Henri a toujours préféré Ninon, il prend soin d'elle, s'intéresse à elle, joue avec elle, plus qu'avec aucun d'entre eux. Charles aime aussi beaucoup Ninon et sa joie de vivre, il le répète assez souvent et Hélène l'admire en secret. Et ici à Versailles, le schéma se répète : le roi Louis a plusieurs fois complimenté Ninon, elle est appréciée de tous et a déjà des amis. Le duc de Bourbon ne cache pas son attirance et même le dauphin a plusieurs fois montré de la curiosité envers elle.

Il lui dirait bien d'aller se faire voir mais la connaissant elle mettrait tout de suite sa menace à exécution. Protéger Ninon est plus important que la satisfaction qu'il ressentirait à la remettre à sa place.
— Très bien, je resterai ici. Je suis sûr que la duchesse se fera un plaisir de me tenir compagnie.
— Parfait. Nous nous reverrons au mariage.

Elle sort sans se retourner. Elle a eu le dessus et a obtenu gain de cause, c'est tout ce qu'elle voulait. Maintenant le roi, le dauphin et toute la cour vont pouvoir se concentrer sur elle.

Ninon se laisse tomber sur le sofa à côté d'elle et regarde son frère avec tristesse.
— Je suis désolée, tout est de ma faute. C'est à moi qu'elle en veut et maintenant tu es coincé ici.
— Ne t'en fais pas, je préfère être ici que de devoir la regarder faire ses simagrées devant le dauphin.

— Je vais demander à Antoine de rester avec moi, on devrait trouver de quoi s'occuper, dit Ninon avec le visage coquin.
— AMEN ! dit Thomas en tombant à genou devant elle. Je suis content que tu aies trouvé l'homme qui te rendra heureuse sans que tu aies besoin de changer. Je l'aime bien, je n'aurai aucun mal à lui confier ma sœur.

Ninon s'agenouille face à lui et ils se prennent dans les bras l'un de l'autre. C'est à ce moment-là que Charlotte entre.
— Oh pardon, je pensais que vous étiez sortis.
— Malheureusement nous ne pouvons plus sortir de nos chambres, tu vas devoir nous supporter Charlotte, lui dit Thomas.
— Supporter mademoiselle Ninon n'a jamais été un problème, mais vous supporter vous, Monsieur, est chaque jour un défi.
— J'aime quand tu me parles comme ça.

Ils se mettent tous les trois à rire. C'est ça la vie, être avec ceux qu'on aime et passer son temps à rire, dommage que Marie ne l'ait pas encore compris.

3 jours plus tard…

Antoine s'est fait porter malade et passe ses journées dans les appartements de sa future femme. Il ne va pas s'en plaindre, au contraire, elle est vraiment pleine de surprise et adore jouer avec lui. Des jeux qui ne seraient pas cautionnés par l'Église, mais que lui apprécie grandement. Ils ont beaucoup discuté aussi et il lui a parlé de son douloureux passé en détail, elle a compris et l'a rassuré en lui disant que ce n'était pas de sa faute, qu'un enfant ne pouvait rien faire pour les aider et qu'il a de la chance d'avoir survécu. Elle lui a aussi dit qu'il devait vivre pour eux vu que la mort les a emportés trop tôt. On lui avait déjà dit tout cela mais venant d'elle, il y croit enfin.

Finalement Ninon remercie sa sœur de lui avoir imposé cette situation. Passer son temps avec Antoine est un pur plaisir et elle profite de chaque instant. Ils se découvrent et elle l'aime de plus en plus. Elle aime son côté tendre tout autant que la bête qui ressort quand ils sont au lit. Elle ne ressent plus aucune douleur seulement du plaisir et elle comprend pourquoi son frère aime autant les plaisirs de la chair. Maintenant qu'elle y a goûté, elle en veut toujours plus et par chance Antoine est toujours prêt à la satisfaire.

Ils sont allongés dans le lit, leurs corps transpirants et le souffle court. Ils font tellement l'amour que Charlotte n'ose plus mettre un pied dans la chambre.
— J'aimerais que le mariage soit repoussé pour que l'on puisse rester enfermé ici encore plus longtemps, dit Ninon.
— Je ne peux qu'être d'accord avec ça. Même si tu vas finir par tellement m'épuiser que je ne pourrai plus marcher.
— Si cela est trop difficile pour vous mon cher futur mari, nous pouvons jouer aux cartes si vous préférez, ironise-t-elle.
— Il en est hors de question, c'est dans la souffrance que je puise ma force.
— Tu es en train de dire que je te fais souffrir ? Je pensais que tu y prenais du plaisir.
— Tellement de plaisir que j'en souffre dès que ça s'arrête.

Il se penche au-dessus d'elle et l'embrasse d'abord tendrement puis passionnément. Il a encore de la réserve et va le lui prouver.

Thomas n'a pas de nouvelle de sa sœur depuis 3 jours mais il n'est pas inquiet. Il sait qu'elle est en train de profiter des plaisirs de la vie avec Antoine de Bourbon, comme il en profite avec Louise de Bretagne.

Il n'a jamais aimé être enfermé mais pour une fois cela lui convient parfaitement. La duchesse est avec lui et même s'il essaye de se protéger, il est en train de tomber amoureux d'elle. C'est tout à fait son genre de femme, belle, intelligente, libre. Il sait qu'il est en train de tomber amoureux car il ne voit plus aucun intérêt dans les autres femmes. Il aimerait qu'elle soit celle avec qui il partagera sa couche pour toujours. Il n'a jamais ressenti ça avant, pourtant il a couché avec de nombreuses femmes mais aucune ne lui arrive à la hauteur. Malheureusement elle est déjà mariée et elle ne veut pas quitter son mari, il est extrêmement riche et elle veut l'héritage. Le duc de Bretagne est moins riche que lui et il ne comprend pas vraiment pourquoi elle tient absolument à cet argent. Mais il ne perd pas espoir et espère la faire changer d'avis.

Louise n'a jamais été amoureuse, pas même de son mari, elle n'a vu en lui qu'un moyen de subvenir à ses besoins et une place à la cour de Versailles. Avant cela, elle était ce que l'on appelle *une putain*. Elle n'a jamais travaillé dans un bordel mais elle se faisait payer pour satisfaire les nobles. Alors quand le duc de Bretagne est tombé amoureux d'elle, elle n'a pas hésité une seconde. Personne ne connaît son passé à Versailles, même pas Thomas et c'est très bien comme ça. Elle a peur de lui dire, il ne la regarderait sûrement plus de la même manière et cela la terrifie. Elle l'aime beaucoup mais il va repartir à Navarre et elle ne veut pas passer ses journées à ressentir un manque. Il lui a déjà suggéré de quitter le duc de Bretagne pour qu'il puisse l'épouser, mais ce n'est pas aussi simple. Déjà parce que c'est un prince et qu'il a un devoir envers son pays en ce qui concerne son mariage, une alliance politique par exemple, chose qu'elle ne peut pas lui apporter. Et ensuite, s'il venait à découvrir qui elle était avant Versailles, il pourrait la renier et elle se retrouverait sans rien une fois de plus. C'est un risque qu'elle n'est pas prête à courir, elle ne veut pas redevenir celle qu'elle était. Alors elle profite du temps qu'ils ont encore ensemble tout en essayant de se protéger. Elle grimpe sur Thomas et l'embrasse langoureusement pendant qu'il caresse tout son corps de ses mains baladeuses.

Louis-Philippe a remarqué l'absence de Ninon et de Thomas depuis quelques jours, Marie lui a dit qu'ils étaient

malades et contagieux mais il commence à se faire du souci. Surtout que le médecin de la cour ne leur a pas rendu visite, ils n'ont donc aucun remède à leur disposition pour aller mieux. C'est pour cela qu'il décide d'aller voir le roi de Navarre afin d'en savoir un peu plus sur l'état de santé des jumeaux. Quand il entre dans la salle à manger, il remarque la présence de sa future épouse à ses côtés. Il évite Marie le plus possible ces derniers temps ne sachant pas comment faire pour se dépêtrer de cette situation. Il doit parler avec son père ce soir, il sera alors fixé sur son futur mariage.
— Votre Majesté, dit Louis-Philippe en s'inclinant devant le roi Henri.
— Louis-Philippe, installez-vous donc pour prendre une tasse de thé avec nous.
— Merci. Il s'assied. J'ai entendu dire que vos enfants étaient malades, souhaitez-vous que le médecin royal leur rende une visite pour les aider à se remettre plus rapidement.
— Ils ont déjà vu un médecin, n'est-ce pas Marie ?
— Eh bien, ils ont refusé. Ils préfèrent se soigner seuls comme ils le font souvent, répond-elle.
— Cela fait maintenant plusieurs jours, je vais demander au médecin d'aller les examiner, dit le dauphin. Je ne voudrais pas qu'ils soient absents pour le mariage.
— Ce n'est vraiment pas nécessaire, je suis sûre qu'ils vont mieux.
— Le dauphin à raison, il serait mieux qu'un médecin les voit, rétorque le roi Henri.

Marie comprend à ce moment-là que le dauphin lui-même vient de ruiner tous ses plans. Les jumeaux vont devoir revenir à la cour plus tôt que prévu et cela ne l'enchante guère car elle n'a pas encore eu le temps de montrer sa vraie valeur à tout Versailles.

9 – Bouleversement

La famille royale de Navarre a été convoquée par le roi de France et le dauphin dans la salle du conseil. Aucun d'entre eux ne sait de quoi il en retourne mais il s'agit probablement du mariage prévu pour dans deux jours.

Ninon est en train de jouer aux pouces avec Thomas pendant que Marie et le roi Henri discutent des dernières modalités pour le mariage, dont la conversion de Marie au catholicisme prévu le lendemain matin.
— Tu es prête ?
— J'ai bien étudié le catholicisme père.
— Bien. Dans deux jours tu deviendras dauphine de France et sache que la reine et moi-même sommes très fiers de toi.

Marie sourit à son père, c'est la première fois qu'il lui dit qu'il est fier d'elle et cela l'emplit de joie. Elle avait toujours pensé que son père se fichait d'elle car pas un seul instant il ne s'était intéressé à sa vie. Il devait l'observer de loin et cela la rassure énormément. Même si elle était déjà prête pour ce mariage maintenant qu'elle sait que son père, le roi, est fier d'elle, elle va faire en sorte que cette union soit un succès pour Navarre et pour la France.

La porte s'ouvre et on annonce le roi de France, le dauphin, le duc de Bourbon et Colbert, le conseiller d'État. Ils entrent dans la salle et Marie, Ninon et Thomas s'inclinent face au roi Louis. Antoine, Colbert et le dauphin s'inclinent, eux, devant le roi Henri.
— Installez-vous, dit le roi Louis en montrant la table face à lui.

Le roi de France s'assied en bout de table et le roi de Navarre s'installe face à lui. Ninon se met à côté de son père, puis Thomas et enfin Marie sur le côté gauche du roi Louis. Le dauphin, Colbert et enfin Antoine du côté droit. Antoine se retrouvant face à Ninon et Louis-Philippe face à Marie.

Antoine sourit discrètement à Ninon qui est ravie de le voir, il lui avait manqué ces cinq dernières heures. Marie est un peu nerveuse, elle espère que tout va bien. Thomas n'attend qu'une chose, c'est ce que tout ça se termine, il n'en peut plus de ces histoires de mariage et franchement il a beaucoup mieux à faire.

— Merci d'être venue, commence le roi. Hier soir le dauphin est venu me voir pour me parler du mariage entre nos deux royaumes. Il m'a expliqué son ressenti et je pense qu'il serait juste qu'il vous expose sa décision.

— Que se passe-t-il ? demande le roi Henri.

Louis-Philippe regarde son père qui lui fait un signe de tête et il se lève pour faire face à tout le monde. C'est sa décision, il doit prendre ses responsabilités mais aussi en assumer les conséquences, si ça ne se passe pas comme il le souhaiterait.

Marie déglutit et récite mentalement une prière en croisant les mains sous la table. Thomas prend la main de Ninon, il a un mauvais pressentiment tout à coup. Sa jumelle regarde Antoine, interrogative, mais celui-ci hausse les épaules ne sachant pas vraiment ce qui va suivre.

En réalité, il en a une petite idée, la phrase que son cousin lui a dite il y a quelques jours, lui est resté dans la tête depuis : *« J'aurais préféré que ce soit elle ma promise ».* Il espère se tromper sinon cela voudra dire que la vie dont il rêvait avec Ninon sera impossible.

— Princesse Marie, je suis sûr que vous serez une reine parfaite, seulement je ne pense pas que vous soyez faite pour être celle de France. C'est parce que je vous respecte que je préfère être honnête avec vous. Je ne peux pas vous épouser.

Cette annonce fait comme l'effet d'une explosion et ils regardent tous le dauphin qui salue Marie puis se retourne vers le roi Henri pour s'incliner face à lui.

Ninon et Thomas regardent tous les deux Marie, elle a la tête baissée et les yeux fermés. Ils se sentent mal pour elle, parce que même s'ils ne s'entendent pas toujours, elle reste leur grande sœur et elle est en train de voir son rêve partir en fumée.

Marie n'est pas vraiment surprise de cette annonce et c'est bien là tout le problème. Elle se doutait qu'une chose pareille pouvait se produire à partir du moment où, le dauphin ne s'est pas intéressé une seconde à elle mais seulement aux jumeaux. Elle préfère fermer les yeux que de croiser leurs regards, sinon elle pourrait perdre son sang-froid et s'en prendre à eux. Elle préfère garder sa dignité et croire que son père va arranger les choses.

— Je n'accepterai pas un tel affront ! s'énerve le roi Henri en se levant. Les enfants levez-vous nous rentrons à Navarre immédiatement !

— S'il vous plaît Votre Majesté, dit Louis-Philippe. Je souhaite toujours que nos deux royaumes s'unissent.

Le roi Henri le regarde confus, il vient juste de leur annoncer le contraire. Autour de la table, tout le monde semble perdu aussi. Un vague espoir renaît en Marie à cet instant.

— Nos conditions resteront les mêmes et nos troupes protégeront Navarre d'un quelconque assaut d'un autre pays. Je ne peux pas épouser Marie car au fil des jours, je suis tombé sous le charme de la princesse Ninon et sa manière de voir la vie. Permettez-moi de l'épouser Votre Majesté.

La respiration d'Antoine se coupe et regarde son cousin, il avait vu juste. Mais c'est impossible ! Il ne peut pas épouser Ninon, sa Ninon. Elle ne peut pas être reine, ça va la détruire, elle va se sentir prise au piège si elle doit se soumettre aux règles de la royauté. Il jette un regard vers elle, il voit ses yeux devenir ronds et il y lit la panique alors qu'elle le regarde aussi.

Ninon est sous le choc, elle ne peut pas devenir dauphine, ce n'est pas sa destinée, ce n'est pas ce qui est prévu. Elle doit être heureuse avec Antoine et vivre sa vie comme elle l'entend. Elle ne doit pas finir coincée dans une nouvelle prison dorée. Elle regarde son père et espère plus que tout qu'il n'autorisera jamais ce mariage.

Thomas se met à paniquer en entendant les mots du dauphin. Pour plein de raisons, ce mariage ne peut pas avoir lieu. Déjà à cause du fait qu'elle ne le supportera pas, elle sera juste une prisonnière à Versailles, enfermée dans une vie dont elle ne veut pas. Aussi parce qu'elle est déjà fiancée au duc de Bourbon même si cela n'a pas été officialisé. Et enfin parce que s'ils venaient à découvrir qu'elle n'est plus vierge alors elle pourrait être accusée de tromperie, voire de trahison. Et bien sûr, il est exclu qu'elle révèle la vérité sous peine de se voir reniée par leur père. Il serre la main de sa sœur plus fort, il se sent coupable de ce qui est en train de se produire, s'il ne l'avait pas poussé à vivre sa vie comme elle le voulait, elle ne serait pas dans cette situation de déshonneur en ce moment même.

Le roi Henri n'arrive pas à croire ce qu'il vient d'entendre. Son aînée vient de se faire rejeter au profit de sa cadette. Ninon est incapable d'être reine et il ne peut pas cautionner ce manque de respect envers sa famille.

— Ninon n'a pas reçu l'éducation nécessaire pour être dauphine de France ! réplique le roi Henri.

— Je le sais mais cela n'est pas un problème au contraire. Et je sais aussi qu'elle ne peut pas vivre sans le prince Thomas et c'est pour cela que nous souhaiterions qu'il reste également à Versailles.

— Le royaume d'Espagne sera peut-être plus enclin à une alliance que la France ne l'est ! Gronde le roi Henri toujours en colère.

— Croyez-moi mon ami, commence le roi Louis, j'ai d'abord réagi comme vous quand le dauphin est venu me parler, puis j'y ai réfléchi et la princesse Ninon est exactement ce dont la France a besoin. Elle va rendre sa vie et sa jeunesse à la cour de France. Et ne pensez-vous pas que si mon fils a des sentiments pour sa future épouse c'est encore mieux ? Ils feront un mariage heureux plutôt qu'une simple alliance politique.

Un mariage heureux ? Comment Ninon pourrait-elle être heureuse avec cette union ? pense immédiatement Thomas. Antoine déglutit et réfléchit à une solution pour empêcher tout cela sans lui causer préjudice. Ils pourraient s'enfuir dès ce soir et vivre tous les deux sous de fausses identités très loin d'ici. Il a des amis en Angleterre, il pourra leur demander de l'aide.

Ninon a la tête qui tourne, tout part de travers, il y a cinq minutes elle était certaine de faire un mariage heureux maintenant rien n'est plus sûr. Elle ne veut pas être dauphine de France et encore moins reine de France quand le temps viendra. Elle veut être Ninon tout simplement.

— Nous allons nous retirer et en discuter, intervient le roi Henri.

— Prenez votre temps, nous attendrons que vous ayez fait votre choix. Je veux juste que vous sachiez que je vais faire tout ce qui est en mon pouvoir pour que la princesse Ninon soit heureuse. Et je m'engage à trouver une épouse digne du prince Thomas, dit Louis-Philippe.

Le roi de Navarre fait signe à ses enfants de se lever et le suivre. Ninon regarde Antoine avec un air triste et suit son père hors de la salle du conseil. Marie n'a toujours pas prononcé un mot ou même jeté un regard à sa sœur. Ils se dirigent vers les quartiers qui leur sont réservés sans un mot.

Ils entrent dans les appartements du roi de Navarre, Ninon est toujours sous le choc et n'arrive pas à prononcer un mot. Elle aimerait crier, hurler, pleurer mais rien ne sort. Elle commence à se dire que pour une fois, elle aurait dû écouter sa sœur. Elle aurait dû rester dans son coin et ne pas faire de vague. Pour la première fois de sa vie, elle regrette d'être qui elle est, elle regrette d'être aussi frivole et insouciante. Elle n'aurait pas dû montrer qui elle était vraiment parce que maintenant, elle se retrouve dans une situation qu'elle aurait préféré éviter.

Le roi s'assied sur le grand fauteuil en bout de table et met sa tête entre ses mains. Marie va s'asseoir au fond de la pièce toujours muette, Ninon reste debout près de la porte et Thomas s'avance vers son père en prenant la parole. Ce sont les premiers mots prononcés depuis qu'ils ont quitté la salle du conseil.

— Nous devrions aller voir le roi d'Espagne, Marie peut épouser son fils, qu'elle soit reine d'Espagne ou de France cela n'a pas d'importance.

Le roi redresse lentement la tête et regarde son fils qui est en train de s'asseoir à ses côtés.

— S'il a eu vent que nous comptions faire une alliance avec la France, notre offre n'aura aucune valeur.

— Alors nous irons voir en Hollande, en Angleterre ou en Autriche. Ninon ne peut pas épouser le dauphin ! Elle ne le supportera pas, elle n'aime déjà pas être une princesse ! Père, pensez-vous vraiment qu'elle aimera être reine ? Peu importe comment il la traite, elle sera malheureuse.

Le roi sait que le prince a raison, sa fille n'est pas faite pour être la reine d'un grand royaume, elle n'est pas faite pour la royauté en général. Mais que faire d'autre ? Il ne veut pas qu'elle épouse le dauphin mais en même temps, sans les troupes françaises, son pays ne survivra pas à une attaque. Maintenant que le roi d'Écosse, le père de sa femme est décédé, le nouveau roi compte retirer ses troupes. Il a besoin d'une nouvelle alliance et rapidement.

Marie sort enfin de sa torpeur, ne supportant plus ce qu'elle entend.

— Je n'arrive pas à croire ce que je suis en train d'entendre ! s'énerve-t-elle. Je viens de me faire rejeter par le dauphin et personne ne se demande comment je vais ? La seule chose qui vous intéresse c'est de sauver Ninon d'une vie de rêve en me vendant au pays le plus offrant ! Je suis un être humain moi aussi !

Ils la regardent tous surpris, Marie n'avait jamais exprimé ce qu'elle ressentait devant eux auparavant. Bien sûr, elle s'énervait et ne s'était jamais gênée pour leur dire leurs quatre vérités, mais jamais elle n'avait parlé de ses propres sentiments.
— Si tu voulais autant être dauphine, tu aurais peut-être dû faire plus d'effort et être moins coincée ! Qui voudrait d'une reine des glaces ? lui répond Thomas.
— Thomas ! le gronde le roi.
— Quoi ? C'est vrai ! Si elle n'était pas aussi chiante, le dauphin n'aurait jamais fait attention à Ninon !

Il s'en veut un peu d'être aussi dur avec elle, après qu'elle est enfin montrée qu'elle avait un cœur comme tout le monde, mais il a beaucoup trop peur pour Ninon pour être rationnel.
— Peut-être qu'elle aurait pu se restreindre comme je le lui avais demandé, au lieu de faire en sorte que tout le monde l'aime comme toujours ! Pourquoi personne ne voit qu'elle est en constante recherche d'attention ? Elle joue à l'innocente mais je commence à me demander si ce n'était pas son but de me ridiculiser pour prendre ma place !
— Comment est-ce que tu peux penser une chose pareille ? lui demande alors Ninon qui décide de prendre la parole à son tour.
— Ce n'est pas vrai peut-être ?
— Bien sûr que non ! Je n'ai jamais voulu ça ! Et j'ai simplement été moi-même, je ne pensais pas que les choses tourneraient comme ça.
— Ça suffit maintenant ! dit le roi. Nous devons prendre une décision. Ninon, dis-moi ce que tu penses.

Son père utilise rarement le tutoiement avec eux mais quand il le fait c'est qu'il veut soit se sentir plus proche, soit leur faire des reproches, soit les faire filer au pas. Ici, c'est pour faire tomber la barrière et se rapprocher d'elle.

Malheureusement, lui dire ce qu'elle pense vraiment n'est pas une option. Elle pourrait lui dire la vérité, qu'elle aime Antoine de Bourbon et qu'elle s'est donnée à lui pensant qu'ils allaient se marier. Mais si elle fait ça alors, elle sera une princesse déchue et son amant se retrouvera probablement au bout d'une corde pour avoir déshonoré une princesse. Elle regarde Thomas pour chercher du réconfort mais elle ressent d'ici son inquiétude. Il sait tout, et a très bien compris lui aussi qu'elle se trouve dans une impasse et que si ce mariage devait avoir lieu alors il leur faudrait prier pour que personne ne se rende compte du fait qu'elle n'est plus une blanche colombe.
— Je ne veux pas être dauphine de France, je ne suis pas faite pour ça, j'ai trop peu de connaissances et je ne sais même pas ce que je serai censée faire.
— Pauvre de toi, être dauphine, quel malheur ! réplique Marie.
— Marie ça suffit ! Ninon, je comprends et je ne te forcerai pas à faire quoi que ce soit, dit le roi.

Ninon est plus que reconnaissante envers son père et Thomas se sent soulagé. Ça ne lui aurait pas forcément déplu de rester à Versailles en compagnie de la duchesse mais pas au prix du bonheur de sa sœur.
— Qu'arrivera-t-il à notre royaume si nous refusons ce mariage ? demande Ninon.
— La France ne nous protégera pas, une fois les troupes écossaises retirées, je ne vois aucune raison pour laquelle l'Espagne ne nous attaquerait pas. Navarre est un point stratégique pour la guerre franco-espagnole.
— Nous protégerons notre pays, intervient Thomas.
— Oui, évidement mais notre défaite est certaine, nous n'avons pas les forces armées nécessaires et nous aurons beaucoup de perte.

Les choses se présentent donc ainsi : si elle refuse cette union, elle signe la perte de son pays. Si elle accepte cette union, elle court à sa propre perte. Mais qu'est-ce qu'une vie

face à des milliers ? Elle n'a pas vraiment le choix, si le dauphin refuse d'épouser Marie alors elle doit se sacrifier, c'est son devoir de princesse de Navarre. Elle ne peut pas laisser son pays courir à sa perte sans rien faire.
— Je vais épouser le dauphin, dit Ninon.
— Ninon ! Tu n'as pas à… commence Thomas.
— Je ne vais pas laisser notre peuple mourir parce que je ne veux pas être reine. Ma vie n'est pas plus importante que la leur. Je vais épouser le dauphin et sauver notre maison, dit-elle en lui coupant la parole. Mais tu dois rester à Versailles avec moi.
— Évidemment, je ne pourrai pas vivre loin de toi, tu le sais bien.
— Je ne sais pas si moi, je suis prêt à vivre loin de mes deux enfants, murmure le roi.
— J'ai une condition que je soumettrai au roi de France. Je veux pouvoir rentrer à Navarre au moins une fois tous les trois ans.
— Si tu épouses le dauphin alors tu devras oublier Navarre, tu seras Française et ton devoir sera envers la France.
— Peu importe, après ce qu'ils ont fait, je pense qu'ils nous doivent bien ça.

Le roi se lève et va la prendre dans ses bras. Elle ferme les yeux pour profiter de la chaleur de son père, elle pensait avoir encore du temps avec lui mais les jours sont comptés à présent. Thomas vient les rejoindre et s'insère dans leur étreinte.

Marie les observe en secouant la tête. Elle ne va pas accepter cela sans rien dire. Tout le monde s'inquiète parce que la pauvre Ninon doit épouser le dauphin mais tout le monde se fiche de la peine qu'elle peut ressentir.

La famille de Navarre entre dans la salle du trône où se trouvent leurs hôtes. Ils ont pris une décision et il est temps de leur en faire part. Antoine est présent lui aussi, il n'a pas dit un mot depuis que sa fiancée a quitté la pièce, une heure plus tôt. Il a une boule à l'estomac mais essaye de garder la tête froide. Ce mariage n'aura pas lieu, c'est impossible, Ninon aura convaincu son père de ne pas la marier au dauphin.

Ils s'avancent jusqu'à eux, Ninon a la tête baissée, Marie ne laisse toujours pas transparaître ses émotions et Thomas semble agité. Le roi Henri se met face au roi de France.
— La princesse Ninon deviendra dauphine de France.

Elle a accepté. Antoine sent ses jambes devenir faibles et se tient pour ne pas tomber. Elle a dit oui alors même qu'ils sont fiancés et qu'ils imaginaient déjà leur vie à deux. Pourquoi ne le regarde-t-elle pas dans les yeux qu'il sache si c'est la vérité ou pas ? Antoine a envie d'aller la rejoindre pour exiger des explications, mais n'en fait rien, ce n'est pas le moment.

Louis-Philippe affiche un sourire radieux, il ne s'attendait pas à ce que ce soit si simple. Il n'aurait jamais cru que la princesse Ninon accepterait de l'épouser, il pensait qu'elle aimait bien son cousin le duc de Bourbon, mais il est vrai qu'Antoine n'est pas vraiment son style. Il est trop morose pour une fille comme elle.

Le roi Louis hoche la tête ravie de cette décision. Il aime beaucoup la jeune femme et est très content de pouvoir profiter de sa joie de vivre et sa bonne humeur pour encore longtemps.

Ninon n'ose toujours pas regarder Antoine, elle ne veut pas voir la déception dans ses yeux, qui étaient si doux quand il la regardait il y a encore quelques heures. Elle sait qu'elle va devoir lui expliquer pourquoi elle a accepté d'épouser le dauphin. Mais elle a tellement peur de le perdre qu'elle n'ose pas lui faire face. Tant qu'elle ne le dit pas à voix haute ce n'est pas vraiment réel.
— Approchez mon enfant, dit le roi à Ninon en lui tendant les mains

Elle s'avance lentement vers lui et glisse ses mains dans les siennes. Étonnamment elle trouve que les mains du roi sont

comme celles de son père, fortes et douces à la fois. Cela la rassure un peu.
— Bienvenue à Versailles, continue-t-il.

Lorsque Louis-Philippe s'avance vers Ninon, Marie décide d'intervenir, elle ne supporte plus cette mascarade. Elle s'avance vers le roi de France et s'incline. Ils la regardent tous.
— Ninon ne peut pas épouser le dauphin, commence-t-elle.
— Marie ! Gronde son père.
— Je suis désolée mais je ne vais pas rester sans rien faire alors que ma vie est en jeu. La France a besoin du royaume de Navarre pour sa guerre contre l'Espagne ! Vous avez besoin de nous tout autant que nous avons besoin de vous. Ninon ne peut pas être dauphine de France, elle n'a pas reçu l'éducation nécessaire pour cela mais moi oui. Nous sommes venus ici pour mon mariage et il aura lieu comme prévu.

À cet instant Ninon ne sait pas très bien si sa sœur est en train de faire ça pour l'aider ou pour sa propre fierté. Bien sûr elle l'en remercie car si elle peut échapper à ce mariage, elle en sera plus que soulagée.

Thomas regarde Marie septique, elle n'est pas du genre altruiste alors elle fait ça pour elle, il en est certain. Seulement il ne sait jusqu'où elle est prête à aller pour cela. Elle pourrait ruiner sa propre sœur pour son propre intérêt.

Le roi Louis s'avance vers elle, le visage fermé. Il n'apprécie guère l'audace de la princesse. Elle ose se dire en position de force alors que sans la France, Navarre serait perdu.
— Mais nos deux royaumes vont s'unir comme prévu, sauf que mon fils épousera votre sœur.

Marie ne se démonte pas. Elle veut être la future reine de France et elle est prête à tout pour ça. Elle ne veut plus entendre la compassion de sa famille pour sa sœur qui va vivre son rêve. Elle ne veut plus être celle qui passe au second plan et peu importe les dommages collatéraux.
— La princesse Ninon n'est pas digne de cette union.

Thomas se tient prêt à défendre sa jumelle. Il avait raison, Marie est prête à tout quitte à faire du mal à sa propre famille. La respiration de Ninon se coupe, elle va être démasquée et son avenir va être mis en péril. Antoine regarde Marie en plissant les yeux, il sent qu'il va être embarqué dans cette guerre entre sœurs.

— Elle ne peut pas épouser le dauphin, reprend-elle, car ma sœur en aime un autre. Elle fréquente intimement le duc de Bourbon !

Tous les regards se tournent vers Antoine, qui est soudain mal à l'aise. Sauf Ninon elle ne quitte pas sa sœur des yeux, n'arrivant pas à croire ce qu'elle est en train de faire.

— Comment oses-tu diffamer ta petite sœur ? s'énerve le roi de Navarre.

— C'est la vérité ! Je les ai vus de mes propres yeux. Ils sont ensemble et Ninon s'est offerte à lui, demandez à Charlotte, je suis certaine qu'elle est au courant.

Le Dauphin s'avance alors vers son cousin, il se sent trahi par son propre sang. Antoine a toujours été la personne en qui il avait le plus confiance, il n'aurait jamais cru cela de lui, enlever son honneur à une princesse est une faute grave.

— Antoine ? Est-ce que c'est vrai ? demande-t-il.

Tous les regards se tournent de nouveau vers lui, même Ninon qui est soudain prise de panique. Ils sont en danger tous les deux, le capitaine le sait et pourtant il hésite. S'il dit oui, alors elle ne pourra pas épouser le dauphin. S'il dit non, il va mentir au roi, son oncle et le mariage aura lieu. S'il dit oui, elle pourrait être en danger et lui, il pourrait mourir. S'il dit non, il mourra quand même chaque jour un peu plus de voir la femme qu'il aime auprès d'un autre. S'il dit oui, ils auront peut-être une chance même infime soit-elle. S'il dit non, leur amour sera perdu. S'il dit oui, elle en souffrira. S'il dit non, il en souffrira.

— Non, répond-il.

— Marie tu arrêtes tout de suite tes idioties tu m'entends ? dit son père. Nous réglerons ça plus tard.
— Mais…
— Ça suffit !

Colbert entre avec fracas dans la salle et court jusqu'à eux, essoufflé.
— Qui y a-t-il Colbert ? Demande le roi Louis.
— L'Espagne vient de déclarer la guerre à la France et compte envahir Navarre à cause du mariage. Le roi espagnol considère cela comme une trahison.

Une fois de plus tout bascule dans leurs petites vies qui semblaient si simples il y a encore quelques jours. La guerre est déclarée et leurs vies vont changer à jamais.

10 – La guerre est déclarée

Ayant besoin de fuir et de se changer les idées, Ninon a décidé de faire un tour dans les jardins, son refuge personnel. Loin de tout ce qui se passe dans le château depuis l'annonce du conseiller d'État Colbert et loin de ce qui l'attend demain à la même heure. Elle a accepté d'épouser le dauphin pour sauver Navarre mais elle va perdre énormément : sa liberté et Antoine. Renoncer à ce qui lui tient le plus à cœur n'est pas une mince affaire, elle ne sait pas comment elle va réussir à gérer tout cela. Elle espère sincèrement que le duc de Bourbon ne va pas fuir, s'il reste près d'elle alors elle aura peut-être une chance de survivre à tout ça. Bien sûr, elle sait qu'elle devra renoncer à lui mais elle n'est pas encore prête à perdre l'amour.

Depuis son réveil, elle est plus seule que jamais, Thomas est à la réunion du conseil qui dure depuis hier soir. Navarre est en danger et Thomas a préféré être là pour savoir ce qui va se passer. Elle aussi elle s'inquiète pour son pays mais aussi et surtout pour son frère, sa petite sœur et sa mère qui sont seuls à devoir gérer cette crise. Elle sait que Thomas aura envie de rentrer chez eux mais qu'il ne le fera pas pour rester avec elle et ne pas la laisser seule. Elle aimerait être assez forte pour lui dire d'y aller, d'aller défendre leur maison face aux Espagnols, d'aller prendre soin de leur famille mais elle n'en a pas la force. Elle sait que c'est égoïste mais que Dieu lui pardonne, ce mariage est la chose la plus altruiste qu'elle est faite en 16 ans d'existence et elle se dit qu'elle a bien le droit de penser un peu à elle après cela. Elle ne peut pas le perdre lui aussi, elle ne peut pas tout perdre à cause du dauphin et de sa décision qui a bouleversé leurs vies à tous.

Elle se demande ce que pense Antoine car ils ne se sont toujours pas vus et n'ont pas pu en discuter. Elle aimerait lui dire qu'elle l'aime et qu'elle n'a pas eu le choix, elle aimerait qu'il comprenne pourquoi elle a accepté. Elle aimerait qu'il lui pardonne et qu'il reste à ses côtés, elle aimerait qu'il la rassure en la prenant dans ses bras et en lui disant que tout va bien se passer. Ce dont elle a le plus besoin, là tout de suite : le sentir près d'elle. Malheureusement avec cette déclaration de guerre, il est fort probable qu'elle ne puisse pas le voir avant le mariage. Même s'il a décidé de renoncer à être un soldat, son expertise leur sera d'une grande aide et il se doit d'être aux côtés de son oncle, le roi, dans ce moment difficile.

Ce matin, Son Éminence a fait d'elle une catholique, elle était seule à la cérémonie, tout le monde était trop occupé pour venir. C'est vrai qu'à côté d'une guerre, ceci n'était qu'un détail. Elle est fin prête pour le mariage, demain elle va épouser le dauphin de France et sa vie ne sera plus jamais la même. Elle tente, tant bien que mal de se libérer l'esprit, en contemplant la nature, en écoutant le chant des oiseaux. Elle envie leur liberté et le fait qu'ils n'aient aucune obligation envers rien ni personne.

Elle aime sa famille plus que tout mais elle aurait tellement aimé naître dans une famille normale et avoir une vie normale. Son plus grand souhait serait de renaître dans des conditions différentes et ne pas avoir à vivre une vie remplie de tristesse, de souffrance et de mensonge. À partir de maintenant, elle va devoir faire bonne figure, sourire quand elle aura envie de hurler, prétendre être heureuse quand elle aura envie de pleurer. Elle va devoir mentir chaque jour à ceux qui l'entourent, se mentir à elle-même pour essayer de ne pas trop souffrir. Seul Thomas connaîtra la vérité car elle ne peut rien lui cacher et elle compte sur lui pour l'aider à oublier.

Elle sait qu'elle va devoir trouver un moyen de vivre malgré tout, elle sera entourée de son frère et des duchesses de Bretagne et de Provence. Tout ne sera pas si horrible, il faut simplement qu'elle s'oblige à voir les bons côtés pour ne pas sombrer. Elle est Ninon de Navarre, elle est forte, elle ne peut pas s'apitoyer sur son sort éternellement. Il faut qu'elle se ressaisisse et qu'elle reprenne du poil de la bête.

Alors qu'elle retourne sur ses pas pour aller s'asseoir au bord de la fontaine, elle aperçoit Antoine qui la regarde non loin de là. Avec la folie qui règne à Versailles, elle ne s'attendait pas à ce qu'il vienne la voir ici, dans les jardins.

Elle se rapproche de lui d'un pas rapide pour qu'il la prenne dans ses bras. Mais alors qu'elle n'est plus qu'à quelques centimètres, il se recule. Elle s'arrête dans son élan, blessée par ce geste. Elle le regarde avec tristesse tandis qu'il s'incline devant elle, comme il le faisait à leur rencontre. Avant qu'ils ne tombent amoureux l'un de l'autre.

— Tu n'as pas besoin de faire ça, lui dit-elle.

— Demain vous serez dauphine de France, il est de mon devoir de vous saluer correctement.

Ninon ne peut s'empêcher de noter qu'il vient de la vouvoyer, il vient de dresser une barrière entre eux. Elle se sent encore plus mal si cela est possible. Le regard d'Antoine est froid, distant et ses yeux sont de nouveau noir ébène. Elle remarque aussi l'épée et le mousquet attachés à sa ceinture, elle ne les avait pas vus depuis un moment. Elle n'est pas idiote et elle comprend ce que cela veut dire : il a repris son rôle de capitaine dans l'armée royale. Il va la quitter, elle ne peut pas accepter cela, elle doit faire quelque chose pour essayer de le convaincre de rester.

— Antoine, je te dois une explication sur ce qu'il s'est passé hier, ce n'est pas…

— Cela n'a plus d'importance, dit-il en lui coupant la parole.

— Bien sûr que si c'est important ! Il faut que je t'explique, je n'avais pas le choix, je devais le faire pour mon pays.

— Je pars au front. Je vais défendre les frontières de Navarre.

La respiration de Ninon se coupe. Il s'en va, il part pour Navarre, chez elle, sans elle.

— Quand ?

— Maintenant. Je pars en éclaireur avec mes soldats, pour nous assurer que le roi ne sera pas en danger quand il partira demain après… après le mariage.

Ninon secoue vivement la tête, non seulement il sera loin d'elle mais en plus sa vie sera en danger à chaque instant. Elle ne peut pas rester ici à faire des courbettes en sachant cela.
— Je ne peux pas rester ici, je vais rentrer à Navarre, Marie peut épouser le dauphin comme cela était prévu et…, des larmes commence à rouler sur ses joues, et je serai près de toi.

Antoine ne répond rien mais elle le voit serrer la mâchoire et déglutir. Elle sait que ce qu'elle vient de dire est irréalisable, le dauphin a été clair, c'est elle ou personne et si elle ne l'épouse pas, le roi n'enverra pas ses troupes, Antoine restera à Versailles alors qu'elle rentrera chez elle. Dans tous les cas, ils seront séparés.
— Ne me laisse pas, tu ne peux pas partir et me laisser ici, comment est-ce que je pourrai le supporter alors que tu seras en danger ? lui demande-t-elle la voix pleine de douleur.
— Je suis capitaine de l'armée royale française, c'est mon devoir. Je suis venu vous prévenir et vous dire adieu.

S'il lui en voulait vraiment, il n'aurait pas pris la peine de venir lui dire au revoir. Il lui reste peut-être une petite chance de le convaincre ou au moins de lui donner une raison de revenir.
— Je t'aime tellement, dit Ninon dans un murmure. Je t'attendrai, j'attendrai que tu me reviennes.

Antoine la regarde sans rien dire. Il aimerait pouvoir lui répondre et lui dire qu'il l'aime lui aussi et que malgré tout, il aimerait rester près d'elle. Mais il s'abstient, il doit rester à sa place, c'est la future reine de France, il n'a plus le droit de l'aimer.

Il est venu la voir pour lui dire qu'il quittait le château parce que même s'il voulait partir sans rien dire, il ne pouvait pas. Il devait la voir une dernière fois pour imprimer son visage dans sa mémoire. Le visage de la personne pour qui il aurait voulu vivre. Maintenant qu'ils ne peuvent plus être ensemble, sa seule raison de survivre est d'aller au front et de défendre son royaume.

Il voit les yeux de Ninon devenir de nouveau humides alors qu'elle se laisse tomber sur le sol. Elle ne retient plus ses larmes et pleure comme si elle n'allait jamais pouvoir arrêter. Il sait qu'elle pleure pour lui, pour elle, pour eux, pour leur amour perdu. Il se bat contre lui-même pour ne pas aller la réconforter, c'est une torture de la voir dans cet état. Il voulait tout faire pour qu'elle soit heureuse, pour qu'elle vive sa vie en souriant, alors la voir ainsi lui brise le cœur.

Avant qu'il ne fasse quelque chose de stupide et d'irréparable, comme fuir loin d'ici avec elle, il décide de partir le plus vite et le plus loin possible de sa bien-aimée.

Il marche sans s'arrêter, les pleurs de Ninon s'effaçant au loin, jusqu'à ce qu'il atteigne les écuries avant de changer d'avis et de courir la rejoindre. Il monte sur son cheval, tourne la tête vers les jardins mais elle est trop loin pour qu'il puisse l'apercevoir. C'est mieux comme ça, il doit l'oublier, oublier leur amour et se concentrer sur la guerre qu'il va devoir mener. Il lâche un petit rire à cause de l'ironie du sort dont ils sont victimes. Il part pour Navarre alors que la jeune princesse de ce royaume dont il est éperdument amoureux, reste ici à Versailles.

Il avance au pas jusqu'aux limites du château, puis part au galop suivi par ses hommes, quittant Versailles sans un dernier regard.

Après plusieurs jours de voyages, le voilà arrivé à Navarre. Antoine et ses compagnons n'ont rencontré aucun problème sur le trajet, ce qui veut dire que l'Espagne n'a pas encore passé les frontières.

Ils entrent dans le palais et il ne peut s'empêcher d'imaginer Ninon, courir, jouer et rigoler dans ces couloirs, ce qui lui

arrache un léger sourire. Le roi Henri, lui a donné une missive qu'il doit donner à la reine afin de lui expliquer le retournement de situation et lui dire qu'il ne reviendra que dans quelques jours. Ils sont accueillis par le dauphin, qui d'après ce qu'il a entendu se nomme Charles.
— Mes chers amis, c'est un soulagement de vous avoir ici, lui dit le dauphin en s'approchant de lui.

Il ne peut s'empêcher de remarquer à quel point il ne ressemble pas du tout aux jumeaux, ni même à Marie. Antoine s'incline, imité par les cinq soldats qui l'accompagnent.
— Votre Majesté.
— Entrez vite, la reine vous attend avec impatience.

Ils le suivent dans de longs couloirs, sur les murs se trouvent de nombreuses peintures représentant la famille royale. Il en voit quelques-unes de Ninon et se demande comment il va bien pouvoir l'oublier alors qu'elle est présente dans chaque recoin de ce palais. Ils entrent dans une grande salle décorée avec goût, de manière chaleureuse et familiale. Il s'incline de nouveau en voyant la reine et une jeune demoiselle à ses côtés, sûrement la jeune Hélène, la benjamine de la famille. Grâce à Thomas et Ninon, il a l'impression de déjà tous les connaître.
— Messieurs, dit la reine Anne. J'espère que vous nous apportez de bonnes nouvelles de Versailles.
— Nous sommes venus en éclaireur, les troupes arriveront avec le roi d'ici quelques jours. Ils devaient attendre que le mariage soit passé.
— Le mariage bien sûr, j'espère que ma fille Marie sera heureuse aux côtés du dauphin.

Antoine serre les dents, si seulement.
— Le roi Henri m'a demandé de vous remettre ceci.

Il lui tend la lettre qu'elle prend avec impatience et l'ouvre sans ménagement. Elle lit en vitesse et pousse des cris d'exclamations. Charles s'empare de la lettre en panique suite aux cris de sa mère et la lit à son tour.

— Qu'est-ce que cela veut dire ? lâche-t-elle dans un cri. Expliquez-moi ce qu'il s'est passé ! Pourquoi Marie n'a-t-elle pas épousé le dauphin ?!

La jeune Hélène regarde sa mère confuse et voit son grand frère devenir blême. Il s'est passé quelque chose à Versailles et elle est impatiente de savoir ce que c'est.
— Le dauphin a décidé d'épouser la princesse Ninon. Il est tombé sous son charme et a aimé sa manière de voir la vie.

Hélène en reste bouche bée. Marie qui était son modèle s'est fait rejeter pour Ninon et sa désinvolture. Elle a toujours admiré de loin les jumeaux mais elle ne se serait jamais attendue à ce revirement de situation alors qu'ils n'ont jamais pris la peine de s'éduquer correctement.
— Comment est-ce qu'il a pu faire une chose pareille ! s'écrie la reine. Marie est faite pour être reine, je m'en suis personnellement assurée ! Ninon n'est pas… elle marque une pause, quand est-il du prince Thomas ?
— Il reste à Versailles avec la dauphine. Ils ont déclaré qu'ils ne pouvaient vivre l'un sans l'autre et le roi Louis a accepté qu'il reste. Il a également promis de lui trouver une bonne épouse.
— Et mon époux a consenti à ce mariage ? Il sait aussi bien que moi que Ninon n'est pas prête, ni même faite, pour être reine de France. Elle ne supportera jamais cette situation ! C'est sa petite fille chérie, jamais il n'aurait accepté cela.
— D'après ce que je sais, si la princesse Ninon n'avait pas épousé le dauphin, l'alliance aurait été rompue et la France n'aurait pas envoyé ses troupes pour protéger votre royaume.

La reine n'arrive pas à y croire, pourquoi le dauphin a-t-il voulu épouser Ninon au lieu de Marie ? Sa cadette est loin d'être une femme qui peut être reine. C'est d'ailleurs pour cela qu'elle avait concentré tous ses efforts sur son aînée. Celle-ci doit être dans tous ses états, elle a vu son rêve partir en fumée au profit de sa petite sœur qu'elle n'a jamais réussi à comprendre de par leurs différences.

Charles est également perturbé par cette nouvelle. La vie dans le palais sans les jumeaux allait devenir d'un ennui et d'une tristesse sans nom. De plus il aurait aimé pouvoir faire ses adieux, ils vont extrêmement lui manquer. Une fois cette guerre terminée, il devra aller à Versailles pour les saluer.

Hélène, à cet instant décide de prendre Ninon pour modèle, pourquoi s'embêter à étudier tous les jours pour au final se voir rejeter ? Autant faire comme les jumeaux et profiter de la vie. Quant à ce capitaine de l'armée française, elle le trouve tout à fait à son goût, il a l'air fort et intelligent, dommage qu'il ne soit pas d'un rang assez élevé pour épouser une princesse.

— Comment vous appelez-vous Capitaine ? demande Charles. Mon père nous somme de prendre grand soin de vous.

— Je suis le duc de Bourbon, prince de sang et neveu du roi. Mais appelez-moi Capitaine si vous le voulez bien Votre Majesté.

Hélène n'en croit pas ses oreilles. Il est digne de son rang, prince de sang, cousin du dauphin de France. Un duc, elle qui a toujours voulu être duchesse à défaut d'être reine. Elle est ravie que le capitaine soit chez eux et elle est impatiente que son père arrive. Elle va faire en sorte qu'un mariage soit célébré au milieu de cette guerre, une occasion comme celle-ci ne se représentera peut-être jamais.

11 – Dauphine de France

Cela fait maintenant quelques jours que Ninon est devenue dauphine de France, elle est officiellement prisonnière à Versailles. Et le moins que l'on puisse dire, c'est qu'elle n'en apprécie que très peu de moments. L'étiquette de Versailles est une horreur, elle ne comprend pas pourquoi ils se compliquent la vie ainsi. Elle compte d'ailleurs en parler au roi car il y a certaines choses qu'elle n'apprécie guère. Comme au réveil par exemple, pourquoi il y a autant de courtisanes présentent dans sa chambre ? Et selon leur statut à la cour, elles ont plus ou moins de droits. La personne ayant le plus haut rang, à l'honneur de lui passer une chemise propre. Ninon se retrouve alors nue devant toutes ces dames, le temps de changer entre sa chemise de nuit et sa nouvelle chemise. Une horreur.

Le mariage, lui, était un peu morose. Un mariage royal qui, bien évidemment, a été terni par l'annonce de la guerre et le peu d'enthousiasme de la jeune future dauphine. Après la remontée jusqu'à Versailles où les Français les ont acclamés, ils ont mangé et c'était fini. La fête a été écourtée car son père et Marie sont repartis pour Navarre, très rapidement accompagnés de soldats.

Quand elle a vu les Français lui offrir un tel accueil, cela lui a vraiment mis du baume au cœur. Elle s'est toujours sentie plus proche du peuple que des courtisans, alors savoir que les gens l'apprécient la rassure pour son nouveau rôle. Elle a toujours aimé le peuple de Navarre comme sa propre famille, c'est aussi pour cela qu'elle a consenti à ce mariage. Du coup rien que d'imaginer pouvoir retrouver ce sentiment avec le peuple français, est très rassurant pour elle.

La nuit de noces par contre n'a pas été une mince affaire. Par chance personne ne s'est rendu compte de rien, Thomas avait récupéré du sang de porc qu'elle avait mis dans une fiole et qu'elle avait déversé discrètement sur les draps pour faire croire que c'était le sien. Elle avait fermé les yeux tout le long et imaginait Antoine entre ses jambes. Ce fut un mauvais moment à passer et elle espère pouvoir l'éviter autant que possible, même si elle sait qu'elle va devoir donner un héritier à la couronne. Rien que d'y penser elle en a la nausée. Comment pourrait-elle avoir un bébé alors qu'elle-même est encore une enfant ? Elle est loin d'être prête, elle ne s'était pas préparée à tout cela. Elle pensait avoir encore du temps pour elle, mais maintenant, elle ne vit que pour féconder des héritiers et pour le royaume de France.

Le lendemain du mariage, on lui a demandé de choisir son entourage. À part Madame de Marsan, sa première dame qu'on lui a imposée. Elle est un peu trop tirée à quatre épingles mais cela pourrait être drôle de la rendre folle, s'est tout de suite dit Ninon lors de leur rencontre. Madame de Marsan est là pour lui expliquer tout ce qu'elle doit savoir à Versailles et lui apprendre l'étiquette. Elle est également là pour lui dicter sa conduite. Depuis le mariage, Ninon ne peut rien faire sans son consentement. Madame de Marsan est vite devenue sa gardienne de prison, celle qui décide de chacun de ses actes et mouvements. Elle ne se prive pas pour lui dire tout ce qu'elle fait de travers et est toujours très froide avec Ninon. La jeune dauphine, passe ses journées a essayé de la fuir mais en vain, elle est partout, dès que Ninon se retourne elle est là, à l'observer. C'est très pesant et épuisant.

Par chance elle a quand même pu s'entourer de personne de confiance et qu'elle apprécie vraiment. Elle a fait de Charlotte, qui par chance a choisi de rester à Versailles avec elle, sa gouvernante en chef. Ninon a chargé Charlotte de recruter les femmes de chambre et les servantes selon les profils qu'elle souhaite. Ce sera son travail de s'occuper d'elles alors autant qu'elle les choisisse elle-même. Et puis Ninon se préoccupe peu de ce genre de chose pour le moment, elle ne pense qu'à Navarre et à Antoine qui est probablement en danger à présent.

Elle a fait de la duchesse de Bretagne, la duchesse de Provence et la marquise de Vauban ses dames de compagnie, au grand damne de la comtesse de Toulouse qui rêvait de cette position. Elle considérait déjà Louise et Constance comme des amies, pour la marquise de Vauban, Suzanne, cela lui semblait être une bonne idée car elle participe elle aussi aux soirées privées. Ninon voulait s'entourer de personnes qui lui ressemblent afin de pouvoir profiter de la vie par procuration. Elle aime chacun des discours de Louise de Bretagne et leur frivolité. Elle aime les paroles sages et crues à la fois de Constance de Provence. Elle adore l'humour et la simplicité de Suzanne de Vauban. À elles trois, elles sont le parfait mélange qui permet à Ninon de ne pas sombrer dans la mélancolie.

Thomas, bien sûr, est son mât, celui qui l'empêche de perdre le nord et celui qui la comprend sans même qu'elle ne prononce un mot. Mais il passe le plus clair de son temps avec la duchesse de Bretagne et Ninon se sent très seule, en particulier le soir. Elle ne peut pas lui en vouloir et elle ne peut pas lui demander d'être à ses côtés constamment, surtout qu'à cause d'elle, il se retrouve lui aussi coincé ici. Ninon sait qu'il a besoin de se changer les idées pour ne pas penser à Navarre et la duchesse est sûrement de meilleure compagnie pour cela.

La jeune Claire est devenue sa lectrice personnelle. Ninon aime les livres quand elle les lit elle-même, elle n'a pas besoin de lectrice, elle sait lire ! Mais quand elle a voulu exprimer son désaccord, Madame de Marsan lui a lancé un regard entendu qui disait : « c'est comme ça et c'est tout ». Alors elle s'est tut et laisse la jeune demoiselle, lui conter des histoires. Cela lui fait de la compagnie le soir avant de s'endormir. Le seul problème, c'est que ce sont des livres qu'on lui impose, Ninon ne peut pas choisir ses lectures et elle n'a pas encore été transportée par une de ces histoires. Cela changera peut-être avec le temps.

Voilà les choses dont elle doit parler avec le roi : son réveil, ses lectures et ses journées organisées au millimètre près. De son réveil à son coucher, les journées passent et se ressemblent, sans aucune surprise. Ça commence par le réveil, puis la toilette, là encore elle n'est pas seule, on lui sert un thé en général en guise de petit déjeuner pendant qu'elle prend son bain. Ensuite c'est la messe, toujours trop longue et barbante. Le déjeuner, le moment où elle passe du temps avec le roi et le dauphin, Thomas est présent aussi et heureusement, sinon les conversations n'iraient jamais très loin. Ensuite, c'est ce que Ninon appelle la récréation, elle profite de ses amis, des jardins ; elles discutent, boivent le thé, se promènent, passent un bon moment pendant que les hommes sont à la chasse, enfin en temps normal, là c'est plutôt conseil de guerre à longueur de journée. Puis le dîner, tout comme le déjeuner, rien de bien folichon. Ce le sera peut-être plus quand ils auront réglé cette histoire avec l'Espagne. Et pour finir le coucher, un peu de lecture et au lit. Ajouter à cela les sermons de Madame de Marsan et voilà une journée type. Quel ennui ! Elle ne peut même pas essayer de s'échapper pour aller rejoindre son frère et ses amis dans les soirées privées.

C'est à cela que ressemble sa vie maintenant et cela la déprime. Comment va-t-elle pouvoir vivre comme ça jusqu'à la fin de sa vie si déjà elle ne le supporte plus au bout de quelques jours ? Ninon sait qu'elle possède de nombreuses lacunes en ce qui concerne la vie à la cour mais certains rituels sont trop pour elle. Elle a demandé une audience avec le roi Louis et le dauphin, qui lui a été acceptée. Elle se dirige donc vers la salle du conseil pour aller leur parler. On annonce son arrivée et la porte s'ouvre devant elle. Louis-Philippe vient l'accueillir et elle va saluer le roi, qui lui fait un sourire chaleureux.

— Ninon, vous souhaitez des nouvelles de Navarre je présume, dit le roi.

— Je sais que ce n'est plus mon pays à présent mais je ne serais pas contre en effet.

— Nous n'avons pas encore reçu de nouvelle à part qu'Antoine est arrivé sain et sauf et qu'il loge au château pour le moment en attendant l'arrivée de votre père.

Antoine est donc chez elle, dans sa maison, son foyer, avec sa mère, son frère et sa petite sœur qui lui manque tant. Elle donnerait tout pour être avec lui en ce moment même.
— Me voilà rassurée, répond Ninon. Mais il y aurait autre chose dont je souhaiterais vous parler Votre Majesté.
— Je vous écoute mon enfant.

Ninon cherche ses mots pour ne pas paraître irrespectueuse. Chaque royaume à ses coutumes et son étiquette mais elle est vraiment trop mal à l'aise avec tout cela.
— Je ne voudrais pas paraître présomptueuse ou impolie, Versailles est une cour incroyable et c'est un honneur d'en faire partie. Seulement, je pense que je vais avoir du mal à m'habituer à certains aspects et je me demandais s'il était possible de faire quelques changements.
— Qu'est-ce qui vous déplaît ma chère épouse ? s'enquiert le dauphin.
— Eh bien, je ne suis pas sûre que cela soit vraiment nécessaire qu'une quarantaine de courtisanes assistent à mon lever. Cela me met mal à l'aise pour le reste de la journée.
— Mais il est normal que ces dames vous montrent leur respect, dit le roi.
— Et je le conçois mais ce n'est pas moi. Je ne suis pas comme ça, je suis vraiment mal à l'aise avec cela et je préfèrerais me lever seule avec Madame de Marsan et les femmes de chambre.

Le roi et le dauphin semblent pensifs alors que Ninon se tord les doigts dans tous les sens, priant pour ne pas avoir été trop loin en suggérant ceci.
— Je comprends votre point de vue et c'est pour cet esprit différent que je vous apprécie alors c'est accordé, pour ce qui est de vos appartements, vous n'avez pas à suivre l'étiquette, lui répond le roi.

— Merci Votre Majesté. J'ai encore…

Le roi se met à rire alors que Ninon n'a pas encore fini sa phrase, ce qui la stoppe dans son élan. Elle ne sait pas trop comment réagir face à cela.
— Dites-moi tout ce qui vous tracasse et nous allons trouver une solution. Nous vous avons imposé cette vie en l'espace de quelques heures, nous pouvons écouter vos doléances en échange.
— Eh bien, j'aimerais pouvoir choisir moi-même mes lectures. Pas que celles choisies par Madame de Marsan, soient… inintéressantes, mais disons que j'ai des goûts un peu différents. Si cela est possible, je souhaiterais aussi que Madame de Marsan ne soit pas constamment sur mon dos, j'aimerais pouvoir découvrir certaines choses par moi-même. Me balader dans le château par exemple ou bien prendre mon bain seule afin de pouvoir penser tranquillement.
— Louis-Philippe avait raison quand il disait que vous alliez révolutionner la cour de France, réplique le roi.
— Pardonnez-moi si je suis allée un peu trop loin dans mes demandes.
— Elles vous sont toutes accordées. Faites de cette cour votre cour, chère dauphine.

Ninon s'incline face au roi, heureuse d'avoir été entendue. Louis-Philippe se rapproche d'elle et prend ses mains dans les siennes.
— Je suis désolé de passer si peu de temps auprès de vous, je vous promets que, quand nous aurons tout réglé concernant cette guerre, je serais un époux affectueux et présent pour sa femme. Je déteste devoir vous laisser seule comme cela depuis notre mariage, donnez-moi encore quelques jours et les choses seront différentes.

Ninon lui sourit, elle aurait envie de lui dire que c'est très bien comme cela mais n'en fait rien. En réalité, elle ne veut pas passer plus de temps avec lui. Elle sait qu'elle est un peu dure avec le dauphin car il a l'air de vraiment s'intéresser à son bien-être. Même s'il n'est pas présent, il s'assure toujours auprès de Madame de Marsan que tout se passe bien. Elle sait tout cela et elle l'en remercie mais c'est aussi à cause de lui qu'elle a perdu l'amour de sa vie.

Elle doit oublier Antoine, elle le sait bien mais pour autant elle n'a pas envie de passer trop de temps avec son époux. Elle n'a pas assez confiance en elle pour cela. Dans un moment de faiblesse, elle pourrait le laisser entrer trop près de son cœur. C'est un homme gentil et avenant avec elle et même si elle ne sera jamais amoureuse de lui, elle pourrait apprendre à l'aimer. Sauf que cela l'éloignerait encore un peu plus de son premier amour et elle n'est pas prête, pas encore. Elle ne peut pas tout oublier et tout pardonner en si peu de temps. Elle sait que la douleur et la tristesse nous poussent toujours à nous accrocher à quelqu'un pour soigner nos blessures. Elle ne veut pas utiliser le dauphin de cette manière, il pourrait croire que son cœur lui appartient.

Elle le salue une dernière fois et sort de la salle du conseil. Elle tombe sur Thomas dans le couloir.
— Ninon ? Qu'est-ce que tu fais par ici ?
— Je suis venue parler au roi. Pour information Antoine est bien arrivé à Navarre et il dort au palais avec notre famille.
— Je suis sûre qu'Hélène est ravie d'avoir un si bel homme auprès d'elle.
— C'est encore trop tôt pour ce genre de remarque !
— Excuse-moi, ce n'était pas très fin de ma part.
— Je te pardonne si on passe un peu de temps ensemble, ça fait une éternité.

Thomas se rapproche et la prend dans ses bras. Il lui embrasse le sommet du crâne et elle ferme les yeux pour profiter de cet instant. Elle se sent bien et en sécurité pour la première fois depuis des jours.
— Je suis désolé d'être si peu présent. Je sais que tout cela est compliqué pour toi et je t'ai abandonné, je te promets de faire des efforts et d'être là pour ma petite sœur adorée.

— Tu promets ?
— On va s'en sortir tu sais. Tant qu'on est ensemble, on est invincible.

Ninon serre encore un peu plus son frère contre elle en espérant qu'il ait raison. Elle doit elle aussi faire des efforts de son côté pour ne pas être autant dans la demande avec lui. Il a sa propre vie à vivre et elle s'en voudrait qu'il se sente enfermé, prisonnier à Versailles, tout comme elle.

Dans la salle du conseil, Louis-Philippe regarde son père en souriant. Il est ravi d'avoir la jeune Ninon comme épouse et il est encore plus ravi qu'elle reste elle-même et qu'elle n'ait pas peur de dire ce qu'elle pense et ressent. Il savait qu'il ferait le bon choix en l'épousant. Elle va redonner vie à Versailles et va se plaire ici, il n'en a aucun doute. Il est impatient de pouvoir passer du temps avec elle et d'apprendre à découvrir cet esprit insaisissable et unique en son genre. Quand il a fait d'elle son épouse, il a senti cette sérénité monter en lui, ils seront heureux ensemble, c'est certain.
— Vous avez l'air heureux mon fils.
— Je le suis père, je ne peux m'empêcher de sourire dès qu'elle est près de moi.
— Elle sera une reine formidable quand le temps viendra.

Sur ces mots le roi se lève et se dirige vers la porte. Mais avant de sortir, il se retourne vers son fils.
— C'est une fille remarquable, traitez là avec honneur et assurez-vous qu'elle soit heureuse.

Il sort, laissant son fils seul dans la pièce. Louis-Philippe est conscient que ce n'est pas la vie dont elle rêvait mais il va faire en sorte que ça le devienne. Il remercie le ciel chaque jour de lui avoir envoyé une épouse aussi belle, attachante et intelligente. Il sait que quand le temps viendra, il pourra compter sur elle. Lui non plus n'a jamais vraiment apprécié tous ces rituels de la cour et il est content que quelqu'un fasse enfin la remarque. Quand il sera roi, il changera cela avec le soutien de sa femme. Il sait qu'il pourra se tourner vers elle pour avoir des conseils et lutter contre l'avidité de son petit frère. Grâce à elle, il sera un grand roi et à présent, il n'a plus peur à l'idée de devoir marcher sur les traces de son père.

12 – Navarre

Cela fait maintenant une semaine qu'Antoine vit dans le palais de Navarre. La vie y est moins clinquante qu'à Versailles et cela lui convient très bien. Il se sent plus à son aise. Il comprend désormais l'attachement des jumeaux pour cet endroit, le château est plus petit mais tellement plus chaleureux. Les jardins sont à couper le souffle et les gens sont d'une véritable gentillesse. On se sent tout de suite bien ici, on sent que tout le monde est heureux, que ce soit le peuple ou la noblesse. C'est pour cela qu'il est vraiment triste que ce royaume subisse les dégâts d'une guerre qui, au final, n'est pas vraiment la sienne.

Le roi Henri est revenu de France, accompagné de la princesse Marie il y a quelques jours de cela et depuis, les discussions sur les combats à venir n'en finissent plus. Marie se fait plaindre par sa mère à longueur de journée, tout en dénigrant Ninon. Quand c'en est trop pour Antoine, il préfère s'excuser et sortir de la pièce. Il pourrait en arriver à dire des choses déplaisantes sauf qu'il n'est pas ici pour défendre celle qui a volé son cœur mais pour défendre Navarre et la France.

Depuis son arrivée, Antoine ne dort plus. Pas à cause de la guerre qui se profile, mais parce qu'il ne peut s'empêcher de penser à celle qu'il a perdue. Il l'imagine constamment ici, à déambuler dans les couloirs, à jouer dans les jardins, à vivre tout simplement. Il fait tout ce qu'il peut pour l'oublier mais dans cet endroit, cela lui est impossible. Il ne reste plus beaucoup de temps avant qu'il ne parte aux frontières de Navarre et il lui tarde. Il pensera enfin à autre chose et pourra avancer dans sa propre vie, ou vers sa mort. Il est revenu au point de départ, sa vie n'a plus d'importance. Il pensait avoir trouvé une raison de vivre mais elle lui a été arrachée de force par son propre sang.

Antoine est en train de se balader dans le palais car il n'est pas vraiment d'humeur à discuter avec qui que ce soit. Sans savoir pourquoi il s'arrête devant une porte fermée, il se sent attiré par ce qui se trouve derrière. Il aimerait l'ouvrir et voir ce qui s'y trouve mais cela serait mal venu. Pourtant il ne peut réfuter cette envie de savoir ce qu'il y a de l'autre côté. Il est irrémédiablement attiré par cette porte, il doit bien il y avoir une raison.

Depuis le retour de Marie, Hélène essaye d'être là pour elle et de la réconforter mais à la longue ses jérémiades deviennent fatigantes. Bien sûr elle a dû abandonner son rêve mais la vie continue et la France n'est pas le seul royaume ayant besoin d'une reine. Leur mère trouvera bien une solution, plus par fierté que par compassion mais le résultat sera le même. Marie sera reine et tout rentrera dans l'ordre.

En ce qui la concerne, elle est plus attirée par le duc de Bourbon que par n'importe quel trône. Cet homme est vraiment intrigant car il parle peu et quand c'est le cas, c'est seulement pour parler stratégie et non de lui. Sauf qu'Hélène veut en savoir plus, il est bel homme c'est vrai, et il a l'air très intelligent, mais elle veut savoir qui il est vraiment.

C'est pour cela que quand elle l'a vu quitter la pièce, elle l'a suivi. Il déambule dans le château sans vraiment avoir de but, seul avec ses pensées. Il est sur le point d'aller au combat et Hélène se dit qu'il pourrait vouloir un peu de compagnie avant ça. Il s'est arrêté devant la chambre de Ninon et regarde la porte avec insistance. Il caresse le bois de ses mains, ce qu'elle trouve très étrange. Il a peut-être une passion pour le bois, après tout certains ont bien pour passion les clés et les serrures.

Elle s'avance lentement vers lui.

— Il y a un problème avec cette porte ? demande-t-elle.

Antoine la regarde surprit, il ne l'avait pas entendu arriver et pensait être seul.

Il s'incline devant elle avant de répondre.
— Je me demandais juste ce qui se trouvait derrière.

Hélène le rejoint à grands pas en souriant. Elle va gagner des points en accédant à sa requête et lui montrer ce qui se trouve derrière cette porte. Après tout, cette chambre n'a plus aucune utilité à présent. Elle ouvre la porte, entre et lui fait signe de la suivre, ce qu'il fait sans hésiter, poussé par la curiosité.

En entrant dans la pièce, Antoine sait immédiatement où il se trouve et comprend à présent pourquoi il avait ressenti le besoin d'y entrer.
— C'est la chambre, enfin c'était, la chambre de ma sœur Ninon. Je ne savais pas que c'était autant le bazar, je suis désolée. D'habitude Charlotte range toujours derrière ma sœur, je ne sais pas ce qu'il s'est passé.

Antoine regarde tout autour de lui, entendant à peine ce que lui dit la plus jeune fille du roi de Navarre. Il y a des livres un peu partout, des dessins de sa famille, qu'elle a probablement dessinés elle-même, sont accrochés aux murs. Il y a des chaussures, des vêtements et des étoles éparpillés un peu partout. Antoine se dit qu'elle avait dû faire ses affaires en vitesse pour aller à Versailles et que Charlotte n'avait sûrement pas eu le temps de remettre un peu d'ordre. Cette chambre à la même odeur que Ninon et lui ressemble bien. Son cœur se met alors à lui faire un mal de chien et il a de plus en plus de mal à respirer. Il faut qu'il sorte d'ici en vitesse.
— Où allez-vous ? lui demande Hélène.
— Toutes mes excuses, ce n'est pas correct de ma part de me trouver dans cette pièce.
— Cela n'a plus d'importance, Ninon n'en a plus aucune utilité. Et comme Thomas est lui aussi en France, plus personne ne viendra ici.
— Quand bien même, je ne devrais pas être ici.

Il part presque en courant, le plus loin possible de cette chambre, suivi de près par Hélène.

— Capitaine, voudriez-vous vous promener avec moi dans les jardins ? demande-t-elle pleine d'espoir.
— Je dois retourner auprès de votre père et de votre frère, une prochaine fois peut-être.

Il la salue et s'éloigne, il n'a pas envie de se promener, il n'a pas envie d'être accompagné, il veut être seul avec sa peine. Malheureusement cela ne va pas durer longtemps, l'intendant du roi arrive à sa rencontre pour l'informer que Sa Majesté souhaite lui parler. Il le suit jusque dans les appartements du roi, celui-ci l'invite à s'asseoir face à lui. Il semble bien sérieux, encore plus que quand il parle de guerre.
— Je suis désolé de vous faire venir de la sorte mais nous devons parler d'une chose importante.
— Je vous écoute Votre Majesté.
— Je tenais d'abord à vous remercier d'être là, à Navarre, pour nous aider.
— C'est mon devoir envers la France et maintenant envers votre royaume Sire.
— Mais je suis très heureux que ce soit vous et non pas un autre. Nous avons eu la chance de nous rencontrer maintes fois lors de mes séjours à Versailles et j'ai pu constater que vous vous étiez lié d'amitié avec les jumeaux. C'est très difficile de ne plus les avoir ici avec moi, d'autant plus que je sais que Ninon est très malheureuse.

Antoine baisse la tête ne voulant pas laisser ses émotions le trahir. Oui il est lié aux jumeaux et d'une manière dont le roi n'a aucune idée. Ce mariage a rendu tellement de personnes malheureuses et pas seulement Ninon.

Le roi reprend :
— Vous pensez que mes deux enfants vont réussir à trouver leur place à Versailles et être heureux ?
— Je crois que le temps soigne toutes les blessures. Versailles peut paraître froid mais je sais que les jumeaux y auront leur place. Ils sont très appréciés à la cour, le roi lui-même leur porte une attention particulière.

Antoine n'en pense pas un mot, de ce qu'il a pu voir de Ninon, elle se sentira toujours enfermée et incomprise. Même si les duchesses sont à ses côtés, il y a certaines choses que l'amitié ne peut pas effacer.
— Vous êtes un homme sage Capitaine. Et je pense que vous avez raison, tant qu'ils sont ensemble tout ira bien. Mais ce n'est pas de cela que je souhaitais vous entretenir. Ma benjamine Hélène semble beaucoup vous apprécier, elle est venue me voir pour me dire que vous étiez le genre d'homme qu'elle aimerait épouser, dit le roi en laissant échapper un petit rire.

Antoine regarde le roi surpris, il n'aurait jamais pensé qu'elle ressentait ce genre de chose à son égard. Elle est si jeune et elle a encore tellement de choses à apprendre de la vie avant d'envisager un mariage. Cette union est impossible, de par sa jeunesse mais surtout parce qu'elle est la petite sœur de son amour perdu. Il n'arrive pas à croire qu'il est sur le point d'avoir une conversation sur un possible mariage entre lui et la princesse Hélène de Navarre.
— Je ne sais pas quoi répondre à cela, Sire.
— Bien que je la trouve trop jeune, c'est un mariage que je pourrai envisager. Vous êtes un homme droit et courageux. Vous êtes issu d'une excellente famille, vous êtes prince de sang et cousin du dauphin de France.

Antoine ne pense qu'à une chose : se sortir de cette galère, même si pour cela il doit parler un peu trop franchement.
— Avec tout le respect que je vous dois, c'est un mariage qui ne pourra avoir lieu. Je ne peux pas épouser votre benjamine, j'en suis vraiment désolé.

Le roi Henri remue un peu dans son siège, épouser une de ces filles est un honneur et ne comprend pas très bien pourquoi le duc de Bourbon rejette aussi rapidement cette union.
— Puis-je vous en demander la raison ? s'enquiert le roi.
— Il y en a plusieurs si je puis me permettre. Sans parler de notre différence d'âge, il y a aussi et surtout le fait que je suis un soldat. Je dois partir au front d'ici quelques jours et je ne

veux pas lui donner d'espoir alors que personne ne sait si j'en ressortirai vivant. Et pour ne rien vous cacher, mon cœur est déjà pris en France. Votre fille mérite beaucoup mieux que cela.
— Eh bien je salue votre honnêteté Capitaine et par respect pour votre franchise, je n'aborderai plus ce sujet et je dirai à Hélène que vous êtes déjà promis à une autre.

C'est faux, mais si c'est ce qu'il a compris quand Antoine lui a dit que son cœur appartenait à une autre alors cela lui convient. Il ne peut en aucun cas lui révéler la vérité de toute manière.
— Merci Votre Majesté. Veuillez m'excuser, je dois aller rendre visite à mes soldats pour m'assurer qu'ils sont prêts à partir d'ici deux jours.
— Faites, mon ami, faites. Nous devons gagner cette guerre quoiqu'il en coûte.

Antoine se lève et s'incline devant le roi. Il sait que ses soldats sont prêts, ils sont prêts depuis leur départ de Versailles mais il devait fuir cette conversation le plus rapidement possible. Maintenant, il espère de tout cœur qu'Hélène n'a pas écrit sa demande dans une lettre pour sa sœur Ninon. Il ne veut pas qu'elle pense qu'il est sur le point d'en épouser une autre et qui plus est sa petite sœur.

Bien qu'il soit en droit de se marier maintenant qu'elle est dauphine de France, cette idée est encore loin d'être envisageable. Elle ne le sera peut-être même jamais plus.

La seule chose qu'il doit avoir en tête pour le moment est de faire en sorte que tous ses hommes survivent et retournent auprès des leurs. Il aurait voulu penser que, peu importait si lui il rentrait ou non, mais ce n'est pas le cas. Il espère pouvoir rentrer et s'assurer qu'elle va bien, que sa lumière ne soit pas trop ternie et qu'elle tient toujours autant à la vie que quand ils se sont rencontrés. Car si lui était plus proche de la mort, elle a toujours été plus proche de la vie et cela ne doit jamais changer.

13 – L'héritier de la couronne

Début 1689, 9 mois plus tard…

Cette douleur est insoutenable. Ninon est épuisée et chaque fois qu'elle pense pouvoir se reposer quelques secondes et souffler un peu, la douleur réapparaît plus forte encore que la fois précédente. Elle pousse, elle fait du mieux qu'elle peut et pourtant elle a l'impression que ce n'est jamais assez. Elle a mal, très mal, elle veut juste que ça s'arrête, elle n'en peut plus, elle est à bout de force. Faites que tout cela se termine au plus vite, supplie Ninon intérieurement.

Elle est tombée enceinte très rapidement après le mariage, tellement rapidement que ça fait maintenant neuf mois qu'elle se pose la même question. C'est comme si elle était tombée enceinte le soir de leur nuit de noces, c'est en tout cas ce que tout le monde pense. Le roi a même dit qu'ils savaient que cette union était bénie de Dieu depuis le début. Sauf qu'il y a une autre possibilité. Elle sait qu'elle aurait très bien pu être enceinte avant même d'épouser le dauphin. Elle n'en a bien sûr parlé à personne, pas même à Thomas. Les murs ont des oreilles alors elle ne veut pas le dire à voix haute, elle ne veut pas que son enfant devienne un bâtard aux yeux de la cour de France si cela venait à se savoir.

Après un dernier effort qui lui sembla insurmontable, Ninon entendit des petits cris venant d'un être qui allait à présent devenir son petit trésor. Sa raison de survivre, envers et contre tout, l'amour de sa vie. Elle n'avait plus goût à rien depuis qu'Antoine était sorti de sa vie, rien ne lui paraissait attrayant ou amusant. Mais à présent elle a un nouvel espoir, elle a son enfant.

La porte de sa chambre s'ouvre en trombe et le roi, suivi de Louis-Philippe, apparaissent. Le médecin les regarde et fait l'annonce tant attendue :
— C'est un garçon Votre Majesté.

— Que l'on fasse sonner les cloches ! Nous avons un héritier à la couronne, ordonne le roi.

Des cris de joie s'élèvent de la pièce adjacente et le dauphin regarde sa femme avec un grand sourire. Le roi prend son petit-fils dans ses bras, regarde Ninon et la félicite d'un hochement de tête. C'est bien gentil tout ça pense Ninon, mais elle aimerait bien pouvoir prendre son petit garçon dans ses bras.

Louis-Philippe prend son fils à son tour et sent les larmes monter. Il est parfait. Il a un fils, cette naissance va tout changer. Il va devoir être fort pour lui aussi à présent, son fils est destiné à de grandes choses, il le sait. Il va devoir le protéger de tous ceux qui vont vouloir attenter à sa vie comme ce fût le cas pour lui quand il était plus jeune. Et la plus grande menace est malheureusement son propre frère, le comte d'Artois. La cour attend avec impatience de voir l'héritier, même s'il voudrait profiter un peu plus de son fils, il doit aller le leur présenter, c'est la coutume.

Ninon toujours allongée dans son lit, remarque les yeux brillants de son mari lorsqu'il regarde son fils. Elle est pressée de le voir elle aussi. Elle n'était pas prête à être mère, elle se pensait trop jeune mais maintenant que ce petit être est enfin parmi eux, elle sait qu'elle sera prête à tout pour lui. Cela doit être ce que l'on appelle l'instinct maternel, il est sa raison de vivre et fera tout ce qu'elle peut pour qu'il grandisse en sécurité et heureux.

Lorsqu'elle voit son époux se retourner et se diriger vers la porte avec le roi, son sang ne fait qu'un tour.

— STOP ! crie-t-elle.

Tous se retournent vers elle alors qu'elle tente de se redresser tant bien que mal dans son lit. Il est hors de question qu'ils quittent cette pièce sans qu'elle n'ait pu voir son enfant.

— Qu'est-ce vous faites ? demande-t-elle à bout de force.

— Nous devons présenter le dauphin aux courtisans, lui répond le roi.

— Peut-être qu'il faudrait déjà lui présenter sa mère vous ne pensez pas ?
— Vous avez raison ma chère épouse, toutes nos excuses, c'est l'émotion.

Ninon le regarde s'avancer vers elle, impatiente. Louis-Philippe dépose leur fils entre ses bras et son monde s'illumine. Elle sent une larme rouler sur ses joues, il est juste parfait. Et maintenant qu'elle le voit, elle a enfin la réponse à la question qu'elle se posait depuis tous ces mois. Elle en est certaine, c'est l'enfant d'Antoine. Elle l'embrasse délicatement sur le front, ferme les yeux et prie pour que le capitaine soit vivant.

Elle n'a pas de nouvelle depuis plusieurs mois maintenant. Tant qu'il était au palais de Navarre, elle savait qu'il était vivant et qu'il se portait bien. Même si dans une de ses lettres, Hélène avait écrit vouloir l'épouser, ce qui lui avait valu une des pires nausées matinales, elle savait qu'au moins il était vivant. Son frère Charles avait lui aussi, fait des éloges sur le capitaine, disant qu'il l'appréciait beaucoup. Ce qui ne faisait que confirmer à Ninon que le mariage heureux dont elle avait rêvé avec lui aurait été accepté par son père.

Maintenant, il est au front et même Navarre n'a aucune nouvelle de lui. Ninon sait qu'il a refusé le mariage ne voulant pas laisser une veuve derrière lui, ce qui signifie qu'il n'a aucunement peur de mourir au front. Il doit penser qu'il n'a aucune raison de revenir, mais c'est faux, il a un fils. Même si Ninon ne pourra jamais lui dire la vérité, elle aimerait qu'il puisse le voir au moins une fois.

Louis-Philippe reprend son fils et Ninon panique, elle ne veut pas le laisser, elle veut le garder encore un peu auprès d'elle.
— Il est temps de vous reposer, ne vous inquiétez pas, je vais prendre soin de lui, lui dit-il.

Même si elle ne veut pas le quitter, elle doit bien avouer qu'elle est épuisée et que dormir un peu lui ferait le plus grand bien. Elle se résout et le laisse emmener son fils alors qu'elle se rallonge doucement.

Lorsque Ninon se réveille, elle a l'impression d'avoir dormi pendant des jours. Il fait nuit dehors, la chambre est sombre et elle remarque Thomas allongé à ses côtés. Elle ne peut s'empêcher de sourire, sachant très bien pourquoi il est là, il a voulu l'aider à se rétablir plus vite. Il dort profondément, ce doit être le milieu de la nuit. Elle a très envie de voir son bébé mais elle ne va pas aller le réveiller alors elle se force à rester au lit et se met à penser à la personne qui lui manque le plus depuis des mois. Elle se remémore leurs moments passés ensemble, elle le revoit lui sourire les yeux remplis d'amour. Dieu qu'elle aime cet homme. Et leur amour vivra pour l'éternité grâce à cet enfant.

Après avoir tourné encore et encore, n'arrivant pas à se rendormir, trop occupée à penser à son fils et à Antoine, Ninon voit enfin le soleil se lever. Enfin Versailles s'éveille et elle va pouvoir profiter de son nouveau statut de mère. Elle réveille Thomas doucement qui, dès qu'il l'aperçoit, se redresse.
— Comment tu te sens petite sœur ? lui demande-t-il rapidement.
— Ça va, ça tire un peu mais je peux vivre avec.
— Tu as bien travaillé, ton fils est magnifique tu sais. Tout comme sa mère.
— Et comme son père.

Elle regarde son frère avec insistance pour qu'il comprenne ce qu'elle essaye de lui dire. Et c'est le cas, il comprend tout de suite qu'Antoine est le père et lui adresse un sourire plein de tristesse puis la prend dans ses bras.
— Je suis sûr qu'il va bien.
— J'espère que tu as raison.

La porte s'ouvre et Madame de Marsan entre suivit par Charlotte et les femmes de chambre.
— Prince Thomas, j'ignorais que vous étiez là, dit Madame de Marsan. Je ne suis pas sûre que cela soit très approprié.

— Vous savez que je me fiche des convenances Madame.
— Un peu trop semblerait-il.
— Monsieur Thomas ne pouvait pas rester loin de sa sœur alors qu'elle était souffrante, intervient Charlotte.
— Excusez-moi mais… commence Madame de Marsan avant que Ninon lui coupe la parole.
— Madame de Marsan, vous savez très bien que Thomas peut venir dans ma chambre autant qu'il le souhaite ! Si cela ne pose aucun problème au roi ou à mon époux, je ne vois pas pourquoi cela vous en poserait un !

Elle remarque le petit pincement de lèvre de sa première dame et Ninon est ravie d'avoir pu la remettre à sa place. C'est de plus en plus difficile de la supporter ainsi que ses remarques agaçantes à longueur de temps. C'est comme si Marie était toujours présente à ses côtés et cela devient vraiment fatigant.
— Charlotte, dépêchons-nous, je veux aller voir mon fils.
— La nourrice s'occupe de lui ne vous en faites pas, réplique Madame de Marsan.
— C'est mon fils et c'est moi qui vais m'occuper de lui !

Ninon se lève suivie par Thomas. Celui-ci l'embrasse sur la joue, salue narquoisement Madame de Marsan et sort de la chambre en vitesse pour laisser sa sœur se préparer. Charlotte fait signe aux femmes de chambre de s'activer et Ninon file dans la salle de bain. Depuis qu'elle a dit au roi qu'elle ne voulait plus du cérémonial du levé, elle peut enfin se baigner et s'habiller en toute tranquillité.

Fin prête, Ninon sort rapidement de sa chambre pour aller rejoindre son petit ange. Elle entre dans la nurserie et le voit dans les bras de la nourrice.
— Merci Joséphine, je vais prendre le relais.

Elle prend son fils et une fois de plus son monde s'illumine. Il est si petit et si fragile, qu'elle n'a qu'une envie c'est de le protéger de la vie qui l'attend à Versailles. Elle sait que son destin sera de monter sur le trône mais elle fera tout pour qu'il profite de sa liberté, tout comme elle a eu la chance de le faire, enfin jusqu'à son mariage imposé.

Elle le met dans son berceau alors qu'il est en train de s'endormir et le regarde avec tendresse. Elle pourrait rester ici des heures à le regarder. Il a les cheveux noirs d'Antoine alors qu'elle et Louis-Philippe, ont les cheveux clairs. Encore une chose qui fait qu'elle est certaine de l'identité de son père.

La porte s'ouvre et le comte d'Artois fait irruption dans la chambre. Ninon le regarde méchamment lui faisant signe de ne pas faire de bruit. Le comte s'avance lentement, un sourire diabolique se dessinant sur ses lèvres alors qu'il regarde le nourrisson. Ninon sait ce qu'il a en tête et elle ne va pas se gêner pour lui dire le fond de sa pensée.
— J'imagine que vous êtes venu saluer votre neveu cher comte.
— Il en va de soi.
— J'ose espérer que vous prendrez grand soin de lui à l'avenir afin qu'il devienne un grand souverain.

Le comte laisse échapper un petit rictus. Il aurait préféré que ce soit une fille, cela aurait été un problème de moins dans sa course au trône de France. Ninon n'apprécie guère ce petit sourire qui veut dire tellement venant de lui.
— J'imagine que vous êtes déçu, la naissance de mon fils vous éloigne encore un peu plus de vos ambitions.
— C'est un bébé, je ne me sens en aucun cas menacé chère dauphine.

Ninon s'avance vers lui lentement, souriant diaboliquement à son tour. Ses yeux deviennent menaçants et elle approche son visage près du sien.
— Si l'idée vous venait de tenter quoi que ce soit contre mon fils afin de vous octroyer le trône de France, sachez, cher beau-frère, que vous ne vivrez pas assez longtemps pour voir le fruit de votre trahison.
— Ceci est une menace ?

— Juste une mise en garde. Je sais ce que vous fabriquez avec vos complices, je sais que vous comploter contre le dauphin afin de prendre sa place. Les gens parlent beaucoup à Versailles, vous devriez être plus prudent. Mais n'oubliez jamais ces paroles : je ne vous laisserai pas faire, que ce soit avec mon mari ou avec mon fils.
— Peut-être alors serait-il plus prudent de m'occuper de vous en premier chère dauphine.
— Ne sous-estimez jamais la puissance d'une femme en colère.

Le comte la regarde, énervé, il n'aime pas beaucoup le ton que prend la dauphine. Elle ne pourra jamais être en travers de son chemin contrairement à ce qu'elle peut penser. Il sait qu'il arrivera à ses fins, il doit être roi et il le deviendra c'est certain. Son frère n'est qu'un faible et encore plus sans le capitaine à ses côtés.
— Que se passe-t-il ici ? intervient Louis-Philippe qui vient d'entrer dans la chambre.

Voir son jeune frère Gaston regarder son épouse de cette manière ne lui plaît guère. Mais Ninon lui fait encore plus peur, son visage est sévère comme si elle était prête à lui sauter à la gorge. Par chance, lorsqu'elle le regarde, son visage s'adoucit et un sourire s'affiche sur ses lèvres.
— Votre frère est simplement venu montrer son respect à votre fils, n'est-ce pas Monsieur le comte ?
— C'est exact, je suis venu saluer votre héritier.
— Notre cher Gaston a également promis de s'occuper de lui et de l'aider à devenir un grand homme.

Gaston regarde Ninon avec un sourire hypocrite collé au visage. C'en est trop, elle se joue de lui et il préfère s'éclipser avant que cela ne tourne au vinaigre.
— Je crois qu'il est temps pour moi de vous laisser en famille.

Il s'incline devant son frère puis jette un dernier regard mauvais à Ninon avant de sortir. Louis-Philippe s'avance vers le berceau où son fils dort à poings fermés.

— Ninon, je vous suis reconnaissant de vouloir protéger notre enfant face à mon frère mais faîtes attention à vous, je vous en conjure.

— Ne vous inquiétez pas, tout ira bien.

Ce petit ange est juste né et il est déjà en danger. Gaston n'est pas digne de confiance et il essayera de s'en prendre à lui, c'est certain. Ninon ne s'entend pas du tout avec le comte depuis son mariage. Elle n'aime pas ses manigances incessantes pour détrôner son frère quand le moment sera venu. Il ne fera rien tant que le roi sera encore en vie, par peur des représailles mais ils doivent tous se tenir prêts.

Même si elle n'a jamais voulu être reine de France, il est hors de question de voir cet homme accéder au pouvoir, il est vil et machiavélique contrairement à Louis-Philippe. Ninon a appris à apprécier son époux ces derniers mois. Il est tendre et avenant avec elle, il prend soin d'elle, il s'assure toujours que tout va bien pour elle. Malgré tout c'est un homme bon et il sera un grand roi quand son tour viendra, c'est pour cela que Ninon fera tout pour le protéger du comte d'Artois.

14 – Retour à Versailles

1693.

Après avoir passé près de cinq longues années à se battre, la guerre est enfin terminée. La France est sortie victorieuse et l'Espagne a accepté la défaite. Navarre est en sécurité et toute la famille royale va bien. Les troupes françaises sont en chemin pour retourner auprès de leurs familles. Antoine vient d'arriver à Versailles en toute discrétion, il revenu un peu plus tôt afin de préparer le retour de ses hommes avec le roi.

Les choses ont changé ici, le roi Louis est décédé il y a de ça plus d'un an, et son cousin est maintenant à la tête du royaume. Ce qui veut dire qu'elle est devenue reine de France, son pire cauchemar. Il ne sait pas comment il va réagir quand il va la revoir. Maintenant, plus qu'avant, il doit rester éloigné, c'est la reine à présent, ce n'est plus la petite princesse de Navarre. Pourtant il est certain d'une chose : il l'aime toujours. Sur le chemin du retour, il était impatient de rentrer pour la revoir mais maintenant qu'il est là, cette idée le terrifie. Elle a peut-être fini par aimer son époux et alors, il serait dévasté. Il aurait tout perdu jusqu'à son cœur.

Ces dernières années, même s'il était prêt à accueillir la mort, inconsciemment il a résisté, pour elle. Quand c'était difficile et qu'il était sur le point de lâcher prise, il lui suffisait de penser à elle pour qu'il reprenne confiance. Cet amour est interdit mais il est dedans jusqu'au cou. Il a essayé, en vain, de l'oublier mais comment faire quand c'est la seule personne qui compte à ses yeux ? Mais surtout, il a besoin de s'assurer qu'elle va bien, qu'elle n'est pas si malheureuse à la cour, qu'elle a toujours sa joie de vivre et son insouciance.

Lui aussi il a changé, cette guerre était violente, beaucoup d'hommes ont perdu la vie, dont certains dont il était proche. Il est même revenu avec des souvenirs : plusieurs cicatrices sur le corps et une sur le visage. Elle commence dans son sourcil et descend jusqu'au milieu de sa joue. Par chance son œil a été épargné.

Il est dans sa chambre, il attend que le roi finisse sa réunion avec le conseil pour aller le rejoindre. Il regarde par la fenêtre et aperçoit alors une robe de couleur rose qui tourne sur elle-même. C'est elle. Mais elle n'est pas seule, il voit un petit garçon faisant pareil à ses côtés. Elle a donc eu un enfant en son absence. Il a les cheveux foncés presque comme les siens. Et si ? Son sang ne fait qu'un tour et sans réfléchir, il sort en vitesse pour aller les rejoindre.

Une fois dans les jardins il s'avance doucement, plein de douleur et d'appréhension. Comment va-t-elle réagir en le voyant après toutes ses années sans aucune nouvelle ?

Ninon est en train de jouer avec son fils, un de ses petits plaisirs préférés. Elle ne peut pas être avec lui autant qu'elle le souhaiterait car maintenant qu'elle est reine, certains devoirs lui incombent. Et le petit Henri, de son côté, a commencé son éducation de successeur. Elle l'a appelé ainsi en hommage à son père, qui pour elle est le plus grand des hommes. Tout en espérant que son fils soit aussi fort et généreux que son grand-père.

Ils sont en train de rire en tournoyant sur eux même au milieu des jardins, c'est toujours son havre de paix et elle passe son temps ici dès qu'elle le peut. Elle a appris ce matin que la guerre était finie et que les soldats étaient sur le chemin du retour. Elle espère qu'Antoine sera des leurs. Il est en vie, elle en est certaine, s'il lui était arrivé quelque chose, elle l'aurait senti. Son cœur se serait brisé.

Elle se retourne pour regarder son petit ange quand elle voit cette silhouette se rapprochant d'eux. Elle le reconnaîtrait entre mille. Son sourire s'efface à cause de la surprise, elle ne s'attendait pas à le voir ici, maintenant. Antoine se rapproche toujours un peu plus et la respiration de Ninon se coupe.

Il s'arrête alors face à elle sans prononcer un mot. La vie est cruelle, le cœur d'Antoine a cessé de battre le jour où il l'a laissé ici, à cet endroit même. Cinq ans plus tard, croiser de nouveau son regard et lire dans ses yeux que rien n'a changé. Il aurait pensé qu'elle serait passée à autre chose mais non, il y a toujours autant d'amour dans sa façon de le regarder. Il ne sait pas quoi dire, s'il s'écoutait il la prendrait dans ses bras et l'embrasserait des heures durant. Mais il se retient, il ne doit pas oublier qu'elle est inaccessible pour lui.

Le petit Henri se rapproche de sa mère et elle le prend immédiatement dans ses bras. Il n'a plus aucun doute en le voyant d'aussi près, c'est bel et bien le sien. Il a les yeux et les cheveux noirs tout comme lui.

Ninon est prise aux dépourvues, elle aimerait se jeter dans ses bras, elle est tellement heureuse qu'il soit sain et sauf et de retour à Versailles. Elle ne peut s'empêcher de remarquer avec quelle insistance, le capitaine est en train de regarder son fils, leur fils. Il sait, ça ne fait aucun doute, elle peut le lire dans ses yeux.
— Ma reine ! dit le roi en les rejoignant. Ninon lâche immédiatement Antoine du regard et celui-ci s'incline face au nouvel arrivant. Notre cher ami est de retour parmi nous, c'est une excellente nouvelle n'est-ce pas ?
— C'est une très grande joie en effet, répond Ninon en essayant de paraître normale.

Elle se mord la lèvre pour essayer de garder contenance. Maintenant qu'elle vient de réaliser qu'il est vraiment là, elle a envie de sourire et de sauter de joie. Son époux prend le dauphin dans ses bras et regarde Antoine.
— Capitaine, je vous présente Henri, le dauphin de France.

Antoine s'incline devant le dauphin pour lui montrer son respect.
— Il me ressemble comme deux gouttes d'eau vous ne trouvez pas ? continue le roi.

— En effet Votre Majesté, répond Antoine sans conviction. Il est toujours en train d'essayer d'encaisser le fait que cet enfant est probablement le sien.
— Maintenant que vous êtes de retour, j'aimerais que vous soyez son garde personnel. À vos côtés je sais qu'il sera en sécurité, le comte d'Artois est un vrai vautour depuis la mort de feu notre père.
— Ce serait un honneur Sire.
— Vous êtes d'accord ma reine ?
— Je suis sûre que le duc prendra grand soin de lui.
— Bien, c'est décidé. Ninon, j'aimerais que nous organisions un bal pour le retour des troupes ce samedi. Je sais que vous aimez organiser ce genre d'événement alors je vous en confie la responsabilité.
— Avec plaisir.
— Antoine, nous nous verrons tout à l'heure je vais passer un peu de temps avec mon fils, je vous laisse aux soins de la reine.

Antoine le salue et Louis-Philippe s'éloigne avec Henri, les laissant seuls. Ninon le regarde avec tendresse, il est entier, la seule nouveauté est cette cicatrice qui le rend encore plus attirant. Antoine n'ose pas la regarder dans les yeux alors qu'il sent son regard sur lui.
— Je suis vraiment contente que tu sois rentré, dit Ninon.

Le duc de Bourbon relève enfin la tête. Elle est si belle, comme dans son souvenir. Son cœur se met à battre la chamade, il a tellement de questions à lui poser, mais une en priorité.
— Quel âge a le dauphin ? demande-t-il.
— Quatre ans.
— Est-ce que…
— Oui, répond Ninon avant qu'il n'ait fini sa phrase, sachant déjà ce qu'il comptait demander. J'en suis certaine.
— Oh.

Antoine ne sait pas quoi dire d'autre. Il a un fils, ils ont un fils, le fruit de leur amour déchu. Un fils qu'il ne pourra pas élever comme le sien, un fils qu'il devra regarder appeler un autre « papa ». Un fils qui ne saura jamais qui est son vrai père sous peine d'être considéré comme un bâtard. Un fils qu'il va devoir protéger tout en gardant ce lourd secret.

Ninon remarque que les yeux d'Antoine s'agitent de plus en plus à mesure qu'il comprend ce que cela signifie. Elle se rapproche de lui jusqu'à ce que leurs visages ne soient qu'à quelques centimètres.

— Tu m'as tellement manqué, lui dit-elle.

Antoine la regarde enfin en face puis regarde ses lèvres qui l'appellent, lui demandant d'y déposer un baiser. Alors pour éviter ce genre de pensée il se recule de quelques pas.

— Comment allez-vous ma reine ?

Voilà qu'il remet de la distance entre eux, pense Ninon quelque peu blessée. Elle sait qu'ils ne peuvent pas être aussi proches qu'ils l'étaient mais elle aimerait que cette barrière tombe juste quelques secondes.

— Mieux maintenant que je te sais sain et sauf.

Antoine la regarde touché par son inquiétude mais ne répond rien. Elle tente une nouvelle approche et cette fois il ne recule pas. Il n'en a plus la force, elle est enfin devant lui comme il en avait tant rêvé ces dernières années.

— Parle-moi, dis-moi comment tu te sens.

— Tu veux la vérité Ninon ? Je ne pensais pas revenir et apprendre que j'avais un fils. Un fils que je ne pourrais jamais élever comme le mien parce qu'il pense que son père est le roi de France…

— Je suis désolée… murmure Ninon.

— Je ne vais pas te mentir, penser à toi sur le champ de bataille m'a permis de garder la vie sauve parce que je voulais revoir ton visage au moins une dernière fois. Mais….

Ninon sent les larmes couler sans qu'elle ne puisse les retenir. La barrière est tombée comme elle le souhaitait, mais elle sent que cette conversation ne va pas se finir comme elle le voudrait.

Antoine reprend :

— Mais tu es devenue reine, toi et moi c'est une histoire impossible et nous le savons tous les deux. Pourtant même éloignés nous avons gardé cet espoir de nous revoir et ce n'est pas correct. Je vois dans tes yeux que rien n'a changé, mais tout a changé. Pour le bien de tous, nous devrions rester loin l'un de l'autre.

— Si tu savais comme j'ai attendu le moment de te savoir de nouveau auprès de moi. Je sais que ce n'est pas correct et que nous ne pouvons pas être ensemble mais je t'en prie, ne me laisse pas en dehors de ta vie.

— Il le faut, si je m'écoutais nous serions tous les deux pendus d'ici l'aube.

— Je ne veux plus vivre sans toi Antoine, j'ai besoin de toi. Cette vie je suis en train de la subir au lieu de la vivre.

— Je suis désolé Ninon, c'est impossible.

— Je veux vivre telle que je suis, même si cette vie signifie la mort.

— Tu n'en penses pas un mot. Pense à ton enfant.

Ninon comprend alors que cette histoire est bien finie en ce qui le concerne. Il l'aime toujours et c'est sûrement pour ça qu'il veut la protéger. Elle ne peut pas lui en vouloir car il a raison. Leur amour est impossible, elle doit se faire une raison. Mais elle n'est pas encore prête à le laisser partir, elle ne l'était pas il y a cinq ans et elle ne l'est toujours pas aujourd'hui, surtout maintenant qu'il est rentré à la maison.

— Si c'est ce que tu souhaites.

Elle l'embrasse rapidement sur la joue, un baiser d'adieu et elle s'éloigne en vitesse sans se retourner. Elle ne va pas renoncer pour autant, un jour ils seront heureux, un jour ils seront ensemble, même si c'est après leurs morts.

Antoine la regarde s'éloigner, affronter une armée espagnole lui a semblé beaucoup plus simple que d'avoir cette conversation. Il n'en pensait pas un mot, enfin si, il veut la protéger et il préfère être malheureux que de la savoir en danger. Mais renoncer à l'amour pour la seconde fois n'est vraiment pas chose facile.

Mais il est fier de lui, il a tenu bon. Il va reprendre sa vie à la cour comme avant son départ, avant l'arrivée de Ninon à Versailles. Il va de nouveau construire un mur autour de son cœur et éviter la reine autant que possible. On est mardi et ce soir il y a une soirée privée. Il va pouvoir redevenir lui-même et s'amuser sans penser à rien, sans penser à elle.

Thomas entre accompagné de la duchesse de Bretagne dans les quartiers de la marquise de Vauban. Ce soir la soirée privée est en comité restreint. Beaucoup sont avec le roi en train de discuter de l'issue de la guerre et ne pouvaient donc pas être présents. Étant donné que la duchesse est spécialement ronchonne ce soir, Thomas est ravi de voir son ami, le duc de Bourbon, assis sur un des sofas en train de boire du vin comme si c'était de l'eau. Il a enfin une excuse pour s'éloigner de Louise et son humeur dévastatrice.

Il va s'asseoir aux côtés du capitaine, à qui il n'a pas encore pu parler depuis son retour à Versailles. Il veut prendre de ses nouvelles, même si les conditions sont loin d'être les meilleures vu l'état d'ébriété avancé de son interlocuteur.

— Tu devrais ralentir un peu, lui dit Thomas.

— Ça m'aide à oublier.

— Ça va surtout te donner une migraine demain matin.

— C'est la seule chose qui me fait du bien, alors mêle-toi de tes affaires !

Thomas sait pourquoi le duc boit autant et il ne peut pas l'en blâmer. Il revient après cinq ans de combat pour voir la femme qu'il aime aux bras d'un autre.

Et si en plus, il a vu le dauphin, alors il doit bien se douter que c'est son enfant. Il lui ressemble tellement que c'en est

déconcertant pour tout le monde sauf le roi. Louis-Philippe est tellement fier de son fils qu'il ne voit pas la vérité en face. Mais personne ne dit rien, encore moins ceux qui connaissent l'histoire de sa jumelle avec le duc. Ils pourraient être pendus pour trahison envers la couronne, alors la vérité sur le dauphin est devenue le secret le mieux gardé de Versailles.
— Elle s'est languie de toi tout ce temps tu sais. Elle n'a jamais réussi à oublier le passé.

Antoine ne répond rien et boit un autre verre d'un trait avant de le remplir pour un deuxième tour. Thomas se sent triste pour lui, c'est un homme bien, il ne mérite pas de vivre comme cela.
— Tu es revenu vivant mais vis-tu vraiment ? lui demande Thomas.
— J'attends la mort pour vivre vraiment, lui répond Antoine.

Antoine ne pensait pas avoir aussi mal en revenant ici. Il savait que la revoir allait déclencher quelque chose en lui, raviver son cœur et son âme mais cela a aussi ravivé la douleur malheureusement. Sur le champ de bataille, il était devenu un autre et même s'il pensait à elle, il était un soldat et faisait son travail. Sauf que maintenant qu'il est ici à Versailles, les choses sont différentes, il n'a plus à se battre, il n'est plus vraiment un soldat et il a beaucoup trop de temps pour pouvoir penser. Il pense, ressasse, imagine, fantasme et ça fait mal, ça le rend triste, vide, seul. L'alcool est donc son meilleur ami ce soir, il engourdit son cerveau, il n'arrive plus à penser et ça fait vraiment du bien d'avoir un moment de répit. C'est aussi pour ça qu'il n'a pas besoin que Thomas lui parle de Ninon. En revanche il est très content de le retrouver, lui et sa joie de vivre.
— J'ai besoin de boire moi aussi en ce moment, alors je vais t'accompagner, dit Thomas en se servant un verre. Tu veux que je te fasse rire ?
— Tu peux toujours essayer.

— La duchesse m'en veut à mort, elle m'a mis au régime sec, je dois la supplier si je veux pouvoir passer du temps avec elle.
— Qu'est-ce que tu as fait ? Elle n'est pourtant pas facile à blesser.
— Notre cher roi de France m'a trouvé une épouse et je me suis marié le mois dernier. La princesse Antoinette d'Autriche.

Antoine regarde alors Thomas les yeux ronds, surprit par cette annonce.
— Tu es marié !?
— À une femme insipide. Tu n'imagines même pas à quel point elle peut être ennuyante. Quand elle est dans une pièce, on la voit à peine et on pourrait la prendre pour une statue habillée avec des toilettes de princesse.

Antoine imagine tout de suite le genre de femme que ce pourrait être, autrement dit le parfait opposé de Thomas et encore plus de la duchesse de Bretagne. Il laisse alors échapper un petit rire, se disant que la situation de son ami n'est pas beaucoup mieux que la sienne.
— Louise est furieuse et m'en veut parce que j'ai dû faire mon devoir conjugal.
— Ce n'est pas comme si vous deviez vous marier. Vous saviez tous les deux que ça allait arriver, contrairement à…

Il ne finit pas sa phrase, boit un nouveau verre de vin rapidement et Thomas fait de même. Même avec l'alcool, il en revient toujours à Ninon. Il ne sait pas comment il va pouvoir vivre ainsi jour après jour, si même l'alcool ne marche pas alors il n'a plus aucun espoir.
— Au fait, tu as failli te marier avec ma sœur ? rigole Thomas en lui donnant un coup de coude.

Antoine le regarde d'un air mauvais, c'est trop tôt, même après cinq longues années.
— Désolé je voulais parler de ma sœur Hélène. J'ai eu des nouvelles de Navarre, tu lui as brisé le cœur tu sais.

— Ce n'est pas comme si cela avait été envisageable de toute manière.
— Non mais j'ai bien ri en lisant sa lettre, elle pense que tu es le parfait gentilhomme. Les femmes peuvent être tellement aveugles parfois.
— Je suis le parfait gentilhomme !
— Sans aucun doute !

Ils se mettent tous les deux à rire de bon cœur. Ça fait du bien de retrouver un peu de simplicité avec Thomas. C'est peut-être ça la solution, rire et boire avec lui quand ça ne va pas.

Louise de Bretagne s'approche d'eux, d'un air contrit. Elle fait une petite moue qui rappelle à Antoine, celle que lui faisait Ninon quand il n'accédait pas à ses demandes. Il ferme les yeux un instant et souffle d'énervement. Pourquoi faut-il qu'il ramène toujours tout à elle ? Tout est fini entre eux ! Il lui a dit ce qu'il pensait et elle a accepté. Ils se sont séparés et maintenant il doit vivre sa vie sans elle. Il doit arrêter de penser à elle pour tout et n'importe quoi. Il va simplement devoir l'éviter le plus possible et la voir comme la reine de France et rien d'autre quand ils seront dans la même pièce.
— Je suis ravie de vous revoir parmi nous Capitaine, lui dit Louise.
— Ravi de vous revoir également Duchesse, vous êtes toujours aussi radieuse.
— Être une des favorites de la reine apporte certains avantages.

Elle fait un petit sourire triste à Antoine, elle sait mieux que quiconque ce que cela fait de voir la personne qu'on aime aller dans la chambre à coucher d'une autre. Mais elle a encore plus de compassion pour lui car sa situation est pire. Elle au moins, elle peut encore profiter de Thomas alors que lui, cela lui est impossible. Ce fut compliqué pour elle d'accepter le mariage de son amant mais quand elle a vu la princesse d'Autriche, elle fut soulagée de voir qu'elle était loin de ce que Thomas pouvait aimer chez une femme. Mais le fait de l'imaginer aller dans son lit est une torture. Elle fait bonne figure à la cour mais dès qu'elle est seule avec lui ou avec son amie Ninon, elle lâche prise et montre son énervement. Elle savait que cela arriverait un jour, et pensait s'être protégée mais non. Elle s'est pris une énorme claque et a alors compris que son cœur et son âme appartenaient au prince de Navarre pour toujours.

Antoine compatit avec la duchesse, il sait ce que ça fait d'être mis à l'écart à cause de devoirs familiaux et royaux. Il prend alors de nouvelles carafes de vin et les pose devant eux. Ils en ont tous bien besoin semblerait-il. Il sert un verre à chacun et apprécie la chaleur du liquide coulant le long de sa gorge. Ce soir il va se saouler avec ses amis et advienne que pourra.

La jeune sœur de la comtesse de Toulouse, Eugénie, s'avance vers eux. Elle a remarqué cet homme au loin, qui boit plus que de raison avec cet air triste. Elle a aussi remarqué ses habits, il doit avoir un rang élevé pour avoir de tels vêtements et cela l'intéresse beaucoup. C'est une proie facile, il est triste et saoul, elle va pouvoir faire de lui ce qu'elle veut et faire en sorte de le mettre à mal pour qu'il soit obligé de l'épouser. Ainsi elle aura enfin le rang qu'elle mérite à la cour de Versailles. De plus, si le prince de Navarre est à ses côtés, c'est obligatoirement quelqu'un d'important.
— Bonsoir, pourriez-vous m'offrir un verre ? demande-t-elle en regardant Antoine.

Avant qu'Antoine ne puisse répondre de manière positive, car elle lui semble bien sympathique, la duchesse de Bretagne vient se placer devant elle, les bras croisés.
— Il n'est pas disponible pour vos petites manigances ma chère Eugénie. Alors allez voir ailleurs si j'y suis, et ne vous approchez plus jamais de lui.
— Le prince de Navarre ne vous suffit plus Duchesse ? réplique Eugénie mauvaise.
— Il aime partager, répond Louise narquoise.

Eugénie lui fait un sourire forcé et s'éloigne déçue. Elle va devoir trouver une autre cible et vite si elle ne veut pas être éjectée de la cour par la reine en personne. Il suffit d'un mot de son frère ou de sa dame de compagnie pour qu'elle se retrouve hors du château et elle ne peut pas se le permettre, elle doit se marier et vite pour éviter la ruine de sa famille. Le comte de Toulouse, bien que riche, n'est point suffisant pour combler leurs dettes. De plus, sa grande sœur refuse d'encore plaider la cause de leur père auprès de son époux. C'est maintenant sur elle que repose le fardeau.

Louise se retourne vers ses compagnons, satisfaite, cela lui a fait du bien de remettre en place cette petite profiteuse. Elle traîne à Versailles uniquement pour se faire épouser par un homme de haut rang. Antoine n'a pas besoin de ça pour le moment, alors elle a pris soin de lui comme l'aurait fait Ninon si elle avait pu.

— Tu sais Louise, j'apprécie que tu te préoccupes de moi mais m'amuser avec une femme aurait pu me faire le plus grand bien.

— Je n'en doute pas une seconde, mais pas elle, elle ne t'aurait apporté que des ennuis. Amuse-toi avec une de tes habitués, ce sera plus simple pour tout le monde.

Maintenant qu'il y pense, cela pourrait en effet lui faire le plus grand bien. Il regarde partout et aperçoit la jeune Lucie, avec qui il a déjà eu plusieurs petites aventures. Elle sera parfaite pour ce soir.

Au moment où elle le regarde, il lui fait signe de venir et elle accourt vers lui sans hésiter. Il sait qu'elle a toujours eu un faible pour lui et s'était promis de ne pas jouer avec ses sentiments mais ce soir il est loin d'être un gentilhomme et il compte bien oublier sa peine entre ses cuisses.

Elle vient s'installer à ses côtés et Antoine met son bras autour de ses épaules en lui offrant un verre. Louise et Thomas s'éloignent préférant de ne pas assister à ce qui va suivre.

Antoine écrase ses lèvres sur celles de Lucie et l'embrasse sauvagement. Ce n'est pas aussi satisfaisant qu'avec Ninon mais c'est suffisamment satisfaisant pour le moment. Elle s'accroche à son cou et Antoine finit par ne plus penser qu'à une chose : satisfaire ses envies.

Il se redresse, l'attrape par la main, prend du vin dans l'autre et quitte les appartements de la marquise pour aller rejoindre les siens et profiter des plaisirs de la chair, comme il l'avait toujours fait avant. Avant que son cœur ne le trahisse.

Il se sentira probablement honteux demain de s'être servi de la sorte de cette pauvre Lucie mais il ne sait plus quoi faire pour se sentir mieux. Antoine veut simplement quelques minutes de répit, quelques minutes de silence, quelques minutes de paix.

15 – Masqua-rade

Ninon est ravie, elle s'est surpassée dans la préparation de ce bal. Elle voulait vraiment faire honneur aux soldats français qui ont défendu la France et Navarre, au prix de leurs vies pour certains. Elle s'est jetée tête baissée dans les préparatifs pour ne pas penser à un certain soldat en particulier. Toutefois cela n'a pas vraiment fonctionné surtout qu'elle ne l'a pas revu depuis leur entrevue dans le jardin, et celle-ci s'était plutôt mal terminée. En tout cas même avec l'esprit perturbé, elle a réussi à créer une ambiance comme elle l'avait imaginé.

Elle a choisi de faire un bal masqué car derrière un masque, elle va pouvoir cacher ses émotions, chose qu'elle a de plus en plus de mal à faire en public. Elle sait qu'elle va revoir Antoine ce soir, c'est un des invités d'honneur, il sera forcément présent. Mais, en plus de leur dernière conversation, Ninon a, cet après-midi, entendu Louise de Bretagne dire à son amie Constance de Provence qu'Antoine ne dormait pas seul dans ses appartements depuis plusieurs nuits. Elle sait très bien ce que cela veut dire et du coup elle ne sait pas trop comment elle va réagir en le voyant. Quand elle a rejoint ses amies, celles-ci se sont tues, probablement pour ne pas lui faire de mal, elles connaissent très bien les sentiments de Ninon pour le capitaine.

Thomas l'évite lui aussi, sûrement pour ne pas avoir à lui dire ce qu'il sait. Ninon est reconnaissante envers ses amies de vouloir la protéger mais depuis qu'elle sait tout, elle est furieuse, triste, à fleur de peau. Et jalouse. Mais elle ne peut rien dire ou montrer, c'est pour cela que ce masque est plus que le bienvenu. Elle va pouvoir garder contenance devant les autres même si son visage dira tout le contraire. Elle n'aura pas à cacher sa frustration pour une fois.

De plus, avouons-le, elle est très curieuse de savoir qui est cette petite poule avec qui il passe ses nuits, de savoir avec quel genre de femme il l'a remplacé. Et puis si elle sait qui c'est, elle pourrait peut-être trouver un moyen de la faire fuir ou de la mettre dehors. Après tout, tout le monde cache quelque chose ici, ce ne sera pas difficile de connaître ses plus sombres secrets.

Voilà qu'elle devient vindicative maintenant ! Ce n'est pourtant pas son genre ! Cette pauvre fille n'a rien demandé après tout, pourquoi se retrouverait-elle bannie de Versailles à cause des histoires de cœur de la famille royale ? Ninon respire un grand coup pour éloigner ce genre de pensée. Elle ne peut pas, elle ne doit pas penser comme cela, ce n'est pas elle. Elle perd de plus en plus son innocence, cette situation est en train de la changer et pas forcément en bien. Elle se perd petit à petit et cela la terrifie.

Alors qu'elle entre dans la salle avec émerveillement car tout est vraiment superbe, elle aperçoit Louise et décide d'aller la rejoindre pour qu'elle lui dise qui est cette fille avec qui il couche toutes les nuits. Elle ne fera rien contre elle, mais ce n'est pas pour autant qu'elle ne veut pas savoir qui elle est. La curiosité est un vilain défaut mais dans cette situation c'est un mal nécessaire, elle doit connaître ses ennemies, enfin la concurrence. En arrivant, Ninon voit immédiatement que Louise n'est pas dans son assiette, elle peut voir ses yeux briller à travers son masque. L'amitié prend alors le dessus sur la curiosité.

— Tout va bien Louise ? Demande Ninon.

— Thomas va venir accompagné de sa femme et tu sais que c'est difficile pour moi de les voir tous les deux. Mais je ne voulais pas non plus rater ta soirée alors je suis là. Le masque c'est une très bonne idée.

Ninon n'est pas la seule qui va devoir cacher ses émotions ce soir à cause de l'amour. Ce sentiment qui nous tue lentement mais qu'on ne peut éviter, parce qu'aimer c'est vivre tout simplement.

— Je suis désolée, je sais que le mariage de mon frère est une rude épreuve pour toi.
— Je me suis sentie abandonnée quand il m'a dit qu'on ne se verrait pas ce soir parce qu'il sera avec sa femme.

Même si Ninon sait que c'est difficile pour elle, Thomas a des obligations à présent. Il est loin d'être heureux dans son mariage mais est-ce que quelqu'un l'est vraiment ? Il connaît ses devoirs envers les royaumes de Navarre, d'Autriche, de France et envers son épouse. C'est un bal organisé par la reine, c'est normal qu'il y vienne avec sa femme. Louise est mariée de son côté et la relation entre son amie et son jumeau n'est pas des plus saine. Elle n'a aucun doute sur leurs sentiments respectifs mais c'était voué à l'échec. Ils ne pourront jamais être ensemble et la souffrance va vite devenir leur meilleure amie. Tout comme pour elle depuis des années déjà.
— Il n'a pas vraiment le choix tu sais. Il a des obligations surtout en présence du roi. Je sais que c'est difficile pour toi et je suis là si tu as besoin mais les choses ne vont pas aller en s'arrangeant et je ne veux pas te voir souffrir. Tu ne peux pas vivre comme cela éternellement, il ne sera plus aussi dévoué qu'il a pu l'être envers toi et tu le sais.
— Je sais. Mais comment abandonner celui qu'on aime ? Je ne peux pas faire cela même si c'est difficile de les voir ensemble de temps à autre. Je suis toujours sa maîtresse et c'est déjà suffisant.

Ninon la comprend sincèrement, c'est difficile de s'obliger à ne plus aimer une personne, c'est même impossible. Il y a beaucoup trop d'âmes en peine à la cour de Versailles.
— Tu devrais essayer de vivre ta vie Louise.
— Comme tu vis la tienne ? Tu es malheureuse Ninon parce que tu ne peux pas être avec l'homme que tu aimes. Moi au moins je le peux encore.

Louise se rend immédiatement compte de ses paroles blessantes et se rapproche de Ninon pour s'excuser. Elle ne voulait pas lui faire du mal, elle ne sait plus très bien ce qu'elle dit à cause de la colère et de la déception.

— Je ne voulais pas dire cela, je suis désolée. J'ai laissé la colère parler alors que je sais que tu me dis ça pour mon bien.

C'est vrai, Ninon s'est sentie blessée, mais Louise n'a pas tort, elle est malheureuse parce qu'elle ne peut pas être avec Antoine de près ou de loin. La relation de la duchesse et de son frère est peut-être loin d'être appropriée, mais cela ne la regarde en rien. Ils font leur propre choix.

— Non c'est moi qui suis désolée, je n'ai pas à me mêler de votre histoire. C'est juste que c'est difficile de te voir malheureuse. J'étais censée vivre ma vie par procuration à travers toi je te rappelle.

Louise laisse échapper un petit rire. C'est en effet ce que lui avait dit Ninon le jour de son mariage. Louise devait vivre heureuse pour qu'elle le soit aussi. Visiblement elle n'a pas réussi à tenir sa promesse envers sa reine.

— Voir la personne qu'on aime au bras d'une autre est très difficile et c'est ce que ressent le duc de Bourbon quand il te voit avec son cousin. Ça le brise en plusieurs morceaux et c'est pour ça qu'il boit plus que de raison ces derniers temps.

Elle n'est pas dupe, elle sait qu'il est aussi malheureux qu'elle dans cette histoire. Pourtant il lui est impossible de le laisser partir comme elle vient de le suggérer à son amie concernant son frère. Antoine est l'homme de sa vie, l'homme pour qui elle pourrait donner sa vie. C'est exactement ce que ressent la duchesse de Bretagne en ce moment, mais elles ont la chance de pouvoir s'entraider dans cette souffrance qu'est l'amour.

Alors qu'elles étaient en pleine discussion, elles n'ont pas vu Thomas et sa femme Antoinette arriver à leurs côtés. Louise se tend comme un piquet en les voyant et Ninon prend sa main dans la sienne pour la rassurer et la soutenir.

— Bienvenue au bal masqué, dit Ninon. Antoinette, je suis ravie de vous voir.

Selon l'étiquette, tant que la reine n'a pas parlé à une personne en première, celle-ci ne peut pas s'adresser directement à elle si elle est de rang inférieur. Et elle n'avait encore jamais discuté avec la femme de son frère jusqu'à présent. C'est maintenant chose faite, elle est obligée de l'accueillir comme il se doit, elle fait partie de sa famille.
— Votre Majesté, commence Antoinette. C'est un véritable honneur d'avoir été conviée à cette soirée en l'honneur des soldats français. De plus je suis ravie de pouvoir enfin faire votre connaissance. Mon époux parle souvent de vous.
— Ah oui ? Et que dit-il ?
— Que vous êtes la personne la plus importante à ses yeux.

Ninon regarde Thomas qui hausse les épaules et elle ne peut s'empêcher de sourire sous son masque. Elle a tellement de chance d'avoir son jumeau à ses côtés.

Antoinette reprend :
— Votre robe est absolument divine. Quelle est cette couleur ?
— Crème. Le blanc est trop virginal et j'aime les couleurs claires alors celle-ci est un bon compromis.

Thomas regarde Louise qui garde la tête baissée sans prononcer un mot. Normalement dès que ça parle chiffons, elle est la première à donner son avis. Il ne voulait pas la mettre dans cette situation, mais son épouse a insisté pour venir saluer la reine dès leur arrivée. Il va devoir se faire pardonner une fois de plus auprès de la duchesse, cela devient une habitude.

Antoinette remarque que son époux a les yeux fixés sur la compagne de la reine. Avec ce masque il lui est impossible de savoir qui elle est, alors elle se place devant elle et lui tend la main. La duchesse est quelque peu décontenancée mais finit par s'incliner.
— Je manque à tous mes devoirs. Je suis Antoinette d'Autriche, épouse du prince de Navarre.
— Voici une de mes dames de compagnie, Louise de Bretagne, intervient Ninon devant le silence de son amie.

— La duchesse de Bretagne ? Vraiment ? Je voulais justement vous parler, réplique Antoinette.

Thomas se sent soudain mal à l'aise et Ninon serre la main de son amie un peu plus fort. Louise se redresse alors sachant déjà ce dont il est question. Elle sait forcément que c'est dans sa couche que se glisse son époux.

Antoinette reprend :
— Merci d'avoir pris soin de mon mari mais vous pouvez arrêter d'écarter les jambes devant lui, c'est mon travail à présent.

Sur ce, elle salue la reine et s'éloigne les laissant bouche bée. Au point que Ninon est obligée de retirer son masque pour la regarder partir avec une classe naturelle. Elle les a mouchés et c'est vraiment surprenant venant de sa part. Elle qui était si discrète, un langage aussi cru est franchement déstabilisant sortant de sa bouche. Même Thomas n'en revient pas, il ne l'aurait jamais imaginé pouvant dire ou faire quelque chose comme ça. Quant à Louise, elle est sur le point de se remettre à pleurer. Quelle humiliation ! Thomas s'excuse et se lance à la poursuite de son épouse au grand damne de la duchesse qui pensait qu'il allait au moins la réconforter.

Antoine entre dans la salle de bal, ou plutôt la salle de torture. Il n'a vraiment pas le cœur à la fête. Célébrer le retour des troupes c'est bien mais malheureusement tout le monde ne peut pas y assister. Seuls les hauts placés dans l'armée ont été conviés, mais ce sont les petits les vrais héros.

Dès son entrée, il la voit. Malgré son masque, il la reconnaît immédiatement. Il connaît les courbes de son corps par cœur, même après toutes ces années. Il cherche Thomas des yeux pour boire avec lui le meilleur vin de Versailles et l'aider à supporter cette mascarade.

Il l'a repéré, il est avec sa femme, car il est certain que ce n'est pas la duchesse à son bras. Mais quand il le voit s'approcher de la reine, il décide d'attendre un peu avant d'aller le rejoindre. Moins il passe de temps auprès de Ninon mieux c'est.

Il les observe tout de même de loin et voit la femme de Thomas parler à la duchesse, rien de bon ne peut sortir de cette conversation. La princesse d'Autriche, ou de Navarre, peu importe, se retire après avoir salué Ninon. Antoine est curieux de savoir ce qu'il vient de se produire, encore plus quand Ninon découvre son visage et qu'il y voit de la stupeur. Thomas s'éloigne à son tour et il remarque la duchesse de Bretagne en train de s'enfuir à toutes jambes du côté opposé, laissant Ninon seule. C'est à ce moment-là que leurs regards se croisent.

Il est là, à quelques mètres. Il porte un masque que sur une moitié de visage, il a recouvert le côté avec la cicatrice. Elle aimerait lui parler mais elle n'ose pas faire un pas vers lui, elle est terrorisée à l'idée qu'il la rejette une nouvelle fois. Pourtant c'est plus fort qu'elle, elle doit lui parler. Alors qu'elle s'apprête à le rejoindre, une jeune fille se jette au cou d'Antoine, ce doit être elle, sa remplaçante. Finalement les masques étaient peut-être une mauvaise idée, elle ne peut pas voir qui est cette femme. Elle sait juste qu'elle est de haut rang, vu sa robe et sa coiffe. Elle est de petite taille et fine de hanche. Elle n'a sûrement pas encore eu d'enfant, elle doit être jeune. Cela limite son champ de recherche mais pas encore assez.

Antoine est mal à l'aise, Lucie est de plus en plus hors de contrôle. Ils s'amusent bien, c'est vrai, mais il ne veut pas qu'on les voie en public. Les courtisans pourraient penser qu'ils vont se marier ou quelque chose comme ça or ce n'est pas le cas. Il voit alors Ninon s'enfuir du côté opposé suite à cette démonstration d'affection de la part de Lucie. Il devrait lui courir après et il lui dire que cela ne veut rien dire mais c'est peut-être mieux comme ça.

Ninon rejoint Constance et Suzanne, elles savent qui est cette fille, elle en est persuadée. Elle salue quelques personnes

sur son passage, elle a oublié de remettre son masque et tout le monde la reconnaît.
— Constance, tu sais qui est la personne avec qui le duc passe ses nuits, n'est-ce pas ? demande Ninon.

Constance et Suzanne la regardent surprises. Constance retire son masque et regarde Ninon avec compassion. Suzanne fait de même.
— Je ne savais pas que vous étiez au courant.
— Je vous ai entendu parler avec Louise cet après-midi. Et je viens de la voir lui sauter au cou. Qui est-elle ?
— Lucie, la fille du duc de Nantes.
— J'ai souvent parlé avec cette fille, murmure Ninon.

Ninon secoue la tête. Elle connaît Lucie de Nantes, elles ont souvent discuté ces dernières années. Elle l'avait trouvé fort sympathique et elle comprenait ce que cette jeune fille ressentait. Elle avait été envoyée ici, seule, par ses parents et elle devait faire ce qu'elle pouvait pour s'intégrer et trouver un époux. Mais elle ne voulait pas, elle avait dit à Ninon qu'elle était amoureuse d'un homme et qu'elle l'attendrait toute sa vie s'il le fallait. Elle s'était tellement reconnue en elle et ses paroles. Sauf que Ninon était loin d'imaginer qu'elles étaient toutes les deux amoureuses du même homme.

Suzanne remarque que le roi s'avance vers elles et leur fait signe. Elles remettent toutes les trois en vitesse leur masque et le saluent.
— Ma reine, nous devrions aller saluer nos héros à présent.
— Je vous suis, Votre Majesté.
— Je vous ai déjà dit de ne pas être aussi formelle envers moi. Vous êtes mon épouse, pas un de mes sujets. Vous êtes mon égale, ne l'oubliez jamais.

Louis-Philippe peut être tellement gentil et attentionné, que parfois elle en oublie que tout est de sa faute. Pourtant, elle doit bien avouer que vivre ici, à ses côtés, fut moins difficile qu'elle ne l'aurait cru. C'est un homme bon et jamais il ne l'a fait se sentir mal à l'aise ou asservie. Elle s'en veut de ne pas pouvoir l'aimer de la façon dont il le mérite. Mais comme l'a dit un certain mathématicien du nom de Blaise Pascal, le cœur à ses raisons que la raison ne connaît point. Et Ninon ne peut que confirmer ces dires.

La soirée se déroule à merveille, tout le monde semble passer du bon temps. Tout le monde sauf ceux qui ont le cœur brisé et qui maudissent les gens heureux.

Louise a passé sa soirée à observer Thomas de loin, il n'a pas lâché sa femme d'une semelle depuis leur entrevue quand ils sont arrivés. Ils ont même rigolé plusieurs fois, clairement ils passent une bonne soirée tous les deux et cela rend la duchesse plus que malheureuse. Le vent est en train de tourner et ce n'est pas en sa faveur. La jeune Autrichienne avait bien caché son jeu, elle n'est pas si passive que cela. Finalement elle pourrait très bien être le style du prince de Navarre : une femme forte avec du répondant. Elle ne sait pas ce qu'elle va devenir si jamais leur histoire était terminée.

Antoine n'a fait que boire, encore et encore, mais dès qu'il aperçoit sa bien-aimée au bras du roi alors il dessaoule en moins d'une seconde. Ajoutés à cela, Lucie et ses petites attentions de femme amoureuse devant tout le monde, et Antoine est loin de passer la soirée de sa vie. Il donnerait tout pour pouvoir partir loin d'ici mais ce serait mal venu de la part du capitaine et cousin du roi. Thomas n'a d'yeux que pour sa femme et le voir aussi heureux donne au duc envie de vomir, alors il reste à l'écart. Il faudra quand même qu'il demande à son ami, d'où vient ce revirement de situation. Il y a encore quelques heures, il se plaignait que sa femme l'accompagne ce soir.

Thomas est agréablement surpris par son épouse. Il ne s'attendait vraiment pas à ce qu'elle parle de cette manière à la duchesse, surtout devant la reine de France. Alors par curiosité, il a passé toute la soirée avec elle pour apprendre à la connaître. Et finalement elle n'est pas du tout celle qu'il pensait, au contraire, sa femme est une surprise inattendue. Il ne

comprend pas pourquoi elle n'avait pas été elle-même dès le départ, leur mariage aurait mieux débuté.
— Chère épouse, je dois vous avouer que vous êtes loin d'être ce que j'avais imaginé. Vous me surprenez à chacune de vos paroles.
— J'espère que cela ne me porte pas préjudice, lui répond Antoinette.
— Au contraire, vous êtes le genre de femme que j'apprécie. Vous êtes franche et vous parlez comme vous pensez apparemment. Cela me rappelle étrangement ma sœur, elle est comme ça aussi, elle dit ce qu'elle pense sans filtre. Enfin, avant qu'elle ne devienne reine et qu'elle ne puisse plus être elle-même.
— J'avais peur que vous refusiez le mariage à cause de mon franc-parler alors je me suis tue pour ne pas risquer l'échec de cette union. Je vous ai longuement observé et j'ai fini par me rendre compte que vous appréciez les femmes de caractère. La duchesse de Bretagne notamment.
— Je l'ai connu bien avant notre mariage vous savez et…
— Je ne vous reproche rien, tous les hommes ont des maîtresses. J'ai juste pensé qu'il était temps que vous rencontriez la vraie Antoinette d'Autriche.
— Et j'en suis ravi.

Antoinette lui fait un petit sourire qui lui semble vraiment sincère. Il regrette de ne pas avoir pris le temps d'apprendre à la connaître avant et il regrette les mots qu'il a pu dire à son sujet. Louise a une grande place dans son cœur mais il est vraiment curieux à propos de son épouse. Thomas décide à cet instant de passer un peu plus de temps avec elle. Il en fera part à la duchesse dès que possible. Il ne compte pas arrêter son histoire avec elle, Louise reste la première femme pour qui il a eu des sentiments mais leur histoire ne mène nulle part et n'apporte que souffrance pour eux deux. Ce serait peut-être bien qu'il y ait des personnes un tant soit peu heureuses dans ce château après tout. Et avec sa femme cela lui semble à présent possible.

Ninon a passé sa soirée à sourire, des sourires forcés, certes, mais au moins elle a fait son devoir de reine : se tenir au bras du roi et parler aux courtisans comme si tout allait bien dans le meilleur des mondes. Elle a jeté des regards vers le capitaine autant fois qu'elle a dû sourire si ce n'est plus. La fameuse Lucie lui a tourné autour toute la soirée, c'en était limite embarrassant d'ailleurs. Elle essaye trop, les hommes sont fuyants avec ce genre de femmes, paraît-il. Pourtant il l'a laissé faire. Elle aimerait aussi aller voir son amie Louise qui reste dans un coin depuis le début de soirée. Après l'intervention plus que remarquée de la nouvelle princesse de Navarre, elle n'a plus prononcé un mot.

Thomas lui est toujours avec son épouse et semble passer du bon temps. Et c'est pour cela que Ninon ressent un sentiment partagé. Elle est à la fois triste et heureuse de cette nouvelle marque d'affection pour son épouse. Elle est heureuse qu'il ait épousé une femme qui, finalement, lui correspond bien. S'il peut avoir un mariage heureux alors cela la réjouit. Il le mérite, il est prisonnier de Versailles lui aussi, à cause d'elle, alors s'il a son épouse qui le soutient c'est un plus. Mais elle est triste aussi, elle connaît les sentiments de son frère pour la duchesse et vice versa. Et même s'il semble apprécier sa femme, elle n'est pas Louise, elle n'est pas son premier amour.

La comtesse de Toulouse s'approche du roi et de Ninon et les salue. La jeune reine se tend, se demandant déjà ce que cette femme va encore pouvoir raconter comme ragot.
— Ce bal est une grande réussite, ma reine.
— En effet.
— Cependant certaines personnes devraient apprendre à se tenir en public.

Elle regarde vers sa droite et Ninon et Louis-Philippe font de même. La marquise et le marquis de Vauban semblent

apprécier la musique et s'en donnent à cœur joie, de façon un peu trop lascive pour certains, en convient Ninon, mais ce n'est pas la première fois qu'elle les voit faire ce genre de chose. Elle esquisse même un sourire en voyant son amie aussi heureuse à cet instant. Ça en fait au moins une.
— Cela fait plaisir de voir que certains s'amusent, dit Louis-Philippe. Je ne vois pas où est le problème chère comtesse.

Ninon regarde son époux, un peu surprise. Il n'est en aucun cas choqué par ce comportement et va même jusqu'à remettre en place la comtesse. Qui d'ailleurs semble vraiment surprise de la réaction du roi et ne sait plus très bien où se mettre.
— Vous avez raison, il est important de s'amuser.

Elle s'incline et se retire. Louis-Philippe fait face à Ninon.
— Je n'apprécie que très peu cette femme, elle aime beaucoup trop les médisances. Malheureusement son époux m'est très utile à la cour sinon elle serait déjà rentrée chez elle.

Ninon rigole. Le roi arrive toujours à la surprendre de temps à autre.
— Elle ne fait pas partie des personnes avec qui j'aime converser non plus.
— Et puis regardez la marquise et le marquis, ils ont vraiment l'air heureux, cela fait toujours plaisir à voir. Entre nous, je suis au courant de certaines soirées privées qui se déroulent au palais et il semblerait qu'ils fassent partie des initiateurs.

Ninon ne se doutait pas qu'il était au courant pour ces soirées, elle pensait que s'il en avait eu vent, il les aurait fait arrêter. Le roi organise des soirées « Appartement » pour divertir les nobles, cela aurait pu lui poser problème qu'ils s'amusent de leur côté.

Le roi reprend :
— Ne vous en faites pas, je n'ai rien contre ce genre de réunion. Votre frère ne risque rien.

Ninon ne sait quoi répondre, alors elle sourit timidement. Elle pourrait démentir mais il saurait qu'elle ment, Thomas ne cache pas sa réputation et s'il y a ce genre de soirée, il y va forcément.

Des nobles viennent de nouveau les saluer et Ninon en profite pour jeter un regard vers celui qui fait battre son cœur. Il est en train de s'éclipser, il se réfugie derrière un des rideaux opaques qu'elle a fait installer pour faire des petits salons privés. C'est l'occasion qu'elle attendait pour aller lui parler. Elle ne peut pas rester dans cette situation, elle doit savoir ce qu'il en est avec Lucie de Nantes. Par chance, celle-ci n'a pas remarqué le départ du capitaine et ne l'a donc pas suivi. Ninon s'excuse auprès du roi et file le rejoindre en s'assurant que personne ne la voit faire. Elle remet son masque avant de passer le rideau à son tour.

À sa grande surprise, c'est vide, il n'est pas là. Elle sent alors une présence juste derrière elle et se retourne en vitesse. Antoine la regarde, il a retiré son masque.
— Qu'est-ce que tu fais ici ? lui demande-t-il.
— Je t'ai vu entrer et je voulais m'assurer que tout allait bien.
— Tout va bien, tu peux repartir maintenant.

Il passe à côté d'elle pour aller s'asseoir. Ninon lui attrape alors le bras pour qu'il lui fasse face.
— C'est tout ? Tu n'as rien d'autre à me dire.
— Je suis venu ici pour être un peu seul.
— Et pourquoi ça ?
— Je n'ai pas le cœur à faire la fête.
— J'ai pourtant ouï dire que tu t'amuses bien ces derniers temps !

Antoine retire son bras de la main de Ninon. Elle sait pour Lucie, il est vrai qu'il aurait été difficile de ne pas remarquer la jeune femme et ses attentions de jeune épouse depuis le début du bal.
— Ce ne sont plus tes affaires Ninon.

Ninon retire son masque, furieuse par ce manque de considération. Avec ce qu'ils ont vécu, il pourrait au moins prétendre qu'il est désolé.
— Je crois au contraire que ça me regarde.
— Je ne vois pas en quoi.
— J'ai passé plus de quatre années à attendre ton retour et c'est à ça que j'ai le droit ? Te voir dans les jupons d'une autre ? réplique-t-elle furieuse.
— Le roi va bien dans tes jupons non ? Alors je ne vois pas où est le problème.

Elle n'arrive pas à croire qu'il lui balance son mariage en plein visage, alors qu'il sait mieux que personne le malheur causé par cette union forcée.
— Tu sais aussi bien que moi que je ne le fais pas par choix ! Contrairement à toi ! Tu ne sais pas ce que c'est de devoir jouer son rôle d'épouse au lit en priant pour que cela se termine le plus vite possible ! Et pour information le roi vient me voir très rarement. Il doit être plus satisfait avec sa maîtresse qu'avec moi !
— Et toi tu ne sais pas ce que c'est que de t'imaginer avec lui ! Je bois pour oublier ! Je couche avec elle pour t'oublier !
— Grâce à toi je sais ce que c'est que d'imaginer la personne qu'on aime avec une autre ! Je n'étais pas assez malheureuse comme ça alors tu t'es dit que tu allais en rajouter une couche c'est ça ?
— Tout ne tourne pas autour de toi Ninon, même si tu es la reine de France ! J'ai pensé à moi, j'en avais besoin alors je n'ai pas hésité !

Ça fait mal. Très mal. Ils ne s'étaient jamais disputés auparavant. La jalousie qu'elle ressent lui a fait perdre les pédales et la conversation civilisée qu'elle voulait avoir s'est transformée en règlement de compte.

Antoine s'en veut de lui dire ce genre de chose et de la blesser, mais elle doit essayer de comprendre qu'il est en peine. Il souffre, la femme qu'il aime plus que tout lui est

inaccessible et il doit vivre avec tous les jours. Il en est même réduit à devoir protéger son propre fils sans pouvoir dire quoi que ce soit. Sans pouvoir le prendre dans ses bras comme il rêve de le faire depuis qu'il l'a vu pour la première fois.
— Je crois qu'on n'a plus rien à se dire dans ce cas. Je te laisse vivre ta vie, dit Ninon sentant la colère s'échapper.

Elle a envie de pleurer, elle a l'impression de perdre le dernier espoir qui lui restait d'être heureuse. Elle ne veut pas qu'il la voie aussi faible alors elle préfère partir. Avant qu'elle ne passe le rideau, il la rattrape et l'oblige à s'arrêter. Elle reste de dos, ne pouvant plus lui faire face.
— Alors c'est comme ça ? Tu préfères fuir que d'affronter la réalité ?

Des larmes roulent sur ses joues alors qu'elle ferme les yeux. C'est vrai elle préfère fuir la réalité que de ne plus avoir aucun espoir. Elle va simplement faire comme si cette conversation n'avait jamais eu lieu.

Voyant que Ninon ne répond rien, Antoine reprend :
— Ma réalité à moi c'est que je dois vivre ici et souffrir en silence. Je pense avoir le droit à quelques moments de plaisir.

Ninon décide de lui faire face malgré ses larmes. Elle ne veut plus entendre parler de tout ça. Elle veut se mettre des œillères et tout oublier. Elle aimerait juste qu'il prenne en considération ses sentiments et qu'il fasse ce qu'il a à faire loin de ses yeux.
— Je te rends ta liberté, je ne dirais plus rien. Simplement je souhaiterais ne pas en être témoin.

Antoine remarque ses larmes malgré la lumière tamisée derrière ce rideau noir. Il a peut-être été un peu trop dur avec elle, il s'en rend compte à présent. Elle n'est pas fautive de leur situation actuelle et il est vrai que c'est compliqué pour elle aussi. Il n'a pas cherché à lui faire du mal en passant ses nuits avec une autre, il voulait simplement essayer de se sentir vivant. Évidemment, malgré plusieurs essais, cela n'a pas fonctionné, il est comme mort à l'intérieur, il ne ressent rien.

Ninon se libère et s'apprête à partir quand Antoine la tire avec force contre lui. Il vient de perdre toute détermination à rester loin d'elle. Il écrase ses lèvres sur les siennes avec force. Colère, passion, orgueil, sentiments tous se mélange dans ce baiser enflammé. Il ressent enfin ce qu'il n'avait pas ressenti depuis des années, la sérénité. Il est bel et bien vivant, il ressent chacune des émotions à travers ces lèvres douces et avides des siennes.

Ninon ne s'attendait pas à ce qu'il l'embrasse. Son cœur s'emballe, elle ne veut plus que ce baiser s'arrête, il y a tellement d'amour et de manque après tout ce temps. Elle se sent enfin entière. Alors quand il s'écarte après quelques minutes, elle ressent immédiatement un vide. Ce vide qu'elle a en elle depuis son mariage.

— On ne peut pas faire ça, dit-il en se reculant.

— Mais…

Ninon est interrompue quand le rideau s'ouvre derrière elle. Antoine se tend en une fraction de seconde en voyant le nouvel arrivant. Les choses sont sur le point de devenir problématiques.

— Intéressant. Qu'est-ce que vous faites ici tous les deux ?

Artois. Ninon reconnaîtrait cette voix nasillarde entre mille. Elle respire un grand coup, prend un visage impassible, ou du moins elle essaye et se retourne vers lui. Il n'est pas seul, une jeune fille se tient à ses côtés.

— Pas que cela vous concerne, mais je prenais des nouvelles de Navarre. Le capitaine y ayant séjourné, je voulais m'assurer que toute ma famille allait bien.

— Mais ma chère reine, c'est nous votre famille à présent. La France est votre famille, vous n'avez plus besoin de vous préoccuper de votre vie passée.

— Au risque de vous décevoir, contrairement à vous, j'ai un cœur et je ne peux pas faire abstraction de l'amour que je ressens pour Navarre. Je suis reine de France c'est vrai mais Navarre est mon berceau.

— C'est tout de même un drôle d'endroit pour avoir cette conversation avec la capitaine. Surtout en plein milieu de votre soirée, vous ne pensez pas ?
— Nous n'arrivions pas à nous entendre dans la salle, c'est pour cela que nous sommes venus ici, réplique Ninon agacée.
— Vous pouvez arrêter vos insinuations et commencer à vous inquiéter de vos fréquentations, intervient Antoine.

Artois sourit narquoisement. Ils sont tous les deux un peu trop sur la défensive et cela lui plaît beaucoup. Cela pourrait très vite devenir un atout pour lui et ce qu'il est en train de préparer. Versailles est vraiment plein de secrets, c'est absolument divin.
— Vous parlez de cette jeune femme ? Ma reine, je vous présente Eugénie, la jeune sœur de la comtesse de Toulouse. Une jeune femme très ambitieuse, je suis certain que vous l'apprécierez.

Eugénie s'incline devant Ninon avec un petit regard voulant tout dire. La première chose à laquelle pense Ninon, c'est que si elle est ne serait-ce que la moitié aussi médisante que sa sœur alors non, elle ne va pas beaucoup l'apprécier.

Une chose est sûre c'est qu'ils se sont fait surprendre par deux personnes qui pourrait leur causer de gros problèmes. Il suffirait qu'elle raconte à sa sœur que la reine et le duc de Bourbon étaient tous les deux cachés derrière un rideau pour que les rumeurs commencent à circuler. Et Artois, n'en parlons pas, il va s'en servir contre elle un jour ou l'autre c'est certain. Elle vient de mettre en danger plus d'une personne en venant rejoindre le capitaine derrière ce rideau. Une rumeur concernant une possible liaison serait désastreuse pour tout le monde, à commencer par le dauphin.

16 – Déjeuner sur l'herbe

Par cette belle journée ensoleillée, Ninon a décidé d'aller déjeuner dans les jardins de Versailles. Elle a demandé à ce qu'on lui prépare de quoi se sustenter de manière facile et rapide afin d'organiser un pique-nique pour elle et ses dames de compagnie. Le roi ayant beaucoup aimé cette idée, a même fait en sorte que le dauphin partage ce moment avec sa mère. La reine est ravie de pouvoir passer du temps avec son fils car malheureusement avant d'être son enfant, c'est celui de la France.

Ninon a vraiment besoin de se vider l'esprit et de passer du temps avec ses amies et son fils. Elle n'arrive pas à se sortir sa dispute avec le capitaine de la tête et elle espère que cette journée va lui redonner le sourire. Constance et ses deux filles sont déjà présentes ainsi que Louise et sa mine morose. Ninon leur sourit et va s'installer près d'elles alors que le petit Henri va rejoindre, Elizabeth et Philippa en train de jouer dans l'herbe un peu plus loin.

— Cette journée est parfaite pour déjeuner à l'extérieur, c'était une brillante idée.

— Merci Constance, je crois que cela va nous faire du bien à tous. Cela fait longtemps qu'Henri ne s'est pas réellement amusé. C'est un petit garçon, il devrait pouvoir faire tout ce qui lui passe par la tête.

— Comme son oncle ? demande Louise. Celui qui fait tout ce qu'il veut quand il veut sans se préoccuper des autres ?

— Cela veut dire qu'il n'est pas venu te rejoindre hier soir ? demande Ninon avec empathie.

— J'avais espéré qu'il était allé dormir dans tes appartements, mais apparemment ce n'est pas le cas, répond Louise.

— Il a passé la nuit avec le duc de Bourbon, intervient Constance.

Ninon et Louise la regardent confuses. Ninon en fronçant les sourcils et Louise en écarquillant les yeux. Constance rigole de bon cœur.
— Pas dans ce sens-là ! répond Constance en rigolant. Antoine n'arrivait plus à marcher et il ne faisait que demander à voir la reine… Constance regarde Ninon. Alors pour éviter tout problème, il est parti avec lui et l'a surveillé toute la nuit.

Ninon baisse la tête, elle sait très bien pourquoi il a autant bu. Ils ont vécu leur première dispute et leur premier baiser sous la colère. Un baiser pur et intense. Un baiser plein d'amour et de haine. Un baiser qui pourrait détruire de nombreuses vies. Mais un baiser tellement passionné, attendu et nécessaire. Il est difficile de rester éloigné de l'être qu'on aime alors qu'il est à vos côtés. La frustration grandit jour après jour et finit par se transformer en colère, alors céder à la tentation permet de ne pas devenir fou et hier soir ils ont cédé.
— Qu'est-ce que tu veux dire par « il a demandé à voir la reine » ? s'enquiert Louise.
— Eh bien, il plusieurs fois dit qu'il devait parler à la reine, enfin il a surtout dit qu'il voulait parler à Ninon. Heureusement très peu de personnes étaient présentes et beaucoup n'ont pas entendu cette familiarité, mais la comtesse de Toulouse n'était pas loin.
— Évidemment, elle est toujours là où il ne faut pas cette vipère ! rétorque Louise. Et Suzanne où est-elle d'ailleurs ?
— Tu parles de vipère et tu penses automatiquement à Suzanne ? demande Constance en rigolant.

Louise rigole à son tour et même Ninon réussit à faire un léger sourire. Finalement, elle n'est pas sûre de réussir à sourire de bon cœur avant la fin de journée. Ils ont failli se faire surprendre par Artois et voilà que maintenant la comtesse de Toulouse a été témoin d'une scène qui pourrait encore plus leur porter préjudice.

Ninon regarde son fils jouer dans l'herbe, heureux et insouciant, si seulement sa vie pouvait rester aussi simple. Il n'a pas encore conscience de ce qui l'attend, il va devoir être fort, intransigeant et miséricordieux. Elle espère pouvoir lui inculquer tout cela avant qu'il ne soit trop tard.

Antoine, posté non loin de là, les regarde. Le roi lui a demandé de ne pas rester à leurs côtés pour que la reine puisse profiter de son enfant au moins une journée entière. Louis-Philippe a beaucoup de compassion pour Ninon, il sait que tout cela n'est pas facile pour elle. Antoine l'en remercie mais ne peut s'empêcher de penser que tout cela ne serait pas arrivé s'il avait simplement épousé Marie.

Hier soir, il a vraiment été trop loin. Il pourrait mettre cela sur le compte de l'alcool, mais c'est faux, il avait toute sa tête quand il a décidé d'écraser ses lèvres sur les siennes. Leurs vies sont déjà très compliquées et il vient d'en rajouter une couche. Et le problème, c'est que maintenant qu'il a de nouveau goûté à ses lèvres, il sait pertinemment qu'il ne pourra plus s'en passer. Il attend avec impatience le moment où il va pouvoir recommencer même s'il ne recommencera pas pour le bien de tous. Juste l'idée que cela est possible le rassure quelque peu.

Après le départ de Ninon hier soir, tout est flou dans sa tête. Il a beaucoup bu après leur baiser et se réveiller avec Thomas à ses côtés n'est pas vraiment bon signe. Son ami lui a simplement dit qu'il voulait être sûr qu'il allait bien mais Antoine n'est pas dupe, il lui cache quelque chose et cela l'inquiète. Qu'a-t-il bien pu faire ?

Suzanne arrive en courant pour rejoindre ses amies, elle est à bout de souffle mais il y a urgence et elle doit leur parler au plus vite. Quelque chose d'horrible est sur le point de se produire. Elle tombe à genou sur la couverture installée pour le déjeuner et ses trois amies la regardent surprises par cette arrivée des moins féminine.

— Pourquoi arrives-tu aussi en retard ? demande Constance.

— Je devais rester au château pour voir ce qu'il en était, répond Suzanne à bout de souffle.

— Que se passe-t-il ? demande Ninon.
— Si le roi entend parler de cela… C'est… Il faut…
— Que se passe-t-il Suzanne ? réplique Louise.

Suzanne prend de grandes inspirations et regarde Ninon pleine de compassion. La reine comprend alors ce qu'il se passe, des rumeurs commencent à circuler elle en est certaine.
— La comtesse de Toulouse raconte à tout va les derniers potins et tous concernent la reine de France et le duc de Bourbon.

Ninon se redresse afin d'être prête pour ce qui va suivre. Louise et Constance se rapprochent de Suzanne pour ne pas en perdre une miette. Elles savent qu'elles vont devoir protéger la reine, leur amie, coûte que coûte.
— Elle raconte que sa petite sœur accompagnée du comte d'Artois ont surpris Antoine et Ninon dans un moment intime lors du bal hier soir. Il semblerait que vous étiez tous les deux sur la défensive après cela.
— De quoi est-ce qu'elle parle ? s'enquiert Louise en regardant Ninon.
— Je comptais vous en parler, j'attendais que Suzanne soit avec nous. Hier soir, je me suis isolée avec Antoine et nous avons eu une dispute, une grosse dispute au sujet de Lucie de Nantes et du fait que je partage la couche du roi. Après cela nous avons échangé un baiser et Artois et cette jeune fille dont j'ai oublié le nom sont entrés et nous ont surpris.
— Pendant que vous vous embrassiez ? demande Suzanne.
— Non, par chance Antoine s'était reculé quelques secondes avant mais j'imagine que la tension était encore palpable. Nous avons prétendu nous être isolés pour parler de Navarre mais il semblerait que nous n'ayons pas été très crédibles.

Louise prend la main de Ninon dans la sienne pour lui montrer son soutien, elle passe elle-même un moment difficile et Ninon a toujours été présente à ses côtés, c'est à son tour à présent. Suzanne n'a pas envie d'en rajouter mais il y a plus que cela alors elle reprend :

— Ce n'est pas tout. Elle dit avoir vu le duc de Bourbon hurler le prénom de Ninon en exigeant de la voir au plus vite alors que Thomas essayait de le calmer. Il a aussi crié qu'il voulait… qu'il voulait sentir sa peau contre la sienne. J'étais là et c'est véridique mais je ne pensais pas que la comtesse avait tout entendu.
— Alors là c'est la merde, réplique Louise. Même si ce n'est pas un crime d'être amoureux, ça l'est pour la reine de France et le capitaine de l'armée du roi. Il va falloir faire taire ces rumeurs et vite.
— Et… certains courtisans commencent à dire que le dauphin ressemble étrangement à Antoine de Bourbon, finit Suzanne.

Ninon se laisse alors tomber en arrière et regarde le ciel, allongée sur la couverture. C'est pire que ce qu'elle aurait cru. Suzanne a raison, si le roi entend ces rumeurs, alors c'est peut-être la dernière fois qu'elle verra le ciel avant de se retrouver avec une corde autour du cou. Le visage de Louise apparaît dans son champ de vision.
— Relève-toi. Nous devons trouver une stratégie.

Ninon se redresse tant bien que mal et regarde ses amies, dépitée.
— Je ne sais pas si je vais avoir la force de me battre contre tous ces gens.
— Tu n'es pas seule, nous allons t'aider et je te promets que tout va bien se passer.
— Vous pourriez vous mettre en danger si ça tourne mal et je ne peux pas accepter cela, dit Ninon.
— Nous ne serons pas en danger parce que le roi ne va pas en croire un traître mot, dit Constance. Je sais de source sûre qu'il apprécie peu la comtesse de Toulouse et il est bien trop amoureux de sa femme pour la laisser se mettre entre vous.
— C'est vrai qu'il n'aime pas beaucoup la comtesse, acquiesce Ninon.

— Je crois qu'il faut prétendre que ces rumeurs n'existent pas et tout le monde finira par oublier cette idée, intervient Suzanne.
— Au cas où, je vais rester loin d'Antoine, surtout pour la sécurité de mon fils.
— Au contraire, fuir le capitaine ne ferait qu'accentuer les rumeurs. Ne change rien, vis comme tu as toujours vécu et les courtisans verront qu'il n'y a rien à se mettre sous la dent. Seulement, évite de l'embrasser dans chaque recoin du château, dit Louise en souriant.

Elles se mettent alors à sourire toutes les quatre.
— Plus facile à dire qu'à faire ! réplique Ninon.
— On veut bien te croire, Antoine est… enfin vous voyez quoi, dit Constance.

Elles se mettent alors à rigoler, c'est plus nerveux qu'autre chose mais cela leur fait beaucoup de bien. Enfin jusqu'à ce que Ninon aperçoive le comte d'Artois s'approcher de son fils. Elle se redresse en vitesse et la colère prend possession de son visage en une fraction de seconde. Elle s'avance rapidement vers le petit Henri.
— Henri ? Viens me voir mon chéri.

Le dauphin court vers sa mère, elle s'agenouille à son niveau et l'embrasse sur le front.
— Va rejoindre la duchesse de Provence, elle a un biscuit pour toi.

Henri court vers la duchesse qui fait un signe de tête à Ninon pendant que Suzanne rappelle les deux petites filles à leurs côtés également. Ninon se redresse et se met face au comte.
— Qu'est-ce que vous faites ici ? Si j'en informe le roi, vous pourriez avoir de sérieux problèmes, il a ordonné à tout le monde de rester loin de nous.
— Je l'ignorais, je suis simplement venu faire une balade dans les jardins quand j'ai aperçu mon petit neveu sans surveillance, la reine étant trop occupée à rigoler avec ses amies.

— Vous ne réussirez pas à monter le roi contre moi vous savez.
— Oh mais ça, vous vous en chargez très bien toute seule, ma reine.

Il sourit, un sourire machiavélique qui donne des frissons à Ninon. Hier soir, elle lui a ouvert une porte sans le vouloir et il ne va pas hésiter à la prendre. Il sait qu'elle ne le laissera jamais s'en prendre à sa famille alors s'il réussit à l'éloigner du roi et du palais, les choses seront d'autant plus simples pour lui. Ninon sait qu'elle ne doit pas baisser les bras et surtout ne pas se laisser marcher dessus.
— Mais allez donc parler au roi. Et de mon côté, je me ferai un plaisir de lui exposer vos menaces. Lequel de nous deux subira son courroux à votre avis ?

Elle sourit à son tour, elle peut reprendre l'avantage, Louis-Philippe a confiance en elle et pas du tout en son frère. Elle va utiliser la stratégie du comte contre lui pour l'éloigner du dauphin et du château.

Sans qu'elle s'y attende, il lui attrape alors le bras et l'attire contre lui. Ninon lâche un petit cri de surprise alors que Louise et Suzanne se lèvent à l'unisson en les regardant.
— Vous ne faites pas le poids petite Ninon. J'obtiens toujours ce que je veux et ce que je veux c'est le trône. Je tuerai quiconque se dressant sur mon chemin, à commencer par vous. La première fois que je vous ai vu, je suis tout de suite tombé sous votre charme, malheureusement vous êtes beaucoup trop têtue pour votre bien. Renoncez, prenez votre fils et partez loin d'ici, c'est un petit conseil.
— Et moi je vous conseille de lâcher la reine et vite cher cousin !

Ninon reconnaît la voix d'Antoine et elle se relâche en un instant. Elle est en sécurité et son fils aussi à présent. Artois se recule lentement et Antoine glisse son épée sous sa gorge pour l'obliger à reculer encore et plus vite. Le comte relève les mains et rigole.

— Le chevalier de ces dames. Ou plutôt devrais-je dire le chevalier de la reine. Je sais à quel point vous la chérissez capitaine.

Antoine reste de marbre et ne répond rien. Il lui suffirait de rapidement décaler son épée de deux centimètres pour lui trancher la gorge. Mais tuer le frère du roi, même en étant dans sa position, serait un crime de lèse-majesté.
— Le roi m'a demandé d'assurer la sécurité du dauphin et par conséquent de la reine. Et le fait qu'elle soit traitée de cette manière ne va pas du tout le réjouir.
— Nous n'avions qu'une simple conversation, rien de bien grave vous en convenez ?

Antoine s'avance un peu plus et Artois comprend qu'il devrait en rester là pour aujourd'hui. Un homme amoureux est dangereux et Antoine est très doué dans le maniement d'épée. Il n'a pas envie de mourir aujourd'hui, alors après un léger salue, il se retire.

Ninon relâche toute la tension et sent ses jambes trembler, elle s'effondre mais Antoine la rattrape avant qu'elle ne touche le sol. Il la regarde inquiet mais elle, elle ne l'est plus du tout. Entre ses bras plus rien ne l'inquiète, elle est apaisée.
— Merci, lui dit-elle.

Il hoche simplement la tête avant que le dauphin ne vienne rejoindre sa maman. Elle le serre contre elle, il est trop jeune pour avoir à se soucier d'un oncle trop avide de pouvoir. L'insouciance se perd à Versailles, c'est d'ailleurs après son arrivée ici qu'elle a perdu la sienne.

Antoine les regarde tous les deux, c'est une image qu'il veut graver dans sa mémoire à jamais. Sa femme et son fils, comme cela aurait dû être si tout s'était déroulé comme prévu. Ils auraient pu être heureux tous les trois, loin des complots politiques et du trône de France. Henri vient alors se mettre dans ses bras et le serre fort. Ce doit être sa manière de le remercier d'avoir aidé sa mère. Il regarde Ninon qui a les yeux qui brillent en les observant et Antoine ne peut alors s'empêcher de laisser rouler une larme le long de sa joue.

17 – Conversation au sommet

Louis-Philippe est une de fois de plus en pleine réunion avec ses conseillers, la France va mal et il doit trouver une solution pour y remédier. Son père, feu le roi Louis, n'aurait jamais laissé la situation devenir ce qu'elle est aujourd'hui.

— La France est endettée Sire, nous devons récolter de l'argent au plus vite, dit Colbert.

— Comment est-ce possible ? Demande le roi.

— La guerre nous a coûté trois fois plus d'argent que nous l'avions anticipé. Elle a duré longtemps et nous avons eu besoin de plus d'hommes et d'artillerie que nous ne le pensions.

— Même si nous prenons sur les revenus du roi nous ne pourrions pas couvrir cet endettement, continue le comte de Toulouse.

— Alors qu'elle est la solution ? Demande Louis-Philippe.

— Nous pourrions commencer par augmenter l'impôt Sire, répond Colbert.

— Mais les Français peinent déjà à s'en sortir, si nous augmentons les impôts nous allons droit vers une révolution.

— C'est possible mais c'est la seule solution pour le moment Votre Majesté. Nous devons aussi réduire les dépenses de Versailles pendant quelque temps.

— Et les nobles ? Ils pourraient nous fournir des fonds vous ne pensez pas ? Demande le roi.

— Vous n'y pensez pas ! Vous serez alors tributaires des nobles et la puissance du roi n'en serait que minimisée. Vous pourriez perdre le contrôle sur la noblesse, dit un des hommes présents autour de la table.

— Le comte d'Artois verrait cela comme une opportunité pour vous détrôner Sire, dit Colbert.

— Alors il me faut saigner la France pour garder le pouvoir c'est bien cela ?

— J'en ai bien peur. Mais cela ne durera pas, l'Angleterre aimerait passer un accord pour du bétail et cela nous aidera en temps voulu.

Louis-Philippe s'était promis de ne pas user les Français jusqu'à la moelle mais il ne va pas avoir le choix. Il ne peut pas laisser son pouvoir s'amenuiser et risquer de perdre le trône au profit de son frère cadet. Il a accepté de faire la guerre contre l'Espagne suite à son mariage avec Ninon de Navarre, il doit maintenant en payer les conséquences. Il ne regrette pas, son mariage est plutôt réussi même s'il aimerait pouvoir partager plus souvent le lit de la reine. Elle a cette fâcheuse habitude à lui refuser cet honneur même si cela est son devoir envers lui. Mais il ne lui en veut pas, elle a été contrainte de l'épouser et pour ça aussi, il doit en payer les conséquences.

Suite à la conversion qu'elle a eue avec ses amies, Ninon a décidé qu'il était temps qu'elle prenne les choses en main. Le comte d'Artois a été on ne peut plus clair sur ses intentions et elle doit protéger son fils coûte que coûte. Il est temps d'avoir une discussion avec le roi afin qu'il règle ce problème au plus vite, elle ne peut pas le faire seule, elle n'en a pas le pouvoir. Surtout qu'elle doit aussi se débarrasser de la comtesse de Toulouse qui va, maintenant, ne faire que l'observer pour alimenter ses médisances.

Malgré la protestation de Louvois, Ninon entre dans la salle du conseil, telle une tornade, surprenant tout le monde autour de la table. Louis-Philippe se lève en vitesse.
— Il y a un problème ma reine ? Le dauphin va bien ?
— Pour le moment oui, mais nous devons parler d'un problème urgent, lui répond Ninon.
— Votre Majesté, commence Colbert, nous sommes en pleine discussion d'affaires d'État, pourriez-vous revenir converser avec le roi plus tard ?
— Je suis désolée mais non. Il y a des problèmes urgents à régler à Versailles, notamment le comte d'Artois.

En voyant le visage à la fois résolu et inquiet de son épouse, Louis-Philippe ordonne à tout le monde de quitter la salle afin qu'ils puissent s'entretenir tous les deux. Ils sortent tous y compris Louvois qui regarde la reine avec dédain, il n'aime pas beaucoup qu'elle interfère de la sorte dans son travail. Louis-Philippe fait signe à Ninon de venir s'asseoir à ses côtés, ce qu'elle fait.
— Que se passe-t-il ?
— Le comte d'Artois est venu nous menacer le dauphin et moi.
— Qu'est-ce que vous voulez dire ? s'enquiert le roi inquiet.

Ninon prend une grande inspiration. Elle est en train de jouer à un jeu dangereux et si elle ne présente pas les choses correctement, cela pourrait se retourner contre elle. En plus elle doit faire d'une pierre deux coups pour se débarrasser de ses opposants.
— Il m'a clairement dit qu'il voulait le trône et avec Henri nous sommes en travers de son chemin. Ce n'est pas la première fois et je pensais pouvoir m'en occuper toute seule mais tout à l'heure, il s'est montré violent. Par chance le duc de Bourbon est arrivé et l'a menacé de son épée pour qu'il parte.
— J'ai toujours su qu'il convoitait le trône mais de là à s'en prendre à la reine de cette manière, je n'y aurais jamais cru.
— Vous devez protéger le dauphin, notre fils. Il pourrait s'en prendre à lui si nous baissons notre garde et je ne peux pas laisser cela se produire.

Louis-Philippe ne pensait pas que Gaston était aussi avide de pouvoir. Il a pourtant juré de protéger le dauphin au péril de sa vie. Tout cela n'était qu'une comédie pour préparer son coup d'État et c'est vraiment idiot de sa part de se révéler à la reine de la sorte. Pourquoi ferait-il ça tout en sachant que cela lui porterait préjudice ? Peut-être que Ninon a mal compris ses intentions.
— Vous êtes certaines de vos dires ?

— Vous pouvez demander à la duchesse de Provence ou bien au capitaine. Je ne me trompe pas à son sujet, c'est un homme vil et il fera tout pour atteindre son but. À commencer par me discréditer auprès de vous, Votre Majesté.
— Que voulez-vous dire ?
— Lors de la soirée en l'honneur des soldats, je me suis isolée avec le capitaine, afin de m'entretenir avec lui pour avoir des nouvelles de Navarre. Il y a passé un certain temps et je voulais m'assurer que toute ma famille allait bien. Mais voilà, le comte d'Artois nous a surpris alors qu'il était en compagnie de la jeune sœur de la comtesse de Toulouse. Il a tout de suite présumé que nous venions de fauter. C'est faux bien entendu, nous étions simplement en train de discuter. Mais depuis la comtesse de Toulouse raconte à tout le monde que j'entretiens une liaison avec le capitaine.
— Quelle idée ! Antoine vient de rentrer, comment peuvent-ils penser une chose pareille ?!
— C'est pour vous faire douter de moi et m'éloigner de Versailles ainsi je ne serai plus être en travers de son chemin. Il a utilisé cette jeune fille et la comtesse de Toulouse pour arriver à ses fins. Et j'ai bien peur qu'il ait réussi, tout le monde à Versailles parle de ma supposée liaison.

Ninon regarde avec insistance le visage de Louis-Philippe, il a l'air de croire en ses paroles. Heureusement, car en dehors du détail de sa liaison tout est vrai. Elle sait qu'Artois a utilisé la comtesse de Toulouse et sa grande bouche à son avantage, sinon pourquoi aurait-il passé du temps avec sa jeune sœur ?
— Si ce que vous dîtes est vrai, alors la comtesse de Toulouse fait partie de ses partisans. Pourtant je suis certain que son époux est bel et bien de mon côté. Vous avez raison, je me dois de faire quelque chose, c'est une honte de vouloir porter atteinte à la reine de France de cette manière. Louvois ?!

Louvois entre rapidement et salue le roi et la reine. Louis-Philippe reprend :

— Faites venir dans la salle du trône le comte d'Artois, le comte de Toulouse et son épouse ainsi que sa jeune sœur. Je vais tirer tout cela au clair.
— À vos ordres Votre Majesté, répond Louvois en le saluant de nouveau.
— Et faites venir le duc de Bourbon aussi, il semblerait que mon cousin soit aussi concerné.

Louvois sort en vitesse. Ninon prie intérieurement pour que son idée d'inclure le roi dans cette histoire soit la bonne. C'est cependant étrange qu'il fasse également venir Antoine, elle espère ne pas avoir été trop loin dans son discours. Le roi semble la croire mais qu'en sera-t-il si le roi demande la version de chacun avant de prendre une décision ? La comtesse a entendu Antoine se parjurer et Ninon n'a aucune idée de ce qu'Artois a vraiment vu ce soir-là. Elle espère que l'amour du roi à son égard va jouer en sa faveur.

Antoine est dans la Galerie des Glaces, il a demandé à Lucie de le rejoindre. Il est temps pour eux d'avoir une discussion et cela n'aurait pas été très approprié dans leurs appartements respectifs. Mais maintenant qu'il est là, cette galerie ne semble pas non plus une bonne idée, c'est ici qu'il a parlé à Ninon pour la première fois.

Lucie entre et vient le rejoindre avec un grand sourire aux lèvres. C'est la première fois qu'il l'a fait appeler en pleine journée, c'est forcément bon signe. Elle l'a attendu des années, elle a patiemment attendu qu'il soit prêt à lui donner son cœur et elle espère que c'est enfin le cas. Elle se fiche des rumeurs qui circulent, c'est avec elle qu'il était et non pas la reine. Elle pourrait le dire aux courtisans mais Antoine lui a demandé de garder leur relation secrète pour le moment. Ce qu'elle a de plus en plus de mal à faire pour être honnête, elle a envie de crier son amour pour lui.
— Merci d'être venue Lucie.
— C'est normal, je suis ravie que vous m'ayez fait demander.

— Ecoutez, je ne vais pas y aller par quatre chemins, j'ai beaucoup apprécié le temps que nous avons passé ensemble depuis mon retour du front.
— Moi aussi Capitaine.
— Mais nous devons nous arrêter là. Je ne serai jamais celui que vous voulez que je sois. Je ne compte pas vous épouser.

Lucie est blessée au plus profond d'elle-même. Elle a tout fait pour lui plaire, elle s'est donnée à lui corps et âme et pourtant cela n'est toujours pas suffisant. Elle aime cet homme depuis de nombreuses années et elle pensait que sa patience serait un jour récompensée.
— Pourquoi vous ne voulez pas de moi ? J'ai tout fait pour être à votre goût, pour être à vos côtés.
— Je suis désolé. Je ne suis pas quelqu'un de disponible émotionnellement. L'amour ce n'est pas pour moi et vous méritez mieux que ça.
— Les rumeurs sont vraies c'est ça ? demande Lucie sous la colère.
— Quelles rumeurs ?
— Comme quoi vous entretenez une liaison avec la reine ! C'est sûr que face à elle, je ne fais pas le poids.

Antoine vient de recevoir un coup en pleine face. Depuis quand est-ce qu'il y a des rumeurs sur Ninon et lui ? Et pourquoi il n'en a pas entendu parler ? Est-ce que Ninon le sait ? Est-ce que le roi le sait ? La situation vient-elle de devenir hors de contrôle ? Il doit parler à Thomas pour savoir ce qu'il se passe et vite.
— Ce n'est qu'une rumeur, je n'ai aucune relation avec la reine et vous le savez mieux que quiconque.
— Vraiment ? Alors pourquoi ne vous suffis-je pas ?
— Lucie ce n'est pas…

Antoine est coupé par Louvois qui vient d'entrer dans la Galerie des Glaces.
— Monsieur le duc, le roi aimerait s'entretenir avec vous dans la salle du trône immédiatement.

Le roi est au courant. Sinon pourquoi souhaiterait-il le voir aussi soudainement ? Antoine peut sentir le danger arriver, si le roi croit en ces médisances alors c'en est fini de lui. Mais cela serait aussi la fin pour Ninon et ça, il ne le permettra pas. Il a mené une guerre, il peut se défendre face à des ragots, il peut aisément mentir à son roi pour sauver son cœur.

Antoine entre dans la salle et voit qu'il n'est pas le seul à avoir été convié. Louis Philippe est assis sur le trône, Ninon est assise à ses côtés et elle détourne légèrement la tête pour ne pas le regarder. La famille de Toulouse est face à eux tête baissée et bien sûr Artois est là avec un sourire narquois collé aux lèvres. Antoine se rapproche et salue son roi comme à l'accoutumée tout en évitant de regarder de trop près la reine.
— Bien, commence le roi, maintenant que tout le monde est présent, il est temps d'avoir une petite conversation. J'ai ouï dire que certaines rumeurs circulent à Versailles. Des rumeurs absolument intolérables ! Et vous, Madame la Comtesse, seriez l'instigatrice de ces médisances.

La porte s'ouvre avec fracas faisant sursauter tout le monde dans la salle.
— Vous n'alliez tout de même pas avoir cette conversation au sommet sans moi ! dit Thomas en entrant comme si Versailles lui appartenait.

Ninon se sent rassurée en voyant entrer son frère, un soutien supplémentaire ne sera pas de trop dans cette histoire. Louis-Philippe n'est en aucun cas surpris de voir le prince de Navarre ici, les jumeaux sont tellement liés qu'il a dû sentir que quelque chose se tramait. Thomas vient s'installer près du capitaine et reprend :
— J'ai entendu des rumeurs très intéressantes sur ma très chère sœur. En temps normal, c'est sur moi que court ce genre de ragots, je me suis habitué à être le personnage principal et là pas un seul mot sur moi ! Comtesse, je me sens blessé et délaissé.

Ninon essaye de ne pas trop sourire, mais les paroles de Thomas sont tellement sarcastiques que cela est difficile. Elle est contente que la duchesse ait réussi à lui faire passer le message à temps. Elle savait qu'il apporterait un peu de légèreté à tout cela.

Thomas reprend :

— Allez-y continuer, je veux connaître le fin mot de cette histoire.

— Eh bien Comtesse, parlez ! renchérit Louis-Philippe.

La comtesse de Toulouse commence à être mal à l'aise. L'arrivée du prince de Navarre est loin d'être une bonne chose. Pourtant elle ne va pas se laisser démonter, la reine a fauté et elle compte bien révéler cette trahison. Elle regarde le roi, la tête haute.

— Votre Majesté, avec tout mon respect, ce sont des faits et non pas des rumeurs.

— Comment osez-vous traiter votre reine de cette manière ? Rétorque le roi.

— Je ne me permettrais pas Sire, j'ai moi-même entendu le duc dire…

— Eh qu'est-ce que j'ai bien pu dire ? La coupe Antoine.

— Eh bien… Il semblerait que… enfin vous avez… commence-t-elle.

— Eh bien Comtesse, on vous écoute ! Qu'avez-vous entendu ? dit Antoine menaçant.

La meilleure défense est l'attaque. Elle ne va pas oser déblatérer des idioties devant le roi de France et même si elle a vraiment entendu quelque chose, elle n'osera pas le répéter. Ou alors elle est vraiment sans aucune peur.

Ninon sent qu'Antoine ne va pas les laisser s'en prendre à eux. Il est en mode soldat et cela la rassure énormément. Cependant la comtesse ne peut pas dévoiler ce qu'elle a entendu lors du bal devant le roi, il deviendrait un peu plus suspicieux et cela ne serait pas une bonne chose.

— Je pense que vous n'avez rien entendu puisque vous avez lancé cette rumeur grâce aux paroles de votre jeune sœur ici présente, qui aurait soi-disant surpris le duc et la reine dans une position compromettante, intervient Thomas. J'étais présent et tout cela est faux !
— Bien sûr vous n'allez pas dire le contraire puisqu'il s'agit de votre sœur, répond la comtesse.
— Il ne dit que la vérité ! Tout cela est monté de toute pièce ! dit alors Ninon.

La comtesse de Toulouse et Eugénie la regardent, Ninon ne les lâche pas des yeux, elle a même un air menaçant. Mais cela ne dérange pas la jeune Eugénie qui n'a rien à perdre et tout à y gagné si elle révèle la liaison de la reine.

Louis-Philippe commence à se sentir mal. Entendre cette possible trahison de vive voix, lui retourne le cœur. Il sait que son cousin ne lui ferait jamais une chose pareille. Ils sont proches depuis toujours, Antoine est la seule personne en qui il a une confiance aveugle. Et Ninon est bien trop honnête et intelligente pour risquer sa vie et la survie de Navarre pour une liaison.
— C'est pourtant bien le cas ! rétorque Eugénie. Il semblerait que…
— Il semblerait ? Alors vous n'êtes sûre de rien ? Grogne le roi.
— Votre Majesté, continue Eugénie sans se laisser démonter, nous les avons surpris tous les deux dans un coin sombre et ils étaient très proches, nous n'avons rapporté que des faits.

Ninon n'aime vraiment pas ces deux femmes. Même devant le roi, elles essayent de la compromettre. Elles n'ont peur de rien, pourtant elles devraient parce que cette histoire est loin d'être terminée. Même si le roi ne fait rien, elle s'en chargera elle-même, elle trouvera un moyen de se débarrasser d'elles.
— C'est absurde ! Réplique Antoine. Comment pouvez-vous si aisément dire ce genre de balivernes devant votre roi ?

— Eh bien cher cousin, je vous trouve bien sûr la défensive, intervient le comte d'Artois pour la première fois.
— Oh, cher comte, vous devriez vous faire tout petit, lui répond Antoine menaçant.
— Sire, je vous en conjure, dit la comtesse de Toulouse. Nous n'avons pas relaté de mensonges, ce n'est que la vérité. La reine…
— Il semblerait, Comtesse, que vous et votre jeune sœur ayez besoin de repos. Monsieur le Comte, vous m'êtes précieux ici mais vous devriez envoyer votre épouse et sa sœur se reposer dans votre domaine, loin de Versailles, pour un temps indéterminé, dit le roi.

Un sourire se dessine sur les lèvres de Ninon, voilà un problème de régler. Même si aujourd'hui elle ne peut pas dire qu'elle entretient une liaison avec Antoine, et elle en est même loin, fût un temps s'eut été le cas. Et si la vérité sur leur passé venait à être révélée alors Versailles sera synonyme de chaos et le dauphin en subira les conséquences.

Eugénie est en colère, elle n'a rien fait de mal, elle était sur le point d'enfin réussir la mission de sa vie : épouser un grand homme. Le comte d'Artois était prêt à l'épouser, elle serait devenue Comtesse d'Artois. Si elle part de Versailles, cela ne sera plus faisable. Elle regarde son amant qui semble ne rien en avoir à faire car il ne lâche pas la reine du regard.

Louis-Philippe remarque alors qu'Antoine, lui, ne lâche pas son frère des yeux. Comme s'il surveillait chacun de ses mouvements en cas d'attaque. Cela confirme les dires de son épouse, Gaston les a bel et bien menacés. Maintenant que le problème de la comtesse est réglé, il est temps de s'attaquer au vrai fléau de Versailles.

La comtesse ne compte pas en rester là, oui elle aime les potins et elle adore les répéter à qui veut les entendre mais ce n'est pas un crime. Elle a bel et bien entendu le duc de Bourbon appeler la reine par son prénom et dire qu'elle lui

manquait. Elle vient d'être bannie de la cour, très bien, mais elle ne va pas partir sans dire ce qu'elle a sur le cœur.
— Votre Majesté, j'aimerais dire une dernière chose, commence-t-elle.
— Taisez-vous à présent ! lui ordonne son époux.

Mais elle n'en a que faire et reprend son discours, elle ne va pas se laisser faire.
— Repensez à tout cela à tête reposée Sire. La reine a toujours été un bout d'entrain mais ce n'est plus le cas. Vous ne trouvez pas cela étrange que le comportement de la reine soit différent depuis le départ du duc au front ?
— Je suis devenue reine ! Je ne suis plus la petite princesse insouciante de Navarre !
— Ou peut-être est-ce parce que vous aviez le cœur brisé.
— Dans ce cas, pourquoi je ne suis pas redevenue cette jeune femme insouciante au retour du duc à Versailles ?

Ninon est prête pour contrer toutes ses attaques, la comtesse vient de la pousser dans ses retranchements. Si elle veut la guerre, elle va la lui donner. Elle n'a jamais été une grande adepte de ce genre de procédé, elle n'a jamais vraiment eu à se défendre auparavant mais elle semble être assez douée.

La comtesse regarde le roi qui ne semble pas du tout convaincu par ses paroles, la reine est douée pour faire diversion. Bien sûr qu'après le retour du capitaine elle n'allait pas redevenir celle qu'elle était avant. Mais elle en est certaine, la reine et le duc cachent quelque chose.
— Alors pourquoi le duc se permet-il de vous appeler Ninon et de dire qu'il aimerait sentir votre peau contre la sienne ?

Antoine regarde la comtesse, outré. Il n'a jamais dit une chose pareille ! Enfin pas qu'il se rappelle en tout cas.

Louis-Philippe se redresse, interloqué et regarde son cousin, celui-ci semble surpris par les paroles de la comtesse, c'est donc faux. S'il les avait dites alors il serait plus gêné que

surpris. Les paroles de Ninon lui reviennent en tête : « ils veulent me discréditer ». Elle avait raison sur toute la ligne.
— Vous devriez partir avant que je ne vous fasse pendre Comtesse, dit le roi d'un calme olympien.

Le comte salue le roi, attrape son épouse et l'oblige à sortir. Eugénie, ne souhaitant pas être pendue, les suit à la trace. Artois lâche un petit rire et s'avance vers le roi et la reine.
— Ceci était très divertissant, mais je ne vois pas vraiment en quoi cela me concerne, dit-il.
— Mon cher frère, je crois qu'il serait temps pour vous d'aller vous reposer à la campagne également, lui dit le roi.
— Et pourquoi ferais-je cela ?
— Par respect envers notre sang ! Je vous bannis de Versailles même si vous mériteriez la mort, alors faites ce que je vous dis !

Artois regarde la reine qui a les yeux plissés. Elle a donc tout révélé au roi, elle lui a parlé des menaces et maintenant il est banni de Versailles. Par chance c'est exactement ce qu'il souhaitait, la reine a joué son rôle à la perfection sans même le savoir. Et son cher frère est beaucoup trop gentil pour son bien, il savait qu'il ne le tuerait pas. La seule vraie menace à son plan était Antoine, c'est pour ça qu'il devait tenter de le discréditer auprès du roi. Il n'a rien vu ce soir-là et insinuer cette petite liaison devant cette petite sans cervelle était le plan parfait pour qu'elle répète tout à sa commère de grande sœur. En réalité, il ignore si la reine entretient une liaison avec le capitaine et il s'en fiche royalement.

Il avait besoin d'une excuse pour quitter le château, alors menacer ouvertement la reine devant des courtisanes était le meilleur des plans. La reine ne pouvait pas rester sans rien faire après cela. Il a des partisans ici, au château, pour son futur coup d'État, seulement il a besoin de plus de personne se ralliant à sa cause. Maintenant il va pouvoir écumer chaque contrée française, pour trouver des partisans et tout cela sous le nez du roi.

— Sire, si je m'en suis pris à la reine c'est à cause des rumeurs qui circulaient, je ne voulais pas que cela vous porte atteinte.
— Menacer mon fils, c'est cela qui me porte atteinte.
— J'imagine que cela ne sert à rien d'essayer de vous convaincre. Mais prenez garde, la trahison est encore plus douloureuse quand elle vient de ceux que l'on aime.

Il salue le roi avec un petit sourire en coin, il se devait d'implanter encore un petit doute dans son esprit avant de quitter le palais. Jouer avec les sentiments de son frère est toujours un vrai régal. Il ne se fait pas prier pour sortir, il est attendu, il a beaucoup de choses à faire avant de faire son grand retour sur le devant de la scène.
— Maintenant que tout cela a été tiré au clair, je vais me retirer à mon tour. Je suis attendu pour… enfin on m'attend quoi, réplique Thomas.

Ninon laisse échapper un petit rire, son frère est vraiment incorrigible, même devant le roi. Thomas s'avance vers le roi et sa sœur, les salue et file à la suite du comte.

Une fois Artois et Thomas dehors, le roi se lève et commence à faire les cent pas. Gaston essayait simplement de le faire douter une fois de plus. Tout est faux, il doit oublier tout cela, la reine est de son côté et Antoine aussi. Pourtant une petite chose le dérange mais il n'arrive pas à mettre le doigt dessus.

Antoine regarde Ninon qui lui sourit discrètement. Elle a réussi, elle a éloigné toutes les menacent à leur encontre, du moins pour le moment. Maintenant il va falloir faire taire les rumeurs, mais les duchesses feront cela sans aucun problème.
— S'en prendre à la reine, pour l'éloigner cela me semble logique mais pourquoi s'en prendre à vous Capitaine ? demande le roi.
— Sûrement parce que vous m'avez demandé de protéger le dauphin.

— Oui, le comte d'Artois savait qu'Antoine serait aussi une grande menace pour son plan. Se débarrasser de nous deux en même temps était plus simple j'imagine, intervient Ninon.
— Vous avez raison. Capitaine allez-vous assurer que Gaston quitte Versailles sans faire de vague.

Antoine s'incline et sort de la salle du trône, laissant le roi et la reine seuls. Ninon se lève à son tour pour aller rejoindre ses appartements mais Louis-Philippe se place devant elle.
— Ce qu'a dit la comtesse, concernant votre changement de comportement…
— Comme je l'ai dit, je suis devenue reine, le coupe-t-elle.
— Être reine de France ne veut pas dire que vous ne pouvez plus être Ninon. Je serai aussi très heureux de retrouver celle qui a fait battre mon cœur.

Ninon est vraiment touchée par ces paroles, Louis-Philippe réussit toujours à trouver les mots justes. Elle a changé après le départ d'Antoine c'est vrai mais c'est également vrai que c'était parce qu'elle était devenue reine et qu'elle avait des obligations envers son roi et la France. Elle s'est perdue en chemin, elle le sait et elle ne demanderait rien de mieux que de redevenir celle qu'elle était. Alors si elle a le consentement du roi, elle va tout faire pour que cela soit le cas.

Elle dépose un chaste baiser sur les lèvres de son époux pour le remercier et Louis-Philippe lui sourit. Elle sait qu'il tient vraiment à elle et il vient de le lui prouver en éloignant les menaces. Malheureusement elle ne pourra jamais lui donner ce qu'il veut vraiment : son cœur, et ce peu importe ce qu'il fait pour elle.

18 – Le verre de l'amitié

Antoine a besoin de décompresser un peu. Ça faisait des jours qu'il était sur le qui-vive à cause du comte d'Artois. Il le surveillait de loin, et heureusement car il a bien failli s'en prendre à Ninon. Maintenant qu'il a été chassé du château, car c'est bien ce qu'il s'est passé, il peut enfin se relâcher. Il a envie de boire un verre avec son ami, ils ne se sont pas parlé depuis ce qui lui semble une éternité.

Il arrive devant les appartements de Thomas et la porte s'ouvre au même moment. Son épouse, Antoinette, le regarde en souriant et sort pour se mettre à ses côtés.
— Il est tout à vous Capitaine.

Il la salue de la tête, elle fait de même et s'éloigne en gloussant. Antoine secoue la tête en se disant que bien des choses ont changé en très peu de temps.
— Entre, crie Thomas.

Antoine ne se fait pas prier. Il entre et va directement vers le guéridon pour servir deux verres de vin. Thomas le rejoint, finissant de s'habiller afin d'être un peu plus présentable. Sa femme aime lui faire de petites surprises à n'importe quelle heure de la journée. Il file s'asseoir dans un des fauteuils et Antoine le rejoint en rigolant.
— Je crois qu'il va falloir que tu m'expliques ce qui se passe avec ta femme, dit Antoine.
— Elle est vraiment différente de ce que je pensais. C'est une forte tête mais elle peut aussi être très douce quand elle veut, lui répond-il en faisant un clin d'œil.

Antoine fait une petite grimace, dégoûté, il n'a pas envie de connaître ce genre de détail, il veut pouvoir dormir tranquillement la nuit.
— Et la duchesse alors ? Elle ne doit pas très bien le prendre.

— Elle est furieuse c'est le moins qu'on puisse dire. Elle refuse de me voir depuis le bal masqué. J'aimerais pourtant lui expliquer.
— Et tu lui diras quoi ? Que c'est fini entre vous ?
— Je ne veux pas que ça se finisse de cette manière. Je tiens vraiment à elle mais j'ai un devoir envers ma femme et Navarre. Elle devrait pouvoir comprendre cela non ?
— Je ne pense pas être le mieux placé pour répondre. Je deviens fou à chaque fois que j'imagine le roi dans le lit de ta sœur. Je comprends la duchesse, ce n'est vraiment pas facile à vivre.

Thomas se rend bien compte que pour elle, la situation n'est vraiment pas idéale et si les rôles étaient inversés, il serait sûrement dans le même état d'esprit : furieux. Mais que peut-il faire ? Il ne veut pas que leur histoire s'arrête mais il ne peut pas non plus, lui être à cent pour cent dévoué. Quand il voit Antoine et Ninon, il se dit qu'il ne voudrait pas que son histoire avec Louise se termine de cette manière. À s'éviter, à s'aimer, à se détester, cela doit être épuisant à la longue.
— Je la comprends aussi, mais j'aimerais que nous puissions en discuter. Avant de créer un scandale comme tu l'as fait en hurlant le nom de Ninon devant tout le monde, rétorque Thomas avec un petit sourire en coin.
— Je ne m'en souviens pas alors en ce qui me concerne ce n'est jamais arrivé.
— C'est ça ! Heureusement que le roi vous fait confiance à tous les deux ! Plus qu'à son frère et la comtesse de Toulouse en tout cas.

Même s'il n'en a aucun souvenir, Antoine s'en veut d'avoir causé une scène. À cause de lui, ils ont failli finir pendus. Comme dit Thomas : heureusement que le roi leur fait confiance. Par chance, il y a aussi du bon dans cette histoire, les personnes néfastes à leur égard sont désormais loin du château. Ce n'est pas pour autant qu'il va falloir qu'il se relâche en ce qui concerne une certaine jeune femme dont il est fou

amoureux. Elle ne lui rend pas la tâche facile cependant, à toujours se pavaner en étant plus belle de jour en jour.
— Tu en es où avec ma sœur d'ailleurs ?
— Nulle part, c'est la reine et je ne suis que son humble serviteur.
— Vous devriez vous lâcher, vous vous aimez, profitez-en pendant que vous le pouvez encore.
— Si seulement… Je me fiche de finir pendu mais je ne pense pas que tu veuilles voir ta sœur se balancer au bout d'une corde.
— Peut-être pas en effet, mais c'est tout aussi difficile de la voir souffrir parce qu'elle ne peut pas être avec celui qu'elle aime.
— C'est impossible. Notre histoire fait partie du passé. Maintenant si tu veux bien j'aimerais pouvoir me détendre en buvant mon verre de vin.

Thomas regarde son ami en secouant la tête. Il est tellement désolé pour lui, il ne peut pas être avec la femme qu'il aime et en plus il doit servir loyalement celui qui l'en a empêché. Mais ce n'est pas en buvant du vin à s'en faire vomir que les choses vont s'arranger. C'est vrai, c'est un jeu dangereux, mais si on ne prend pas de risques, est-ce que la vie mérite vraiment d'être vécue ? Ninon a des responsabilités, ce n'est pas un secret, et si on découvrait qu'elle a une liaison ce serait une trahison. Et alors ? Au moins elle n'aura aucun regret, elle aura vécu sa vie comme elle le souhaitait jusqu'à la fin.

En arrivant à Versailles, elle avait pris son envol et il était tellement fier d'elle. Et puis les choses se sont compliquées et Ninon s'est de nouveau renfermée. Il ne souhaite qu'une chose, c'est qu'elle s'épanouisse et pour cela, elle a besoin du capitaine qui lui aussi, a besoin d'elle pour retrouver goût à la vie. Son meilleur ami est un cas désespéré et il souhaite vraiment le voir de nouveau sourire sincèrement. Les enjeux sont importants et les risques tout autant mais il est temps que les choses se remettent à leur place et il va les y aider.

— J'ai parlé à ma sœur aujourd'hui. Le roi lui a dit qu'elle pouvait être Ninon même si elle était reine de France.
— Qu'est-ce que cela veut dire ?
— Cela veut dire qu'elle compte venir à la soirée privée chez Constance et Philippe de Provence demain soir. C'est en petit comité avec seulement des amis alors elle compte en profiter.
— Elle ne devrait pas, si le roi l'apprend…
— Il est au courant. Enfin il ne sait pas que Ninon participe mais il est au courant pour les soirées privées.

Antoine regarde Thomas surpris, il ne l'avait pas vu venir. Le roi aime garder les nobles sous son contrôle alors pourquoi laisse-t-il faire sans rien dire ? Louis-Philippe doit passer un peu trop de temps avec Thomas pour agir ainsi.

À l'époque, ces soirées c'était un peu leur rituel. C'est là que tout a vraiment commencé. C'est là qu'il s'était dit pour la première fois depuis longtemps, que la vie en valait la peine.
— Je crois que Ninon va avoir raison de moi. Comment est-ce que je peux lui résister ?
— Tu ne peux pas. Vous êtes fait l'un pour l'autre, elle le sait, tu le sais, je le sais, tout le monde le sait. Alors arrêtez de vous gâcher la vie. On en a qu'une alors autant en profiter jusqu'au bout.

Antoine laisse échapper un petit rire. Avec Thomas tout semble toujours plus simple. Et même s'il n'a pas tort, cela reste tout de même une histoire compliquée à gérer.

Thomas reprend :
— Bien maintenant qu'on a réglé ce problème, on devrait trouver une solution pour le mien. Comment je fais avec la duchesse ?
— Suis ton propre conseil. Jette-toi à l'eau !
— Ce n'est pas vraiment le problème entre nous. Elle refuse de me parler c'est ça le problème.
— Fais en sorte qu'elle soit obligée de t'écouter. Louise a un cœur d'artichaut même si elle ne veut pas le montrer. Fais-lui une déclaration et le tour est joué.

Thomas scrute Antoine, il ne s'attendait pas à recevoir un aussi bon conseil à vrai dire. Il a raison, Louise a une forte personnalité mais elle a aussi un grand cœur et s'il la joue fine, elle l'écoutera. Il ne veut pas la perdre, elle est trop importante pour lui et elle doit le comprendre. Mais elle doit accepter son mariage avec Antoinette, elle doit accepter d'être simplement sa maîtresse.

Antoine se gratte la gorge et se sert un autre verre.
— Toi aussi cette conversation te met mal à l'aise ?
— Parce qu'on parle de nos histoires de cœur, comme le feraient des femmes ?
— On devrait changer de sujet.
— Avec plaisir.

Thomas tend son verre à Antoine, qui le ressert en souriant. Pourquoi tout est toujours compliqué à Versailles ? Alors que tout aurait pu être tellement simple. Thomas est resté ici pour sa sœur, mais s'il le pouvait, il rentrerait à Navarre sans aucune hésitation. C'est le cas pour Ninon aussi, il le sait. Navarre leur manque beaucoup, leur père leur manque beaucoup, la simplicité leur manque beaucoup. Pourtant ils sont prisonniers de cette prison dorée, ils ne pourront jamais en échapper. Enfin lui il pourrait, mais vivre loin de Ninon serait impossible, ils ne font qu'un.

Antoine commence enfin à accepter la vérité. Il ne pourra jamais échapper à Ninon, elle fait partie de lui. Elle possède son cœur et son âme et il ne pourra jamais rien faire contre cela. Il a essayé de toutes ses forces, il est parti loin pendant longtemps, il a été avec d'autres femmes, il a tenté de la haïr, il a désespérément essayé de l'éviter. Rien ne fonctionne. Thomas a peut-être raison, il devrait simplement prendre les choses comme elles viennent et profiter de cet amour qui est juste devant sa porte.

19 – Liberté retrouvée

Ninon se sent de nouveau libre, elle se sent plus légère et peut enfin essayer de redevenir elle-même. Le roi l'a dit lui-même, il aimerait retrouver celle qui a fait battre son cœur et Ninon ne demanderait pas mieux. Elle est lasse de toujours faire attention, lasse de devoir sourire même quand elle n'en a pas envie, lasse de jouer les potiches. Elle veut se sentir de nouveau vivante et elle sait exactement ce qu'elle doit faire pour cela.

Ce soir Constance organise une petite soirée dans ses appartements et elle compte bien s'y rendre. Cela fait maintenant bien trop longtemps qu'elle ne s'est pas amusée avec ses amies, pas comme elle compte le faire ce soir en tout cas. Maintenant qu'elle n'a plus de raison de regarder par-dessus son épaule à chaque instant, elle va en profiter. Bien sûr, elle va tout de même rester sur ses gardes mais pas ce soir, elle a déjà dit à Thomas qu'elle serait là. Elle aurait pu faire la surprise, mais elle espérait secrètement qu'il en parlerait à un certain capitaine de la garde royale.

Elle entre dans ses appartements, il est temps pour elle de se changer et elle sait déjà quelle robe elle a envie de porter ce soir. Elle veut être jolie, plus que cela même, elle veut être belle. Si Antoine est là ce soir, elle veut qu'il se décroche la mâchoire en la voyant arriver. Peut-être que comme ça, il ne la fuira plus, peut-être qu'il ne pourra plus rester éloigné et peut être qu'enfin, ils pourront se retrouver. Elle avait prévu de rester loin de lui pour la sécurité du dauphin mais quand bien même, ils se sont retrouvés en danger. Alors pourquoi souffrir ? Autant vivre sans limites. Ce sont les mots de Thomas et elle doit bien avouer qu'il l'a touché en plein cœur. Elle se dit que finalement, elle devrait suivre ses conseils, après tout, cela a plutôt bien réussi à son frère jusqu'à présent.

Madame de Marsan vient à sa rencontre :

— Faites venir Charlotte, je dois me changer, ordonne Ninon.
— Ma reine, je peux m'en charger, pour quelle occasion avez-vous besoin de vous changer ?
— Merci, mais je n'ai besoin que de Charlotte.
— Votre Majesté, Charlotte est occupée avec le linge, il vous suffit de me dire ce que vous souhaitez porter et…
— Madame de Marsan, pouvez-vous me dire qui je suis ?

Madame de Marsan la regarde surprise, ne comprenant pas très bien où la reine veut en venir.
— Vous êtes la reine de France, Votre Majesté.
— Et vous qui êtes-vous ?
— Je… Je suis à votre service en tant que première dame.
— Alors pourquoi vous ne faites pas ce que je vous demande ? réplique Ninon avec froideur.
— Toutes mes excuses, je ne voulais pas outrepasser…
— Je suis pressée, faites appeler Charlotte.
— Tout de suite.

Madame de Marsan sort en vitesse, Ninon n'aime pas vraiment donner des ordres et profiter de son statut de reine avec les gens, mais Madame de Marsan est vraiment trop énervante parfois. Elle a de plus en plus de mal à rester calme alors qu'elle passe son temps à répondre dès que Ninon lui demande quelque chose. Elle s'était calmée ces derniers temps, mais ça y est, la revoilà partie dans ses habitudes. De plus, impossible de lui expliquer le choix de cette robe sans dévoiler ses intentions de la soirée.

Charlotte entre, accourt rapidement et s'incline devant Ninon. Celle-ci ne comprend pas très bien cette mise en scène, jusqu'à ce qu'elle relève la tête et voit Madame de Marsan entrer suivit de plusieurs femmes de chambre.
— Vous pouvez toutes disposer, je n'ai besoin que de Charlotte.

Elles s'inclinent et sortent, Madame de Marsan est quelque peu hésitante mais fini par sortir à son tour.
— C'est bon, elles sont sorties, tu peux relever la tête.

— Je commençais à avoir mal au cou, répond Charlotte en se massant la nuque.

Ninon laisse échapper un petit rire. Quand elles sont seules, Charlotte la traite et lui parle comme à une amie, ce qu'elles ont toujours été à Navarre. C'est pour cela que Charlotte devait rester à Versailles elle aussi. Mais quand elles sont entourées d'autres personnes, Charlotte doit lui montrer tout le respect qu'elle lui doit, sous peine d'être châtiée.
— Alors ? Pourquoi suis-je ici ? demande Charlotte.
— Je dois me changer, ce soir je vais chez la duchesse de Provence et j'espère bien séduire un certain duc qui pourrait s'y trouver.

Charlotte sourit et prend les mains de Ninon dans les siennes.
— Je suis contente de retrouver ma petite princesse de Navarre. Cela commençait à devenir difficile de vous voir si malheureuse.
— J'ai enfin compris que je pouvais être reine tout en étant moi-même. Et je vais commencer dès ce soir.
— Avec quelle robe ?

Le sourire de Ninon s'élargit et devient quelque peu coquin. Charlotte plisse lentement les yeux se demandant ce que sa maîtresse a en tête.
— La rouge à dentelle.

Charlotte fait les yeux ronds, surprise.
— La rouge ? Elle est… C'est un peu… Ce n'est pas vraiment une robe digne d'une reine.
— Justement, ce soir je suis Ninon et non pas la reine.
— Mais vous ne pouvez pas vous balader dans les couloirs de Versailles dans cette tenue ?! Si quelqu'un vous voyait, ce serait…
— Tout ira bien. Je ne serais pas nue après tout.
— Si vous voulez mon avis, c'est tout comme.

Ninon éclate de rire.

— Elle n'est pas si osée que ça !
— Elle se porte sans corset et sans jupons, c'est quand même un peu osé ! Mais elle vous va à ravir, il ne pourra pas vous résister.

Charlotte fait un sourire tendre à Ninon qui le lui rend. C'est vrai que cette robe est loin d'être adaptée pour Versailles, cependant, elle rêve de la porter depuis des années et ce soir c'est l'occasion idéale. Elle sait déjà qu'elle va faire sensation auprès des duchesses et de la marquise de Vauban mais il y a une personne qu'elle compte bien séduire et cette tenue sera parfaite. Par contre Charlotte a raison sur un point, elle ne peut pas se balader dans les couloirs dans cette tenue. Elle va devoir mettre une cape qui va la recouvrir de la tête aux pieds jusqu'aux appartements du duc de Provence.

Charlotte aide sa reine à se débarrasser de tout son attirail jusqu'à ce qu'elle se retrouve en chemise. Ninon est de plus en plus nerveuse, et si Antoine décidait de ne pas venir ce soir ? Même si quand elle a vu son frère tout à l'heure, il lui a assuré qu'il serait là, elle commence à douter. Il a passé son temps à la fuir depuis son retour après tout. Thomas lui a parlé de sa conversation avec le duc hier soir, elle est certaine qu'il l'aime toujours alors elle va tout faire pour utiliser ce sentiment en sa faveur.

Charlotte va chercher la robe dans une malle cachée sous le lit. Elle s'assure qu'elle n'est pas abîmée et l'apporte à sa maîtresse.
— Que se passe-t-il ? Vous avez des doutes sur la robe ? demande Charlotte en voyant le visage préoccupé de Ninon.
— Comment pourrais-je douter de cette merveille ? Mais Charlotte… Et s'il ne voulait plus de moi ?
— Il serait fou de ne pas vouloir de vous ! Madame, vous êtes une femme incroyable et il est amoureux de vous depuis des années, tout se passera bien.

Charlotte a toujours été au service de Ninon, elle la connaît depuis toujours. Elle n'avait jamais vu sa maîtresse aussi

heureuse que quand elle avait rencontré le duc de Bourbon à leur arrivée à Versailles. Mais elle ne l'avait jamais vue aussi malheureuse que le jour de son mariage. Charlotte considère Ninon comme sa famille et cela lui fait très plaisir de la revoir sourire, la revoir redevenir elle-même. Ces dernières années ont été compliquées pour la jeune reine et Charlotte s'en est voulu de ne pas pouvoir faire plus pour l'aider. Le retour du capitaine porte enfin ses fruits, la jeune princesse de Navarre est de retour.
— Je suis un peu nerveuse je crois.
— C'est trop mignon, la reine d'un grand pays, nerveuse à cause de son amour de jeunesse.
— Serais-tu en train de te moquer de moi ?
— Loin de moi cette idée, s'offusque Charlotte.

Elles rient de bon cœur et Ninon se sent un peu moins nerveuse. Elle passe la robe, Charlotte arrange les derniers détails et la voilà enfin prête. Cette robe est superbe, elle est fluide et tombe parfaitement sur son corps. Le rouge vif fait ressortir sa peau de porcelaine et s'accorde à ravir avec ses yeux verts. Elle adore le côté sensuel de cette tenue, cette robe est parfaite pour ce à quoi elle est destinée : faire tourner la tête du capitaine.

Charlotte lui arrange les cheveux, elle lui fait de belles anglaises qui retombent sur ses épaules, pas de perruque ce soir, aucun artifice, juste Ninon. Une petite touche de rouge sur les joues et sur les lèvres pour finir et voilà. Elle est prête à partir.
— Charlotte, je vais mettre ma cape à capuche.
— Je vais la chercher.

Après quelques minutes de recherche, Charlotte revient avec la cape. Ninon l'enfile, se regarde une dernière fois dans le miroir, souffle un bon coup, met la capuche et sort de sa chambre pour aller rejoindre ses amis.

Elle marche le long des couloirs, se cachant le plus possible, afin d'éviter qu'on ne la reconnaisse, par chance elle croise peu de monde sur le chemin. La duchesse de Provence

habitant assez près de chez elle, elle arrive rapidement devant la porte. Elle frappe et Philippe de Provence vient lui ouvrir. Il sourit en la voyant et la fait entrer rapidement avant que quelqu'un ne la voie ici.
— Quel plaisir de vous avoir parmi nous ce soir, lui dit-il en lui faisant un baise-main.
— Le plaisir est pour moi, vous pouvez me croire.

Il lui sourit et l'invite à entrer dans la pièce principale où se trouvent déjà pas mal de personnes. Ninon repère tout de suite son frère en train de discuter avec Antoine. Il est venu. Tout à coup Ninon se sent de nouveau nerveuse, il est beau dans cette tenue débraillée, la chemise un peu ouverte au niveau du col et mal rentrée dans son pantalon.
— Ninon ! crie Louise en accourant vers elle tout sourire. Je suis trop contente que tu sois venue.

Ninon la prend dans ses bras et fait de même avec Constance et Suzanne qui viennent de les rejoindre.
— La fête peut enfin commencer, dit Constance.
— Je vais prendre votre cape ma reine, dit Suzanne en faisant une révérence.

Ninon jette un coup d'œil vers le capitaine. Il est en train de la regarder avec des yeux noir intense. C'est le moment de vérité, elle défait le lacet au niveau de son cou et laisse tomber la cape le long de son corps, dévoilant sa robe rouge dentelle et son corps par la même occasion.

Antoine n'en croit pas ses yeux, il regarde sa bien-aimée de haut en bas, la bouche ouverte. Elle est tellement belle qu'il en oublie de respirer. Elle a les yeux rivés sur lui en faisant un léger sourire. Il n'en faut pas plus pour qu'il réalise enfin qu'il ne peut plus lutter. Il a perdu d'avance, il n'a plus assez de force pour continuer à lui résister. Elle aura eu raison de lui.

Voyant la réaction d'Antoine, Ninon se sent assez en confiance pour aller le rejoindre ainsi que son frère, d'une

démarche assurée. Sauf qu'elle est coupée dans son élan par ses fidèles amies, qui la regarde avec de grands yeux.
— Cette robe est incroyable ! dit Constance.
— Superbe, continue Suzanne.
— Je suis jalouse, je veux la même ! rétorque Louise. Le capitaine va en tomber à la renverse.
— Je crois que c'est déjà le cas, intervient Constance. S'il ne referme pas bientôt la bouche, il va finir par baver sur mon nouveau tapis.

Elles se mettent toutes à rigoler, Ninon est contente de recevoir l'approbation de ses amies pour cette robe.
— Si vous voulez bien m'excuser, il y a une personne à qui je dois parler, dit Ninon.
— Ce soir c'est le grand soir ! L'amour va triompher à Versailles ! s'enquit Suzanne.
— Pas pour tout le monde, rétorque Louise boudeuse.

Ninon ne supporte plus cette situation. Si elle a enfin réussi à sortir de sa torpeur et venir ici chercher l'amour, la duchesse de Bretagne peut en faire de même. Elle attrape Louise par le bras pour l'obliger à la suivre.
— Viens avec moi, je crois qu'il est temps que je me mêle de cette histoire.

Elle entraîne son amie à sa suite avant que celle-ci ne puisse dire quoi que ce soit. En quelques foulées, elles se retrouvent face à leurs deux amants maudits. Ninon se sent soudain un peu moins confiante alors que le duc se trouve à seulement quelques centimètres.
— Ninon, tu t'es surpassée, cette robe est… commence Thomas.
— Absolument divine, finit Antoine sans même s'en rendre compte.

Ils le regardent tous mais il ne voit rien, il est obnubilé par la reine et son corps parfait dans cette robe parfaite. Thomas retient un fou rire, c'est tellement drôle de voir le capitaine

toujours si droit, perdre tous ses moyens. Il regarde Louise, lui prend la main et l'attire contre lui.
— Je crois qu'il est temps que nous ayons une discussion.

Il fait un signe de tête à Ninon et emmène Louise dans un coin de la pièce afin qu'ils puissent discuter tranquillement. Ninon se retrouve seule avec Antoine et ne sait plus trop quoi dire. Elle est nerveuse, elle se sent intimidée mais surtout elle a peur, peur qu'il lui tourne à nouveau le dos.

Le duc de Bourbon fait tout son possible pour garder contenance, mais c'est difficile face à tant de beauté. Il regarde Ninon dans les yeux et la seule chose qu'il y lit, c'est de la tendresse. Comme à son habitude, ses yeux sont pleins d'amour. Elle ne dit rien, elle se contente de l'observer, elle attend sûrement sa réaction. Il ne peut pas l'en blâmer il n'a fait que des vas et viens ces derniers temps. Mais c'est fini maintenant, il est prêt à tout risquer pour être avec elle.

Absolument tout. C'est pour cela qu'il n'hésite pas une seconde à faire ce dont il rêve depuis tellement longtemps. Il attrape Ninon par la taille et l'attire contre lui, par chance elle se laisse faire. Leurs respirations accélèrent et Antoine écrase sa bouche sur la sienne. Ce n'est pas un baiser tendre, non, c'est un baiser plein d'envie et de passion. Il la rapproche encore un peu plus de lui, elle met ses bras autour de son cou et lui rend ses baisers avec ferveurs. Il la serre tellement fort qu'il a l'impression qu'il va finir par l'étouffer. Mais tant qu'elle ne protestera pas, il ne s'arrêtera pas.

Ninon sent son cœur battre la chamade, le sentir près d'elle, enfin. Pour son plus grand plaisir, il y est allé sans retenue, sans même prononcer une phrase. Il a juste écouté son cœur et c'est tout ce qu'elle souhaitait. Elle se sent tellement vivante à cet instant, elle sent qu'elle peut lâcher prise et se laisser aller. Elle n'entend plus rien autour d'elle, c'est comme s'ils étaient seuls au monde, dans leur petite bulle, rien que tous les deux.

Antoine finit par interrompre ce baiser mais il ne se recule pas. Il garde les yeux fermés et colle son front contre celui de celle qui fait battre son cœur. Il n'aurait jamais cru pouvoir un jour se sentir de nouveau apaisé et pourtant c'est le cas. Ne plus lutter, abandonner et juste aimer, voilà ce qu'il lui fallait pour être heureux. Après plusieurs secondes, il dépose un baiser sur le front de Ninon et la regarde.

— Je rends les armes.

— Je savais que cette robe ferait son effet, répond Ninon en souriant.

Antoine laisse échapper un petit rire. La robe à eu son effet c'est certain mais ce n'est pas ce qui l'a poussé à ne plus fuir. C'est elle. Simplement elle et ses grands yeux verts qui le regardent avec tellement de tendresse.

— J'ai acheté cette robe il y a trois ans en pensant à toi. J'espérai pouvoir la porter pour toi un jour.

— Je suis flatté, tu es simplement divine dans cette tenue. Mais la robe n'y est pour rien. C'est toi, je ne peux pas lutter contre toi plus longtemps.

Ninon sourit et se rapproche tout doucement de lui en faisant des yeux de biche. Elle attrape sa chemise et joue avec les boutons.

— Ça veut dire que tu vas rester près de moi à présent ?

— J'ai toujours été près de toi. Même si tu ne me voyais pas j'étais là, avec toi.

Ninon sent les larmes lui monter. Elle n'avait pas ressenti autant de bonheur depuis tellement longtemps, qu'elle se sent un peu submergée par tout cet amour qui est en train de monter en elle. Elle se dresse sur la pointe des pieds et l'embrasse de nouveau, plus chastement. Les démonstrations publiques c'est suffisant pour le moment. Elle reste la reine, il ne faut pas qu'elle l'oublie.

— Je suis heureuse, je ne pensais pas pouvoir redire ses mots un jour mais c'est le cas. Je suis heureuse de te retrouver, de nous retrouver.

— C'est impossible de lutter contre le véritable amour, je viens de m'en rendre compte. C'est pour ça qu'il valait mieux abandonner le combat. Thomas m'a ouvert les yeux.
— Je ne manquerai pas de remercier mon frère à l'occasion.

Même si elle avait elle aussi tenté de refréner ses sentiments pour la sécurité de tous, elle avait vite abandonné. Elle n'était pas assez forte pour mener ce combat et maintenant que le capitaine a fait de même, plus rien ne les empêche d'être heureux. Enfin en dehors de son mariage avec le roi de France. Cela ne va peut-être pas être facile de vivre leur amour mais qu'importe, c'est le moment présent qui compte.

Un peu plus loin, Thomas s'est isolé avec Louise, il espère enfin pouvoir crever l'abcès entre eux. Louise est en train de sourire en regardant Ninon et le duc qui ont enfin accepté l'inévitable. Elle n'a pas envie d'avoir cette conversation avec son amant et les regarder est une bonne distraction. Mais Thomas ne voit pas les choses de cette manière et décide de prendre la parole.
— Louise, je sais que tu m'en veux et je le comprends tout à fait mais il faut que l'on discute.

Après quelques secondes, Louise se résout à le regarder. Elle sait qu'ils ne peuvent pas rester dans cette situation mais elle connaît déjà le mot de la fin : séparation.
— Je redoute d'avoir cette discussion parce que je sais que cela ne va pas finir comme je le souhaiterai, finit-elle par avouer.
— Je ne veux pas que notre belle histoire se termine, réplique Thomas. Mes sentiments pour toi restent inchangés.
— Mais tu es marié et tu aimes également ta femme, sinon tu ne passerais pas autant de temps avec elle.
— Je ne vais pas te mentir, j'ai été surpris par son caractère bien trempé et c'est vrai que ce mariage n'est pas voué à l'échec comme je l'aurai cru. Mais ce n'est pas pour cela que nous devons arrêter de nous voir.

— Mais je ne serai qu'une maîtresse. Tu passeras tes nuits avec elle, tu vas fonder une famille avec elle. Tu vas construire ta vie autour d'elle. Et moi je devrais rester là, à regarder sans rien dire.

Thomas baisse la tête. Il n'avait jamais vu les choses de cette manière. Elle a raison, il va faire sa vie avec sa femme et elle ne sera que celle qu'il rejoint dans sa couche de temps à autre. Malheureusement c'est la seule chose qu'il peut lui offrir.

— Tu as raison. Mais toi aussi tu es marié, jamais nous n'aurions pu fonder une famille et nous marier.

— Le duc de Bretagne est très vieux, il va finir par mourir et nous aurions pu être ensemble à ce moment-là. Maintenant c'est impossible.

— Au début de mon mariage cela ne te posait pas de problème, pourquoi ce revirement de situation ?

— Parce que tu vas finir par l'aimer et m'abandonner, je le sais, je ne suis pas idiote.

Louise essaye tant bien que mal de retenir les larmes qui sont en train de lui monter. Elle vient de comprendre pourquoi elle ne voulait pas avoir cette conversation en réalité. Elle n'avait pas peur qu'il la quitte, elle savait au fond d'elle que c'est elle qui allait mettre un terme à leur histoire.

— Je ne veux pas être ta maîtresse Thomas. Je suis amoureuse de toi plus que je ne le voudrais mais je ne veux pas souffrir pour le reste de mes jours en te sachant avec elle plutôt qu'avec moi.

— Qu'est-ce que tu es en train de me dire ?

— Que je préfère souffrir beaucoup maintenant, plutôt que de mourir à petit feu, au fur et à mesure que les jours et les années passent.

— Tu… tu es en train de me quitter ?

— Je suis désolée, c'est mieux comme ça, crois-moi.

Elle se lève, elle veut partir loin d'ici pour aller pleurer toutes les larmes de son corps. Ne plus être avec lui va être une épreuve très difficile mais elle pourra la surmonter avec le temps. Elle est forte, elle peut le faire, elle doit simplement faire le deuil de cette relation.

Thomas lui attrape le bras avant qu'elle ne parte et l'oblige à se retourner vers lui. Il se lève à son tour pour lui faire face.
— Et si je ne veux pas ? Si je ne veux pas que ça s'arrête ?
— C'est ce que je veux Thomas et si tu m'aimes ne serait-ce qu'un petit peu tu respecteras mon choix.

Thomas lâche son bras et laisse retomber le sien contre son corps. Il ne s'attendait pas à cela, il ne pensait pas que Louise le quitterait de cette manière après tout ce qu'ils avaient vécu ces dernières années. Cela lui fait plus de mal qu'il ne l'aurait cru. Même s'il aime beaucoup sa femme, il est amoureux de la duchesse et il sait à présent ce que ça fait d'avoir le cœur brisé.

Louise s'éloigne rapidement et quitte la soirée sans même dire au revoir à qui que ce soit. Elle regarde rapidement vers Ninon qui semble vraiment heureuse avec le capitaine. Même si elle aurait bien besoin de son amie ce soir, elle ne va pas la déranger. Ninon sourit enfin, elle a le droit à un peu de répit alors elle ne va pas lui enlever cela pour pouvoir pleurer sur son épaule. Ce soir une histoire se termine mais une autre peut enfin reprendre son cours.

Antoine et Ninon passe la soirée tous les deux, ils discutent, rigolent, s'embrassent comme si ces dernières années n'avaient jamais existé. Tout paraît si simple, ils sont dans leur monde et rien d'autre n'existe. Leurs retrouvailles ont été plus rapides et simples qu'elle ne l'aurait cru, c'est comme s'ils ne s'étaient jamais quittés. Comme s'ils reprenaient leur conversation où elle s'était arrêtée il y a bientôt cinq ans.

Après plusieurs heures, il est temps de revenir à la réalité, elle n'a même pas vu les gens partir petit à petit. La fête est finie et elle doit rentrer dans ses appartements. Elle aimerait y inviter Antoine mais ce serait un peu risqué, Madame de Marsan pourrait débarquer ou même le roi. Elle doit encore évaluer les risques avant toute chose, mais ce n'est pas grave, ils ont toute la vie devant eux à présent.

Après un dernier baiser, Ninon se dirige vers sa chambre un sourire collé au visage. Cette soirée a été la meilleure soirée de sa vie, les choses sont enfin à leur place et maintenant elle va pouvoir revivre. Elle marche en sautillant telle une enfant, incapable d'effacer ce sourire qui commence à lui faire mal aux zygomatiques. Mais alors qu'elle s'apprête à entrer dans ses appartements, elle s'arrête un instant et reprend son sérieux. Elle est enfin heureuse alors pourquoi se met-elle des barrières ? La nuit est encore longue et elle veut plus, beaucoup plus.

Elle rebrousse chemin, mais cette fois en direction des appartements du capitaine et longe les murs jusqu'à atteindre la porte du bonheur. Elle frappe sans attendre avant de ne changer d'avis et attend. La porte finie par s'ouvrir et Antoine, torse nu se tient devant elle. Ninon ne peut détacher ses yeux de son corps musclé et couvert de cicatrices.
— Ninon ? Tu ne devrais pas être là.
— Non, je ne devrais pas.

Après plusieurs secondes d'hésitation, Antoine finit par la laisser entrer. Il n'a pas hésité parce qu'il ne veut pas passer la nuit avec elle, au contraire. Mais parce que s'il la laisse entrer, il ne sait pas s'il sera capable de la laisser repartir.

Ninon ne réfléchit pas plus longtemps et entre sans hésitation. C'est la première fois qu'elle vient ici, avant ils se voyaient toujours chez elle. Elle sent Antoine se rapprocher d'elle, elle sent son souffle dans son cou et elle ferme les yeux pour profiter pleinement de la situation. Il défait sa cape et la laisse tomber à leurs pieds. Pour la première fois ce soir, Ninon se sent vulnérable dans cette robe.

Antoine décale les boucles de Ninon sur son épaule gauche et dépose un baiser dans son cou tout en laissant ses mains la caresser le long de ses bras. La sentant frissonner, il reprend son exploration mais cette fois, il dépose des baisers tout le long, de son oreille à son épaule. Elle frissonne de plus en plus sous ses baisers et ses caresses.

Il entreprend alors de défaire sa robe. Même si elle lui va à ravir, elle est encore plus belle complètement nue. En quelques secondes la robe tombe à leurs pieds, comme l'avait fait la cape. Il reprend alors ses caresses ne se contentant plus seulement des bras. Elle laisse tomber sa tête en arrière en lâchant un petit gémissement et il n'en faut pas plus à Antoine pour perdre la tête.

Il l'attrape, la retourne, l'embrasse avec force. Elle se laisse faire et accepte chacun de ses assauts. Il finit par la soulever et l'emmener sur le lit. Il ne peut plus attendre, il a envie d'elle et il compte bien satisfaire son envie encore et encore.

Ninon regarde Antoine enlever son pantalon, le moment tant attendu, tant désiré est enfin là. Faire l'amour avec l'homme qu'elle aime, elle en rêve depuis tellement longtemps. Ces dernières années c'était simplement par devoir, ici, maintenant, avec Antoine, c'est par envie.

Il s'allonge sur elle en se glissant entre ses jambes. Ninon l'accueille avec un grand sourire et quand il entre en elle, elle se sent enfin complète. Un flot de plaisir l'envahit alors que leurs corps bougent à l'unisson. Elle ne veut plus jamais que cela s'arrête. Pour toujours et à jamais.

20 – Le chasseur et la proie

Ce matin Ninon s'était échappée de la chambre de son amant aux aurores pour rejoindre ses quartiers le plus discrètement possible. Elle avait pris de gros risques en passant la nuit avec Antoine mais parfois le jeu en valait la chandelle. La patience n'étant pas une de ses plus grandes qualités, elle n'avait pu se retenir plus longtemps. Après pratiquement cinq ans d'attente, elle avait enfin pu être avec celui qu'elle aime, au moins le temps d'une nuit. Aucun regret, ce fut une nuit absolument merveilleuse et incroyable.

Elle se sent de nouveau pleine de vie et prête à affronter tout ce qui pourrait se mettre en travers de son chemin. Elle vient de finir de déjeuner avec le roi et certains courtisans, c'était long et ennuyeux mais Ninon était d'humeur joyeuse alors pour une fois, elle l'a plutôt bien supportée. À vrai dire, elle ne peut effacer ce sourire qui lui colle au visage depuis son réveil, ce qui n'a pas échappé à Louis-Philippe qui trouve Ninon plus que radieuse. Elle a envie de profiter de cette bonne humeur et de s'amuser un peu. Le retour de la princesse de Navarre est en marche, elle redevient enfin elle-même pour le plus grand plaisir de tout le monde.

Elle a convoqué ses amis et certains nobles dans les jardins, elle veut leur proposer un jeu qui l'amusait beaucoup quand elle habitait toujours à Navarre. Tous les courtisans aimaient ce jeu et ils rigolaient tous beaucoup. Après tout ce qu'il s'est passé à Versailles ces derniers temps, cela va faire beaucoup de bien à tout le monde. Seule Louise a refusé son invitation, elle n'a pas donné d'explication mais la reine se doute bien que c'est à cause de la présence d'Antoinette. Pourtant Louise se trouve non loin de là et observe, tapie dans l'ombre, ce qu'il se passe. Elle ne veut pas, ne peut pas se retrouver en présence de Thomas pour le moment, mais elle ne peut pas non plus rester loin de lui. Elle a encore besoin de l'apercevoir même quelques secondes, pour ne pas se sentir totalement esseulée.

Ils attendent tous Ninon près de la fontaine et sont impatients de savoir ce que la reine leur réserve. Antoine est là lui aussi, il s'est dit qu'il était temps de profiter de la vie. Ninon les rejoint d'une démarche assurée et ne quitte pas des yeux son amant, qui lui manque déjà terriblement. Ils la saluent tous et elle leur fait signe de se redresser. Cesse de mondanité, il est temps de redevenir des enfants.

— Je suis contente que vous soyez tous là, il est temps de s'amuser un peu. Je vous propose un petit jeu qui va tous nous divertir : « Le chasseur et la proie ». Pour ceux qui ne connaisse pas, voici les règles : Messieurs vous allez devoir nous chasser dans les jardins de Versailles, l'intérieur du château est hors limite. Tous les coups sont permis et chaque chasseur peut choisir plusieurs proies. Nous porterons des rubans autour de notre taille que vous devrez récupérer.

Ninon montre les rubans couleur or qu'elle tient dans les mains. Charlotte qui l'accompagne, prend les rubans et les distribue à chacune des femmes.

— Il nous faut une petite longueur d'avance, intervient Constance.

— Évidemment, Messieurs vous devez compter jusqu'à cinquante avant de vous lancer à nos trousses. Dernière chose : ce qu'il se passe dans les jardins reste dans les jardins, finit Ninon avec un petit sourire malicieux.

Antoine saisit tout de suite le sous-entendu de la reine. Il va l'attraper et jouer avec sa proie pendant de longues heures, caché dans les jardins. Ninon en connaît chaque recoin, elle saura sûrement où se cacher pour être tranquille.

Louis-Philippe remarque tout ce petit monde réuni autour de la fontaine et repère de suite la reine face à cette assemblée en train de distribuer des rubans. Curieux, il s'avance pour savoir de quoi il en retourne. Le brouhaha s'arrête alors qu'il

arrive à leurs côtés et les nobles s'inclinent devant lui. Ninon se retourne et le regarde surprise.
— Votre Majesté, tout va bien ? s'enquit-elle rapidement.
— Je me demandais seulement ce que vous faisiez tous réunis ici.
— Je voulais divertir les courtisans alors je leur ai proposé un petit jeu. Nous étions sur le point de commencer.
— Content de vous voir de retour ma reine, lui dit-il en lui faisant un baise-main.

Antoine serre les dents pour ne rien dire quand il voit la scène. Il sait que le roi à tous les droits de déposer un baiser sur la main de sa reine, mais cela le fait quand même enrager.

Louis-Philippe reprend :
— Et quel est donc ce jeu ?
— Le chasseur et la proie, cela fera du bien à tout le monde de courir à l'air frais tout en s'amusant.
— Vous avez parfaitement raison ma reine et je vais également participer, cela me fera aussi le plus grand bien !
— Votre Majesté, commence Louvois.
— Louvois, allez prévenir les conseillers que j'aurai un peu de retard, je dois chasser la reine, dit-il en souriant à Ninon.

Ninon sourit faussement, pour prétendre être ravie que son époux se joigne à eux. Mais c'est loin d'être le cas, elle avait trouvé ce jeu afin de pouvoir s'isoler avec le capitaine sans qu'il y ait de soupçons quant à leur relation. Elle pensait le roi trop occupé et bien trop sérieux, pour participer à ce genre de fantaisie.

Antoine n'a plus vraiment envie de jouer, maintenant que son cousin participe, cela va être compliqué pour lui d'attraper Ninon et de profiter d'elle et de son corps pendant des heures comme il l'avait prévu. Le roi va seulement courir après Ninon, il n'oserait pas chasser une autre femme en présence de la reine. Même si tout le monde sait qu'il a des maîtresses, il reste tout de même discret à ce sujet. Au point que l'on pourrait croire qu'il est fidèle à son épouse. Louis-Philippe respecte trop Ninon pour lui imposer ce genre de spectacle.

Ninon regarde Antoine, déçue. Elle a bien compris elle aussi que ce jeu allait être beaucoup moins amusant à présent. Thomas s'avance vers sa sœur en souriant, il baisse rapidement la tête face au roi et s'adresse à lui directement. Peu de personnes de la cour pourraient se le permettre, mais Thomas a toujours été loin des convenances.

— C'est un honneur d'avoir le roi à nos côtés pour ce genre de frivolité, mais sachez qu'attraper la reine est un grand honneur pour nous petits chasseurs, alors que le meilleur gagne.

Ninon sourit en comprenant que Thomas vient de lui offrir une très bonne opportunité. En effet, si tous se mettent à ses trousses, il lui sera plus facile de se retrouver avec le capitaine.

— Bien Messieurs, vous pouvez commencer à compter, dit Ninon.

Elle montre à Antoine de quel côté elle compte se diriger afin qu'il puisse la retrouver plus facilement. La présence du roi a quelque chose d'excitant finalement, comme si le danger lui donnait une poussée d'adrénaline et qu'elle avait envie de jouer avec le feu.

Louise se cache, voyant les filles commencer à courir dans tous les sens pour échapper aux chasseurs. Ninon prétend courir mais s'arrête non loin de là. Elle va attendre Antoine ici pour l'emmener près d'une des remises à l'abandon derrière le domaine. Il y a un petit coin d'herbe, caché de tous où ils pourront rester pendant un petit moment.

Thomas, qui a remarqué la bonne humeur de sa sœur et du capitaine, veut s'assurer qu'ils puissent profiter de ce moment. Il va tout faire pour induire le roi en erreur et l'emmener à l'opposé. Alors qu'ils finissent de compter, Thomas se retourne vers Louis-Philippe.

— Je suis sûre que ma sœur serait ravie que vous la retrouviez en premier. Au fond des jardins, il y a une petite serre avec des roses qu'elle adore, je suis sûr qu'elle est partie là-bas.

— Merci, j'apprécie votre aide.

Thomas lui sourit et le roi file en vitesse vers cette fameuse serre. Le sourire de Thomas s'efface, c'était bien trop facile. Courir après sa femme ne l'intéresse pas vraiment non plus, c'est pour cela qu'il va rendre les choses plus intéressantes. Il a remarqué que quelqu'un les espionnait depuis tout à l'heure et chasser cette personne sera bien plus drôle à son goût. Il prétend se mettre à courir en direction des jardins, mais pour avoir passé beaucoup de temps ici avec sa sœur, il connaît plein de passages et se retrouve en moins de deux juste derrière celle qui les observait.

Louise est triste de ne pas jouer avec eux, surtout qu'elle adore ce genre de jeu. Maintenant qu'ils sont tous en train de s'amuser, il est temps pour elle de retourner dans ses appartements et pleurer sur son sort une fois de plus. Elle a quitté son amant de son plein gré, certes, mais cela est vraiment plus douloureux qu'elle ne l'aurait cru. Elle se retourne pour quitter les lieux et se retrouve face à un Thomas qui la surplombe de toute sa hauteur et qui la regarde les bras croisés. Elle est d'abord surprise mais se ressaisit vite et détourne les yeux en essayant de reprendre contenance. Elle ne s'attendait pas à se retrouver face à lui de cette manière, prise en flagrant délit d'espionnage.

— Si tu avais autant envie de jouer, il fallait te joindre à nous, dit Thomas.

— Je faisais une balade et je vous ai vu, je ne voulais pas déranger. Je vais retourner faire ce que j'ai à faire. Amuse-toi bien.

Thomas se déplace pour l'empêcher de passer, toujours les bras croisés. Elle n'ose pas le regarder en face, elle a trop honte. Elle se décale mais il fait de même encore et encore. Elle finit par le regarder dans les yeux, énervée.

— J'aimerais pouvoir passer, Monsieur le Prince ! dit-elle avec dédain faisant sourire Thomas.

— Ma chère duchesse, je n'ai point envie de vous laisser passer.
— Je me fiche de vos envies, il vous faudra apprendre un jour que vous ne pouvez pas toujours faire tout ce dont vous avez envie !
— Ah oui ? C'est bien dommage, je suis particulièrement célèbre pour céder à mes envies.

Il attrape la duchesse par la taille et la rapproche de lui avant qu'elle ne puisse protester. Il l'embrasse à pleine bouche et Louise fait ce qu'elle peut pour se débattre. Mais la lutte ne va pas durer longtemps, elle est faible face à ses baisers qu'elle finit par lui rendre avec passion. Thomas recule et colle Louise contre le mur. Ils sont dans un espace particulièrement ouvert mais il s'en fiche, il a retrouvé les lèvres de son amante qui lui avait tant manqué et par chance elle se laisse faire.

Louise met ses bras autour du cou du prince de Navarre, elle ne peut lui résister. Elle s'abandonne à lui une fois de plus. Sentir ses mains contre sa peau, la faisant frissonner de plaisir, ses lèvres la dévorant comme si sa vie en dépendait. Voilà pourquoi elle ne peut lutter, avec Thomas, elle a toujours l'impression d'être indispensable, d'être importante, d'être ce dont il a le plus besoin. Alors quand il lui susurre à l'oreille qu'il va la prendre ici et maintenant, elle ne peut qu'acquiescer.

De son côté, Ninon attend Antoine avec impatience mais il ne vient pas, elle lui a pourtant montré la direction à prendre. Elle s'avance pour voir ce qu'il se passe et tombe face au Marquis de Vauban.
— Je vous tiens ma reine !
— Monsieur le marquis ! Vous ne voudriez pas empêcher la reine de s'amuser pleinement en lui retirant son ruban ? De plus je suis sûre que Suzanne vous attend avec impatience, lui dit-elle en faisant un petit clin d'œil.

Le marquis comprend tout de suite l'allusion de la reine et s'éloigne rapidement. Ninon sent alors des mains sur ses bras, l'obligeant à se retourner en vitesse. Elle se retrouve plaquée contre un arbre et relève rapidement la tête pour voir son assaillant. Les yeux noirs du capitaine la transpercent et elle sent son cœur chavirer. Elle repousse Antoine doucement pour se libérer.
— Il va falloir m'attraper si vous voulez votre récompense, Monsieur le duc.

Antoine fait un petit sourire satisfait, il adore les défis, surtout quand il s'agit de Ninon. Elle a toujours eu cette capacité à leur rendre fou avec des petits jeux qui paraissent innocents mais qui sont loin de l'être. Elle a ce côté coquin qui la rend encore plus belle. Ninon se mord la lèvre et commence à courir en direction de la remise abandonnée, en laissant échapper des petits rires.

Louis-Philippe de son côté, n'avait pas trouvé son épouse où Thomas lui avait indiqué. Mais en y réfléchissant, Ninon ne va pas lui faciliter la tâche, elle est sûrement là où on ne l'attend pas. Alors qu'il marche en direction du palais, il entend un petit rire qu'il reconnaîtrait entre mille. Elle est là. Il se retourne et la voit déambuler entre les arbustes en souriant et rigolant, elle a l'air vraiment heureuse et cela lui réchauffe le cœur. Il avait fini par croire qu'il ne la verrait plus jamais ainsi depuis leur mariage, mais ça y est, elle est de retour. Il s'apprête à la rejoindre quand il voit le duc de Bourbon courir après la reine, lui aussi en souriant et rigolant. Il n'avait jamais vu son cousin agir ainsi, il a toujours été fermé, distant, triste. Il les regarde passer en se disant que Ninon a un vrai talent pour redonner goût à la vie aux gens, mêmes les plus tristes. Il décide de laisser son cousin s'amuser un peu. Après avoir mené une guerre, il le mérite bien et il sait que la reine est en sécurité avec le capitaine.

Une fois arrivée à la remise, Ninon en fait le tour et va s'effondrer au milieu des fleurs se trouvant derrière le mur de pierre. Antoine la rejoint rapidement et se laisse tomber à côté d'elle. Ils respirent tous les deux très fort essayant de reprendre leur souffle, ils sont toujours en train de sourire. Ninon sait qu'à présent ils sont bel et bien seuls et que rien ne peut les empêcher de profiter l'un de l'autre.

Antoine se redresse sur son avant-bras et regarde Ninon, elle est belle avec ses joues rosies par l'effort. Sa poitrine monte et descend rapidement laissant l'orée de ses seins lui faire des avances, qu'il accepte sans hésitation en y déposant des baisers. Il sent les mains de Ninon se glisser sur son crâne jusqu'à son visage et l'oblige à remontrer jusqu'à elle. Elle l'embrasse avec ferveur et il sait qu'il ne va plus pouvoir s'arrêter avant de faire d'elle une femme comblée.

Ninon avait toujours rêvé de se retrouver comme cela avec Antoine dans les jardins. Dans son endroit préféré avec la personne qu'elle aime. Elle se sent tellement bien au milieu de la nature, que partager cela avec l'être aimé lui semble tout à fait normal. Partager leur amour dans cet endroit qui sera maintenant le leur. Pour elle plus rien ne compte à part l'instant présent.

21 – Instant thé

Antoine ne dort pas très bien ces derniers jours et il en connaît la raison : Ninon ne dort pas à ses côtés. De s'être réveillé près d'elle il y a quelques jours avait ravivé ce désir de l'avoir toujours auprès de lui. Même s'ils réussissent à se retrouver régulièrement c'est loin d'être suffisant. Maintenant qu'il a fait tomber toutes ses barrières, il ne veut plus ressentir ce manque qui lui a bouffé les entrailles pendant trop longtemps.

Il n'est pas idiot, il sait qu'ils ne seront jamais vraiment ensemble mais il garde espoir, qu'un jour, ils seront enfin heureux tous les deux, sans entrave, sans personne entre eux. Un rêve, qu'il chérit bien plus qu'il n'oserait l'avouer.

Ils ont la chance d'avoir des amis formidables qui font tout ce qu'ils peuvent pour les aider à se retrouver même pour seulement quelques minutes. Thomas est d'un soutien hors pair, il trouve toujours une solution à tout. C'est un expert en la matière grâce à toutes les années de liaisons interdites à son actif.

Antoine voulait voir Ninon aujourd'hui, mais il sait qu'elle passe la journée avec son fils, leur fils. Il aimerait tellement pouvoir être à ses côtés lui aussi. Lui apprendre à chasser, à manier l'épée, à monter à cheval. Une relation père-fils digne de ce nom et pas seulement la relation d'un petit garçon et son protecteur.

Thomas le rejoint dans un couloir près des appartements de Ninon, il a un air tout guilleret et satisfait. Il a probablement passé une excellente nuit pour être aussi souriant.

— Tu feras attention tu as un air idiot sur le visage, lui dit Antoine.

— Tu as le même air idiot à chaque fois que tu vois ma sœur alors ne la ramène pas, répond Thomas en rigolant et lui donnant un coup dans l'épaule.

— Je crois que je suis jaloux.

— C'est même sûr ! rigole Thomas.

Henri, le dauphin, avance dans le couloir suivi par sa nourrice Joséphine. Il reconnaît son oncle Thomas et court vers lui en vitesse. Il s'écrase contre la jambe de celui-ci en rigolant. Thomas et Antoine le regardent avec tendresse et le prince de Navarre le prend dans ses bras.

— Que fais-tu ici petit bonhomme ? Tu ne devrais pas être avec ta maman ?

— Je ne suis pas petit.

— Pardonnez-moi Votre Majesté, dit Thomas en souriant et inclinant la tête.

Antoine ne peut s'empêcher de se sentir mieux en voyant son fils, il parle de mieux en mieux et il est très intelligent pour son âge. Il est également plutôt vif d'esprit, il a remis son oncle en place en moins d'une seconde. Et pour couronner le tout, il est de plus en plus mignon, impossible de ne pas craquer.

— Vous venez avec moi voir maman, et le capitaine aussi.

— Je ne sais pas, nous devons aller…

— Oh oh ! C'est moi qui décide, dit Henri.

— Je crois que nous n'avons pas le choix dans ce cas, répond Antoine.

Joséphine s'avance, un peu gênée. Elle s'incline et n'ose pas regarder les deux hommes.

— Je suis désolée, je vais emmener le dauphin et vous laisser voguer à vos occupations, dit-elle.

— On vous suit, dit Thomas regardant Antoine et haussant les sourcils.

Il relâche le dauphin et ils le suivent tous les trois dans le couloir. Antoine va finalement pouvoir passer du temps avec son fils et Ninon. C'est une bonne journée qui s'annonce.

Lorsqu'ils entrent dans le salon de Ninon, celle-ci leur tourne le dos, elle est en train de parler avec Madame de

Marsan, enfin de lui demander pourquoi les jouets du dauphin ne sont pas encore arrivés.

— Maman !

Ninon se retourne en entendant cette petite voix toute douce qui l'appelle. Elle remarque alors Antoine qui se tient juste derrière le dauphin et son sourire s'élargit d'autant plus. Le petit Henri va rejoindre sa mère et Ninon se baisse pour le prendre dans ses bras.

— Ce que tu m'as manqué ! Tu as encore grandi, lui dit sa mère en l'observant de tous les côtés.

— Je suis un grand garçon maintenant.

— C'est vrai, tu es grand, beau et fort comme ton papa, dit-elle en lançant un regard à Antoine qui ne peut s'empêcher de sourire.

— J'ignorais que vous pensiez cela de moi ma reine.

Tout le monde se retourne vers la porte et voit Louis-Philippe qui regarde sa famille avec un air attendrissant. Antoine est soudain mal à l'aise et Ninon affiche un sourire gêné. Thomas fronce les sourcils en se demandant comment le roi peut encore croire qu'Henri est son fils alors qu'il est le portrait craché de son cousin, le duc de Bourbon. Louis-Philippe s'avance vers eux et prend le dauphin dans ses bras en l'embrassant sur le sommet du crâne.

— Que faites-vous ici ? demande Ninon. Je pensais que vous étiez occupé aujourd'hui.

— Et moi je pensais vous trouver seule avec notre fils mais apparemment c'est une réunion familiale, lui répond le roi en regardant Thomas et Antoine.

Thomas n'apprécie pas trop cette remarque et compte bien le faire savoir.

— Le dauphin nous a demandé de venir, réplique Thomas. Nous ne pouvions pas refuser.

— Ah oui ? Henri, tu as demandé au prince et au capitaine de venir avec toi ?

— Cela pose un problème ? demande Ninon.

— Oncle Thomas m'a dit qu'il allait m'apprendre plein de trucs alors il a le droit de venir, dit doucement Henri.

Charlotte entre dans la pièce accompagnée de plusieurs domestiques, elles déposent le goûter et le thé sur une des tables ainsi que les jouets du dauphin près du sofa couleur émeraude.
— Des trucs ? Quel genre de trucs ? demande Louis-Philippe.
— Des trucs de fille, répond Henri.

Ninon pouffe de rire ne s'attendant pas à cette réponse. Charlotte regarde Thomas en secouant la tête et marmonne le mot « incroyable » que seule Ninon entend et qui la pousse à rire de plus belle. Antoine regarde Thomas en essayant de ne pas rire quant à Louis-Philippe, il ne sait pas trop s'il doit rire ou s'énerver. Thomas, de son côté, comprend alors qu'on ne peut pas faire confiance à un enfant pour garder un secret. Il regarde vers le plafond et se balance sur ses pieds faisant comme si de rien n'était.

Le roi prend la parole :
— Vous parlez de « trucs de fille » avec le dauphin ?
— Vous savez, il n'est jamais trop tôt pour être un homme, dit Thomas en souriant.

Ninon secoue la tête ne pouvant s'empêcher de sourire, elle sait pourtant qu'elle ne devrait pas. Son jumeau a été un peu loin, mais cela lui ressemble bien. Le roi regarde sa femme et comprend qu'il a déjà perdu le combat. De toute façon, face à Thomas, il n'aura aucune chance de l'emporter, jamais. C'est son frère adoré alors que lui, il n'est que celui qui l'a enfermé dans un château somptueux en lui offrant une vie digne de la princesse qu'elle était. Il repose le dauphin à terre.
— Capitaine, et vous pourquoi êtes-vous ici ?
— Le dauphin m'a également demandé de venir, répond Antoine.
— Je vois. Bien je vais vous laisser, le cardinal m'attend.

Il ébouriffe les cheveux du dauphin qui pousse un petit grognement et va courir entre les jambes d'Antoine. Louis-

Philippe se fait une raison, son fils préfère le capitaine aujourd'hui. Il ne peut pas lui en vouloir, il a quatre ans et un homme avec une épée est tout de suite plus attrayant pour un petit garçon. Il fait un sourire à sa femme qui l'ignore totalement et s'en va, tout le monde le salue. Ninon se retourne vers Madame de Marsan.
— Vous pouvez y aller, ainsi que les domestiques. Charlotte, tu restes pour nous servir. Joséphine, allez vous reposer et revenez chercher le dauphin dans quelques heures.
— Bien madame, disent-elles en même temps.

Elles sortent et Ninon se laisse tomber sur le sofa, ravie d'être enfin en famille. Elle peut enfin être elle-même et c'est ce qu'elle fait : elle retire ses chaussures et met ses pieds sur la table devant elle. Charlotte sert le thé pour tout le monde et un jus de fruits pour le dauphin. Ninon lui fait signe de s'asseoir sur le fauteuil à ses côtés. Thomas vient s'écrouler dans le fauteuil en face de Ninon, et Antoine va rejoindre Ninon sur le sofa suivi par Henri, qu'il met sur ses genoux. Le petit garçon regarde le duc d'un air sérieux.
— Quand je serai grand, je veux être comme toi. Moi aussi je veux avoir une épée.
— Et vous en aurez une, c'est promis, lui répond le duc.
— Henri, bois ton jus d'orange s'il te plaît. Pourquoi tu lui parles comme ça ? Tu peux lui parler normalement, on est entre nous, dit Ninon à Antoine tout bas.

Charlotte se lève, prend le jus d'orange et s'avance vers le dauphin.
— Nan, je n'en veux pas ! répond le petit en secouant la tête de droite à gauche.

Ninon regarde son fils le visage résolu ce qui fait beaucoup rire Thomas, elle essaye d'avoir un air méchant comme le faisait leur mère quand ils étaient enfants mais c'est un échec. Ninon est loin de faire peur alors qu'elle est affaissée sur le sofa, les pieds sur la table et les cheveux mal coiffés.

— Si un jour vous voulez devenir un grand roi, il va falloir boire ce jus d'orange, Votre Majesté, dit Antoine.
— Je veux plus être roi, je veux être capitaine.
— Et pourquoi ne pas être les deux ? demande Antoine à Henri.
— Maman ? Je peux être les deux ?
— Oui mais pour ça il faut boire ton jus d'orange.

Henri se lève, prend le jus d'orange des mains de Charlotte, boit le verre d'un trait, sourit à sa maman et file jouer avec son épée en bois près de la fenêtre. Thomas regarde Charlotte en tendant les mains.
— Il vous faut quelque chose ? lui demande-t-elle.
— Ma tasse de thé Charlotte.
— Rien de plus simple, elle est juste devant vous, suffit de tendre le bras, lui répond-elle en se rasseyant au fond de son fauteuil.

Thomas la regarde surpris et amusé. Charlotte est la seule personne en dessous de son rang qui se permet de lui parler de la sorte et ça lui plaît beaucoup. Même à Navarre, elle a toujours été comme cela, elle n'a jamais hésité à le remettre à sa place et à lui dire ce qu'elle pensait. Elle n'a jamais fait cela avec ses autres frères et sœurs, mais avec lui c'est différent et il n'a jamais su pourquoi.

Ninon regarde son frère en lui montrant la tasse, amusée elle aussi. Elle a toujours aimé voir Charlotte agir ainsi avec lui quand ils sont seuls. Antoine prend sa tasse tout seul et en vitesse pour ne pas subir le même sarcasme. Il commence à se dire que cette Charlotte est vraiment une domestique à part et qu'il l'apprécie de plus en plus.
— C'est comme ça que les choses auraient dû être si le roi ne s'en était pas mêlé, dit Thomas en prenant son thé. Rien que nous à boire le thé avec votre enfant qui joue à nos côtés.
— Si seulement… soupire Ninon.
— Mais c'est ce que nous sommes en train de faire, intervient Antoine.

— Mais ton fils ne sait pas qu'il est ton fils, lui répond Thomas.
— Ce n'est pas grave, je peux au moins le voir grandir.

Ninon regarde le capitaine, désolée de cette situation. Charlotte les regarde tour à tour, puis se lève et met ses mains sur ses hanches, prête à les réprimander.
— C'est vrai que la situation n'est pas idéale mais ne faites pas ces têtes d'enterrement. Les jumeaux, vous n'avez pas été séparés malgré vos mariages respectifs, le capitaine est revenu vivant et vous êtes enfin réuni. Le dauphin se porte bien et admire cet homme comme s'il savait qu'il était son père. Quant à moi j'ai la chance de toujours être à votre service dans un des plus beaux palais et je suis bien payée. Alors la situation n'est pas idéale mais cela pourrait être pire !

Ils la regardent, tous choqués. Cette fois ils ont tous les trois, été remis à leur place et de manière très classe. De plus, ils ne peuvent qu'admettre qu'elle n'a pas tort.
— Charlotte dans toute sa splendeur qui remet les pendules à l'heure, rigole Thomas.
— Je ne sais pas ce que vous deviendriez sans moi ! réplique-t-elle en se rasseyant confortablement.

Madame de Marsan qui se trouve de l'autre côté de la porte entre ouverte, a tout entendu. Elle avait en effet, toujours pensé que le dauphin ressemblait étrangement au duc de Bourbon. Mais faisant partie de la même famille, cela ne semblait pas si étrange car les deux hommes partagent les mêmes gènes après tout.

Mais à présent, elle connaît la vraie raison et cela n'a rien à voir avec la génétique. Le dauphin n'est pas l'enfant du roi et elle ne sait pas vraiment quoi faire de cette nouvelle information. Elle devrait en parler au roi, lui dire la vérité mais cela mettrait le royaume de France en péril. La France est son pays et elle le chérit plus que tout. Dire que le dauphin n'est pas un enfant légitime, laisserait le trône sans héritier. S'il devait arriver malheur au roi, son jeune frère Gaston prendrait le pouvoir et il en est hors de question, il détruirait tout ce que le roi Louis avait construit. Mais peut-elle vraiment rester les bras croisés tout en sachant la vérité ? Il s'agit de l'avenir du royaume, il s'agit de faire ce qui est juste, il s'agit de la France.

22 – Petites libertines

Le marquis de Vauban est d'humeur joyeuse ce matin, il est heureux. Ce regain de bonheur lui donne plein de petites idées et il compte bien en faire partager sa femme au plus vite. Suzanne est toujours en train de dormir comme ça lui arrive beaucoup ces derniers temps. Même s'il souhaite la laisser se reposer, son corps lui, n'est pas de cet avis. Il se rapproche doucement et se glisse à ses côtés. Il vient se coller à elle et laisse ses mains se balader sur le corps superbe de la marquise. Elle est plutôt réceptive, et même si elle garde les yeux fermés, elle commence à remuer, se frottant encore un peu plus à lui.

Philippe de Provence connaît bien sa femme, ses habitudes et ses envies. Quand elle dort nue, cela veut dire qu'elle attend beaucoup de lui, et ce dès le réveil. Il n'a jamais reculé devant une telle invitation et ce n'est pas ce matin qu'il va commencer. Elle le regarde avec un petit sourire coquin et écarte les jambes s'offrant à lui sans aucun artifice. C'est ce qu'il aime le plus chez elle, elle s'assume, assume ses envies et son plaisir. Sans attendre, il se glisse entre ses cuisses et commence une danse qu'ils ont répétée mainte et mainte fois.

Thomas n'a pas passé la nuit dans le lit de sa femme. Cela faisait longtemps qu'il n'avait pas découché mais hier soir, il avait envie de dormir auprès de Louise. Il l'aime sincèrement et elle lui manque terriblement, c'est pour cela qu'il a cédé à ses envies et a passé la nuit avec elle. Ce fut une nuit mouvementée, la duchesse semble n'être jamais rassasiée de lui et encore ce matin malgré le peu de sommeil, elle en redemande encore. Il est toujours prêt pour cela et compte bien la satisfaire une fois de plus. Alors quand elle prend les choses en main et lui grimpe dessus, il se laisse faire. Il aime contrôler mais avec Louise, il n'a aucun mal à la laisser prendre les rênes.

Antoine ouvre doucement les yeux et sourit en sentant le corps de Ninon tout près du sien. Elle est là, dans ses bras, la respiration légère, elle dort encore. Elle est venue le rejoindre en plein milieu de la nuit. Sans crier gare elle s'était blottie contre lui, très désireuse de tout ce qu'il pouvait lui offrir pour la nuit. Leur osmose est toujours aussi parfaite, leurs corps sont faits l'un pour l'autre. Et même leurs esprits sont en accord, ils n'ont même plus besoin de parler pour communiquer. Comme il ne sait pas quand cette situation va pouvoir se reproduire, il veut en profiter au maximum. Il commence par lui caresser le bras avec délicatesse, elle gigote légèrement, se frottant contre lui, ce qui augmente son envie en moins d'une seconde. Il devient un peu plus entreprenant et Ninon ouvre les yeux en souriant. Leurs regards lubriques se croisent et il n'en faut pas plus pour faire valser les draps par terre.

Louis-Philippe se réveille doucement, une femme se tient à ses côtés. Il espère un instant que ce soit sa femme puis il se rappelle que c'est seulement une de ses maîtresses. Il rêve de se réveiller aux côtés de Ninon mais elle se refuse à lui autant qu'elle le peut. Hier soir il a tenté une approche mais elle lui a répondu qu'elle était épuisée et qu'elle souhaitait se reposer. Il n'est pas idiot, il sait que cela est faux mais il ne force jamais les choses. Il a épousé la femme qu'il souhaitait mais il n'aurait jamais cru qu'elle lui ferait encore payer des années plus tard. Elle respecte au minimum ses devoirs envers lui pour qu'il ne puisse lui faire aucun reproche et elle lui a donné un héritier. Sa maîtresse, pour qui il ne ressent absolument rien, se glisse sous la couverture et descend jusqu'à atteindre son point faible. Même s'il ne ressent rien pour elle, elle est très douée dans ce qu'elle fait et comme toujours, il ferme les yeux en imaginant Ninon.

Après une matinée des plus divertissante pour tout le monde, ils se retrouvent pour la messe du matin. Mais leurs esprits sont ailleurs, ils espèrent simplement pouvoir filer d'ici en vitesse et reprendre là où ils s'étaient arrêtés.

Ninon sait qu'elle commence à vraiment jouer avec le feu et Madame de Marsan l'observe beaucoup plus qu'avant, ce qui commence à poser problème pour rejoindre Antoine. Cette nuit elle a dû attendre la moitié de la nuit avant de pouvoir s'échapper. Elle va missionner Charlotte afin qu'elle découvre pourquoi sa première dame agit de la sorte depuis quelques jours.

Cette messe traîne en longueur et tout le monde commence à s'agiter. Le dauphin n'est pas très attentif non plus, il est allé se mettre à côté du capitaine et joue avec lui. Antoine est ravi de l'attention portée par son fils et il est très heureux de pouvoir partager des moments privilégiés en sa compagnie.

Après 30 minutes de calvaire supplémentaire, la messe est enfin terminée et ils sortent tous en vitesse, le roi les a invités à déjeuner dans les jardins. N'ayant pas d'impératif aujourd'hui, Louis-Philippe a décidé de profiter du beau temps avec ceux qu'il considère comme ses plus proches amis. Ninon est radieuse aujourd'hui, c'est d'ailleurs le cas depuis un certain temps maintenant et le roi se demande bien ce qui a pu se passer pour qu'elle soit toujours aussi joviale.

Antoinette va rejoindre Thomas avant que la duchesse de Bretagne ne puisse le faire. Son mari était absent cette nuit et elle sait très bien où il est allé se réfugier. Elle sait que les hommes ont des maîtresses, elle sait qu'il était avec la duchesse avant même de la connaître mais elle ne peut s'empêcher d'être jalouse. Ils s'entendent bien et c'est un mariage que l'on pourrait qualifier de réussi mais son époux ne l'a jamais regardé de la manière dont il regarde Louise de Bretagne, et cela lui brise le cœur.

Constance rejoint Ninon et Suzanne qui sont en train de glousser en parlant à voix basse. Elle veut participer à la conversation et rire elle aussi, elle doit également leur raconter sa nuit avec son mari qu'elle pourrait qualifier de magique. Après autant d'années de mariage, avoir toujours envie l'un de l'autre de cette manière est vraiment extraordinaire surtout à Versailles et ses tentations incessantes. Par chance, là-dessus ils sont sur la même longueur d'onde : on s'amuse mais on ne trompe pas.

Louise voit Antoinette attraper le bras de Thomas tout en lui jetant un regard, voulant dire « il est à moi ». En temps normal cela l'aurait énervé mais pas aujourd'hui. Après leur nuit d'amour incroyable, elle se sent plus que jamais en confiance. Il l'aime sincèrement, elle le sait et elle a décidé d'enfin accepter la situation telle qu'elle est. De plus, si sa femme veut jouer à cela, elle peut jouer elle aussi, Thomas sera à ses côtés avant la fin de la journée.

Ninon raconte sa nuit à Suzanne et Constance qui vient de les rejoindre. Elle jette des petits coups d'œil au capitaine autant qu'elle le peut. Elle s'est sentie tellement vivante grâce à lui qu'elle ne peut s'empêcher d'être aux anges. Ce fut une nuit qui a fini en apothéose ce matin. Le problème c'est qu'elle sent tellement bien, qu'elle se soucie de moins en moins des conséquences de ses actes. Elle est retombée dans ses travers d'avant, de quand elle n'était qu'une petite princesse accompagnant sa sœur aînée pour son futur mariage. Elle se sent tellement vivante quand elle n'est que Ninon, que cela devient de plus en plus difficile de devoir redevenir la reine quand elle quitte son amant ou ses amies.

Le déjeuner bat son plein. Madame de Marsan observe tout ce qu'il se passe, chaque détail entre la reine et le capitaine. Elle est sûre d'une chose à présent : ils ont une liaison. Elle s'était dit qu'elle pouvait passer outre cette vérité qui s'était imposée à elle par hasard. Après tout, la reine ne devait pas être la reine et elle avait peut-être été avec le duc de Bourbon avant de savoir qu'elle allait être dauphine de France. C'est sûrement de cette liaison qu'était né le dauphin et si on y réfléchit celui-ci est de sang royal, le capitaine étant un prince de sang. Elle aurait pu comprendre cela et emporter le secret dans la tombe, mais il semblerait que cette liaison soit loin d'être finie et que c'est maintenant une trahison envers la couronne, le roi et le royaume de France. Une trahison de la reine et du cousin du roi.

Charlotte a reçu une mission de la plus haute importance de la part de sa maîtresse : surveiller Madame de Marsan. Charlotte est loin d'apprécier la première dame, elle est toujours sur ses talons à lui dire ce qu'elle doit faire. Or elle connaît Ninon mieux que personne et elle n'a certainement pas besoin des conseils de cette vieille bique. Ce qui veut dire que, si la reine à raison, alors elle aura enfin une opportunité de l'évincer et de prendre sa place. Elle a fait ses preuves à Versailles et Ninon fera d'elle sa première dame c'est certain. La reine n'aurait plus besoin de se cacher et pourrait vivre comme elle l'entend, si c'est elle qui prend en charge les affaires de la maison royale.

Thomas, qui avait remarqué que Louise s'était amusée à lui lancer des petits sourires coquins depuis qu'ils étaient arrivés dans les jardins, décide de s'éclipser avec elle dès que l'occasion se présente. Il a essayé de résister mais la tentation est trop forte et il ne tient plus. Il s'était pourtant promis qu'il ne ferait rien de la sorte alors que sa femme est dans les parages mais les promesses sont faites pour être brisées comme on dit. Antoinette l'observe mais elle est occupée avec le roi alors il en profite. Il attrape Louise par le bras et l'emmène à sa suite vers les remises.

Ninon est en train de rire avec Constance et Philippe. Elle aime passer du temps avec ce couple bien particulier. Elle aime leur philosophie de vie et leur conception de l'amour, c'est exactement ce qu'elle recherche pour sa propre vie. Elle aurait pu l'avoir avec Antoine mais le destin en a décidé autrement. Alors qu'elle est en train de rigoler, elle ressent une forte douleur au niveau de son abdomen. Une douleur intense et violente, comme si elle recevait un coup de poignard. Elle s'écroule en se tenant le ventre et tout le monde accourt à ses côtés paniqués. Antoine est le premier à lui porter secours, il l'aide à se redresser et l'appuie contre lui, sous les yeux de

Louis-Philippe qui commence à penser que le capitaine est un peu trop à son aise avec la reine.

Quand elle réussit enfin à reprendre son souffle, elle murmure de façon inaudible un nom que personne ne comprend. Il faut qu'elle se ressaisisse, elle tente tant bien que mal de prendre une grande inspiration et dit plus fort :
— Thomas !

C'est alors que Louise arrive paniquée jusqu'à eux.
— Un médecin ! Il faut un médecin ! Thomas se tient le ventre et crache du sang !
— Qu'on appelle un médecin ! Vite ! Crie Antoine.

Ninon se relève avec l'aide de Constance et Antoine et s'avance rapidement jusqu'à la duchesse.
— Où est-il ? Demande la reine.
— De ce côté ! répond Louise en montrant les remises.

Elle file en vitesse, suivie par ses amis, Antoine, le roi et Antoinette. Thomas est allongé par terre et peine à respirer. Ninon se laisse tomber près de lui et prend sa main entre les siennes. Il ne peut pas lui faire ça, c'est hors de question, il ne peut pas l'abandonner ici et maintenant.

Le marquis de Vauban arrive en courant suivi par le médecin qui s'agenouille et prend le pouls de Thomas en vitesse. Il ausculte le prince qui grimace dès que le médecin touche son ventre un peu trop fort.

Ninon sent les larmes rouler sur ses joues, elle a mal, elle ressent la douleur de son frère mais elle tient bon pour lui. Louise se met à pleurer elle aussi, voir celui qu'elle aime dans cet état lui brise le cœur. Antoine est inquiet, très inquiet, son ami est allongé sur le sol et semble être mal en point. Il n'ose pas imaginer la douleur qu'est en train de ressentir Ninon à cet instant, son frère est tout pour elle. Jamais l'un sans l'autre.

Antoinette regarde son époux, confuse, elle ressent de multiples sentiments contradictoires en le voyant ainsi. Elle espère que ce n'est pas trop grave et qu'il va s'en sortir mais en

même temps, elle est contente qu'il soit puni pour avoir tenté de filer en douce avec son amante sous ses yeux. Elle s'en veut de penser comme cela mais la jalousie est trop forte, elle attend son enfant et n'ose même pas le lui dire car elle ne sait pas s'il sera heureux ou non.
— Que ce passe-t-il docteur ? Demande Louis-Philippe.
— Il semblerait que ce soit un empoisonnement Sire. Mais en assez faible quantité pour que ce ne soit pas mortel. Il va cependant souffrir plusieurs jours.
— Un empoisonnement ? Qui oserait empoisonner le prince de Navarre ? gronde le roi.
— Impossible… sanglote Ninon.
— Peut-être que sa maîtresse ne supportait plus d'être relayée au second plan, intervient Antoinette en regardant Louise avec colère.

Louise la regarde choquée qu'elle puisse penser une chose pareille. Jamais, au grand jamais, elle ne pourrait faire de mal à Thomas.
— Ou bien sa femme qui ne supportait plus de le voir aussi heureux avec sa maîtresse ! lui répond Louise énervée.
— Ce n'est pas moi qui me trouvais avec lui quand il s'est effondré ! réplique Antoinette.
— Pourquoi serais-je revenue en vitesse pour appeler un médecin si j'étais coupable ?! dit Louise avec énervement.
— Pour couvrir vos traces !
— Ça suffit ! crie Ninon en se redressant. Louise ne ferait jamais de mal à mon frère ! Je ne vois personne ici qui lui voudrait du mal. Ce poison ne lui était sûrement pas destiné.
— La reine à raison qui voudrait empoisonner le prince de Navarre, intervient le roi. Capitaine, découvrez qui a fait cela et ramenez-moi le coupable.
— À vos ordres Votre Majesté, répond Antoine en baissant la tête.
— Je vais devoir le ramener à l'intérieur et lui préparer un remède pour l'aider avec la douleur, dit le médecin.

— Faites ce que vous avez à faire docteur. Je vais rester à ses côtés jusqu'à ce qu'il se sente mieux, dit Ninon en regardant Louis-Philippe qui acquiesce.

Antoine et Philippe aident Thomas à se relever et le transportent jusque dans ses appartements, suivis par le médecin, Ninon et Antoinette. Louise sait que ce n'est pas sa place et qu'elle doit rester en retrait même si cela lui est très difficile.

Louis-Philippe se retourne vers ses courtisans et leur annonce la fin du déjeuner. Chacun se disperse au fur et à mesure, le laissant seul avec ses pensées, qui pourrait bien vouloir du mal au prince de Navarre ? Si la reine a raison, alors qui était visé ? Par qui ? Pourquoi ? Il pensait s'être débarrassé de la nuisance de son frère mais il est possible qu'il ait encore des gens à son service à Versailles. Ce poison était peut-être bien pour lui ou pour la reine. Le capitaine va devoir vite tirer cette histoire au clair que le coupable soit interrogé et puni comme il se doit.

— Votre Majesté ?

Le roi se retourne et tombe sur la première dame de la reine.

— Qu'y a-t-il ?

— Vous devez savoir quelque chose d'important, dit Madame de Marsan.

— Vous savez qui est responsable de ça ?

— Non Votre Majesté, je dois vous parler d'autre chose.

— Cela devra attendre j'en ai bien peur, je dois m'occuper de cette histoire avant tout. S'attaquer au frère de la reine équivaut à s'en prendre au roi lui-même !

Sur ces mots le roi s'éloigne vers le palais la laissant seule. Il est vrai qu'elle n'avait peut-être pas choisi le meilleur moment pour lui parler mais elle voulait s'assurer qu'elle en avait le courage. Elle est prête à parler mais elle ne sait pas si le roi est prêt à l'écouter. Il n'est sûrement pas prêt à voir la vérité qui se trouve sous ses yeux depuis des années et il sera difficile de lui faire entendre raison.

23 – Le poison de l'amour

Cela fait maintenant plusieurs jours que Ninon n'a pas quitté la chambre de Thomas. Il est toujours faible et elle reste à ses côtés pour l'aider à se rétablir au plus vite. Sa vie n'est plus en danger mais elle a trop peur de le laisser quand même. Elle a eu tellement peur en le voyant comme ça, sur le sol, commençant à cracher du sang. Elle ne peut pas perdre son frère, elle ne peut vivre sans lui.

Ninon a totalement délaissé le reste du monde pour rester avec son jumeau. Elle n'a pas parlé au roi ou à Antoine depuis des jours et en dehors de Charlotte, elle ne laisse entrer personne. Tant qu'elle ne saura pas qui a fait cela, personne ne s'approchera de Thomas. Et quand elle saura qui a fait ça, cette personne répondra de ses actes devant elle, elle ne laissera pas passer cet acte horrible.

Antoine est proche de découvrir la vérité. Comme il n'a pas pu voir Ninon depuis un moment, il avait tout le temps de se concentrer sur la mission confiée par le roi. Le problème, c'est que plus il se rapproche de la vérité et plus les preuves pointent vers une seule et même personne. La seule personne qui revient dans chaque témoignage, encore et encore. Il n'arrive pas à se dire que c'est la réalité, il était loin d'imaginer cela, il en reste bouche bée.

Ce qu'il ne comprend pas, c'est la motivation derrière cet acte. C'est pour cela qu'il continu de chercher des preuves qui prouverait qu'il a tort et que le coupable est tout autre avant d'aller en parler au roi. Mais après deux jours de recherche supplémentaires, il doit se faire une raison et une fois la vérité révélée, les choses ne seront plus jamais les mêmes.

Louis-Philippe fait tout ce qu'il peut pour rester seul ces derniers jours. Il sort à peine de ses appartements et prétend être souffrant. En réalité, il a besoin d'être seul afin de pouvoir réfléchir. La première dame de la reine, Madame de Marsan, lui a fait une confession, ou plutôt une révélation, qui n'est pas si étonnante que cela. Ce n'est pas la première fois que ces accusations arrivent jusqu'à ses oreilles, seulement cette fois le dauphin est impliqué.

Il l'a fait enfermer afin qu'elle ne parle à personne d'autre. Il ne faut pas que cela s'ébruite où ce serait le chaos. De plus, il n'est pas sûr de pouvoir la croire, c'est peut-être encore son frère, Gaston, qui joue avec son esprit. Ce serait même le plus plausible car il ne peut pas croire une seconde que son cousin, la personne en qui il a le plus confiance, puisse se jouer de lui et de cette manière. Il ne le trahirait pas de la sorte ! Jamais Antoine n'oserait le tromper en devenant l'amant de la reine et il est impossible qu'il soit le père du dauphin. Il n'était même pas à Versailles, il était au front à Navarre. Et quand bien même, il a vu le sang sur les draps lors de la nuit de noces, Ninon était encore pure. Tout cela est simplement impossible.

Il se rappelle alors quand il les a vus dans la forêt en train de se courir après et de rigoler. C'était innocent ou du moins c'est ce qu'il pensait. Mais peut-être, simplement peut-être que tout cela est vrai. La comtesse de Toulouse, son frère et maintenant Madame de Marsan disent tous la même chose : la reine entretient une liaison avec le capitaine. C'est toujours le nom d'Antoine qui ressort, jamais un autre. Il faut se rendre à l'évidence, soit c'est la vérité, soit c'est un complot pour semer la discorde. Il ne peut pas agir avant d'en être sûr, il ne peut pas créer un esclandre si tout cela s'avère être faux. Et par-dessus tout, il ne peut pas perdre le peu de confiance que lui accorde celle qu'il aime. S'il l'accuse par erreur, c'en sera fini de leur relation. Elle lui a promis que tout cela était faux et il doit bien avouer qu'il a plus confiance en elle qu'en les accusateurs.

Antoine se fait annoncer par Louvois et Louis-Philippe sort de ses pensées. Le capitaine entre et s'incline face à lui.

— Votre Majesté.

— Cesse de courtoisie, nous sommes en famille. Avez-vous trouvé le coupable ?
— J'en ai bien peur. Toutes les pistes mènent à la même personne. Tous les interrogatoires des servantes et des cuisiniers concordent. Il n'y a aucun doute possible.
— Eh bien ? Qui a tenté d'assassiner le prince de Navarre ?
— Antoinette d'Autriche, princesse de Navarre.
— Pardon ? Pourquoi tenterait-elle d'assassiner son époux ?
— Je l'ignore, nous allons devoir l'interroger. C'est la raison de ma présence. Voulez-vous participer à l'interrogatoire ?

Le roi ne s'attendait pas à cette conclusion. Antoinette d'Autriche avait pourtant l'air heureuse dans son mariage. Elle répétait à qui voulait l'entendre que le prince était un mari idéal et qu'elle était heureuse avec lui. Il semblait même qu'elle avait accepté sa relation avec la duchesse de Bretagne. La reine apprécie beaucoup Antoinette et apprendre cela va la dévaster. Si cela est vrai, Ninon va vouloir comprendre ce qu'il s'est passé, de ce fait, ils ne peuvent pas interroger Antoinette sans la présence de la reine.
— Nous devons prévenir la reine, elle voudra être là. Comment se porte Thomas ?
— Il va beaucoup mieux selon Charlotte. La présence de la reine à ses côtés l'a beaucoup aidé. Comme vous le savez, ils ont cette capacité étrange à se guérir l'un l'autre.
— Je l'ai constaté par moi-même après l'accouchement de la reine, elle était si faible. Mais dès qu'il est arrivé à ses côtés, tout est rentré dans l'ordre.

L'accouchement d'un enfant qui n'est peut-être même pas le sien mais celui de son interlocuteur. Un enfant qui ne serait pas le dauphin de France. Il regarde Antoine avec intensité, celui-ci à la tête baissée et ne le regarde pas. Par respect sûrement, ou bien parce qu'il ne peut pas le regarder en face après l'avoir trompé pendant des années.

Non c'est impossible, il ne peut pas y croire, ceci n'est que mensonge et Madame de Marsan va devoir le payer de sa vie

pour avoir osé colporter ce genre de ragot. Il semble sûr de lui et pourtant, il ne peut faire cesser cette petite voix qui lui répète qu'il doit découvrir la vérité.
— Louvois ! Allez chercher la reine et rejoignez-nous dans la salle du trône.

Des pas se font entendre de l'autre côté de la porte. Louis-Philippe se rapproche de son cousin.
— Allez chercher la princesse de Navarre, nous allons l'interroger.

Antoine acquiesce et sort en vitesse. Il aurait préféré que Ninon n'assiste pas à cet interrogatoire, elle va se sentir trahie par celle qu'elle pensait être son amie. Thomas va s'en sortir mais à quel prix pour son épouse ? Comment une chose pareille a-t-elle pu se produire sans que personne ne se doute de rien ?

Thomas se redresse doucement dans le lit, Ninon le regarde avec un léger sourire. Il est vivant, il a souffert la martyre pendant des jours mais il est vivant. Il n'aurait jamais cru ressentir ce genre de douleur un jour, comme si ses entrailles se décomposaient de l'intérieur sans qu'il ne puisse rien faire. Il a beaucoup moins mal à présent et il sait que tout va bien se passer mais il a besoin de savoir qui a pu lui faire une chose pareille. Il n'a pas d'ennemi, enfin pas qu'il le sache. La seule personne qui pourrait lui en vouloir, c'est le duc de Bretagne et encore, il doit sûrement être content que quelqu'un s'occupe de sa jeune épouse puisqu'il ne peut plus le faire lui-même. Ou bien ce n'était pas lui qui était visé mais alors qui ? Sa sœur ? Le roi ? Son épouse ? Sa maîtresse ? Trop de possibilités. Il espère sincèrement qu'Antoine va découvrir qui a fait une chose aussi ignoble.

Louvois se fait annoncer et entre dans les appartements du prince. Ninon se met debout pour l'accueillir, Thomas essaye de faire pareil mais il a encore du mal à bouger alors il reste au lit.
— Louvois ? Il y a un problème ? demande Ninon.

— Le roi vous fait demander dans la salle du trône, lui répond-il.
— Je dois rester auprès de mon frère, le roi comprendra.
— Il semblerait que le capitaine ait trouvé le coupable, ils vont l'interroger.

Ninon se redresse d'un coup et sent la colère monter en elle. Antoine a réussi, elle ne peut pas rater cela, elle doit savoir ce qu'il s'est passé. Elle se retourne vers Thomas qui est déjà en train d'essayer de sortir du lit.
— Qu'est-ce que tu fais ? Remets-toi au lit !
— Ils ont le coupable, je dois y aller.
— Tu es trop faible pour bouger. Je m'en occupe, je vais y aller et je vais faire payer celui ou celle qui a osé te faire ça.
— Je n'en doute pas une seconde mais je veux voir son visage quand cette personne donnera ses raisons.

Il réussit à se redresser et ordonne qu'on lui ramène des vêtements. Ninon ne bataille pas plus longtemps, elle ferait la même chose à sa place.

Après une bonne quinzaine de minutes, Thomas est plus ou moins présentable et ils suivent Louvois en direction de la salle du trône. Le prince se fait escorter avec de l'aide car il ne peut marcher seul. Ils entrent, le roi est déjà là, assis à les attendre. Il se lève en les voyant arriver et demande à ce qu'on amène un siège pour le prince de Navarre. Il comprend sa venue ici, il veut voir par lui-même qui a tenté de l'assassiner, mais quelle va être sa surprise en voyant entrer son épouse. Ninon va s'installer à ses côtés et lui sourit, un sourire qu'elle lui adresse à chaque fois qu'elle le voit. Un sourire qui semble sincère mais qui ne l'est peut-être pas tant que ça. Elle a un visage d'ange, à qui on donnerait tout sans hésitation. Mais est-ce son vrai visage ?

Le capitaine entre, suivi par Antoinette qui semble confuse et désorientée. Ninon est contente qu'elle soit venue, elle a le droit elle aussi de connaître la vérité. Mais au lieu d'aller rejoindre son époux, elle vient se placer aux côtés du duc de

Bourbon face au roi. Elle baisse la tête et n'ose regarder personne. Ninon ne comprend pas très bien ce qu'il se passe et elle regarde son frère qui semble aussi confus qu'elle.
— Votre Majesté, voici celle qui semble être l'initiatrice de cette tentative d'assassinat, dit le capitaine.

Antoinette regarde Antoine, paniquée, puis le roi, Ninon et enfin Thomas. Elle le regarde avec peine et amour, ce que remarque tout de suite la reine. Elle ne peut pas être coupable, elle aime sincèrement son frère, Antoine se trompe forcément. Louis-Philippe s'assied sur le trône et prend la parole.
— Cela est-il vrai ? Avez-vous tenté d'empoisonner le prince de Navarre ?
— Non ! Votre Majesté, vous devez me croire, jamais je ne ferai de mal à mon époux.
— Toutes les preuves et tous les témoignages sont contre vous pourtant !
— Je ne… Jamais je n'ai souhaité faire du mal au prince de Navarre, vous devez me croire, implore-t-elle en sanglotant.
— Antoinette, qu'avez-vous fait ? demande faiblement Thomas.

Elle le regarde et se met à pleurer toutes les larmes de son corps. Elle tente de se rapprocher de lui mais Antoine l'en empêche. Elle ne tente même pas de passer outre et reste à sa place.
— Je suis désolée, sincèrement désolée. Je ne voulais pas que cela se passe comme ça, ça ne devait pas se passer comme ça.
— Expliquez-vous ! Gronde le roi.
— C'est vrai que je me suis procuré une faible dose de poison mais je ne voulais pas blesser le prince, je vous le jure, pleure-t-elle de plus belle.

Ninon n'arrive pas à le croire. Elle avait confiance en elle, elle lui avait confié son frère et elle a tenté de lui faire du mal. La colère monte et elle sent qu'elle va bientôt ne plus pouvoir se contrôler. Comment a-t-elle pu faire ça ?

Thomas regarde son épouse, déboussolé. Pourquoi a-t-elle fait une chose pareille ? Qu'est-ce qu'il lui est passé par la tête ? Pourquoi tout risquer de la sorte ?
— Si vous ne vouliez pas le blesser, alors pourquoi l'avoir empoisonné ? demande Ninon avec colère.
— Ce n'était pas pour lui. Il ne devait pas boire ce verre de vin, ce n'était pas… Ce n'était pas son verre de vin.
— À qui était-il ? demande le roi. Qui avez-vous tenté de tuer ?
— La dose était trop faible pour la tuer, je voulais simplement lui faire peur, la faire souffrir comme je souffre.
— J'ai bu le verre de Louise de Bretagne, intervient Thomas.

La reine, le roi et le capitaine le regardent à l'unisson. Thomas déglutit face à cette révélation, sa femme en voulait à sa maîtresse. Louise aurait pu souffrir à cause de lui et cette pensée lui est insoutenable. Il tente de se redresser mais n'y arrive pas, il regarde alors sa femme en secouant la tête de désolation.
— Pourquoi ? lui demande-t-il.
— Par amour, pour quoi d'autre ferais-je cela ? Je suis désolée, je ne sais pas ce qui m'a pris, je n'ai pas réfléchi, j'étais en colère et j'ai cédé à mes pulsions. Je suis tellement jalouse de l'amour que vous lui porter.

Thomas comprend à cet instant que tout est de sa faute. Il s'est énormément rapproché de sa femme au début pour finalement de nouveau la délaisser au profit de sa maîtresse, de celle qu'il aime depuis des années.

Antoine ne comprend que trop bien ce qu'elle veut dire. Dans ses rêves, il a souvent tenté d'assassiner le roi. Même si Ninon est loin de l'aimer comme Thomas aime la duchesse, rien que de savoir qu'ils peuvent être ensemble alors que l'on est seul, peut poussez quelqu'un à commettre l'irréparable.

Ninon sait que par amour, nous pouvons faire n'importe quoi, elle-même, elle risque beaucoup chaque jour pour préserver son amour pour le duc de Bourbon. Quand Antoine voyait Lucie de Nantes, elle a aussi eu ce genre de pensée mais elle n'aurait jamais osé les mettre en action. Antoinette n'a pas hésité, elle est passée à l'acte et Thomas en a payé le prix.

— Louise est loin d'être aussi forte que Thomas, commence Ninon, si elle avait bu ce verre, elle serait sûrement morte aujourd'hui. Ce n'était pas une faible dose, vous vouliez la voir mourir.

— Non, je voulais seulement qu'elle soit un peu malade, c'est la vérité. Je ne voulais tuer personne. Elle… elle est toujours là et le prince n'a d'yeux que pour elle et moi je… je regarde, je sais et je ne peux rien faire. Je voulais juste que le prince me voie et qu'il remarque que je porte son enfant.

Ils regardent tous son ventre et remarquent alors qu'en effet il est bombé. Elle est enceinte c'est certain. Thomas ne comprend pas comment il a pu rater une chose pareille. Vu la taille de son ventre cela fait déjà un bon bout de temps, cela veut dire qu'il n'a pas regardé son épouse depuis des semaines.

— Tout est de ma faute. C'est moi le coupable dans cette histoire, murmure alors Thomas.

— Vous avez failli tuer mon frère, la personne dont la vie est pour moi plus importante que la mienne. Je suis venue ici dans l'intention de faire pendre le coupable, mais je ne peux faire cela à présent. Vous portez mon neveu, un enfant de Navarre. Mais je ne peux tout de même pas laisser passer ce que vous avez fait…

— Moi je le peux, la coupe Louis-Philippe. Je ne sais que trop bien ce que cela fait d'aimer une personne qui ne vous aime pas en retour.

Ninon tourne la tête vers lui, surprise de cette révélation. Il semble si triste après avoir dit cela qu'elle ressent comme un pincement au cœur. Thomas, lui, baisse la tête et se dit que finalement le seul coupable c'est l'amour. Sa femme l'aime alors qu'il en aime une autre. Le roi aime sa sœur, alors qu'elle en aime un autre. L'amour se joue d'eux, c'est la cause de tous leurs malheurs.

— Si le prince vous pardonne alors j'en ferai autant. Je sais à quel point cela est douloureux et chacun d'entre nous ici aurait pu faire la même chose pour une raison ou pour une autre, continue le roi.
— C'est un problème que nous devons régler entre nous, dit alors Thomas.
— Dans ce cas, vous êtes gracié, finit le roi.

Il se lève et sort de la pièce, les laissant seuls. Ninon ne peut pas lui pardonner, elle comprend son geste, vraiment, mais son frère a failli mourir. Elle se lève et va rejoindre Antoinette.
— Mon frère semble vouloir vous pardonner, le roi vous a gracié mais ce n'est pas mon cas. Je comprends votre peine et les raisons qui vous ont poussé à faire cela, mais il s'agit de Thomas.
— Je suis sincèrement désolée, la supplie Antoinette du regard.

Ninon détourne les yeux et rejoint son frère. Elle l'embrasse sur le sommet du crâne puis elle se dirige vers la porte suivie par Antoine. Elle sait qu'elle est dure avec elle et elle finira sûrement par lui pardonner un jour, surtout si son frère le lui demande, mais cela prendra du temps.

24 – Les suspicions du roi

Ça fait des jours que cela lui trotte dans la tête. Louis-Philippe ne pense qu'à une seule chose, nuit et jour, pendant ses réunions, pendant la messe, pendant qu'il rêve. Tout le temps. Une vision apparaît devant ses yeux à chaque fois qu'il voit Ninon ou Antoine : Ninon rigolant avec Antoine, Ninon embrassant Antoine, Ninon prenant du plaisir avec Antoine.

Il ne supporte plus de vivre comme cela. Il ne dort plus, il est tout le temps énervé et passe son temps à crier. Si c'était le but de son frère Gaston alors c'est réussi. Madame de Marsan a réussi à entrer dans sa tête et à le rendre fou. Et le pire dans tout cela, c'est qu'il s'en veut. Il s'en veut de ne pas réussir à démêler le vrai du faux.

Quand il y réfléchit, il y a beaucoup de choses étranges, des choses qu'il n'avait jamais vues avant. Qui étaient sous ses yeux mais qu'il ne voulait pas voir. Maintenant qu'il y pense et qu'il ouvre les yeux, il voit clairement. Le jour où il a annoncé vouloir épouser Ninon, Marie avait déjà évoqué le fait que sa sœur entretenait une liaison avec son cousin. Et puis il ne peut pas nier que Ninon a changé quand le capitaine est parti au front et qu'elle est redevenue elle-même quand il est revenu. Comme un idiot, il avait mis cela sur le fait qu'elle était devenue reine et quand Ninon de Navarre était réapparue il y a quelques mois, il s'était dit qu'elle avait enfin accepté son destin.

Ou alors il devient fou et voit le mal où il n'y en a pas. Il ne sait plus quoi penser, il ne sait plus quoi ou qui croire. Il ne sait plus comment vivre dans le doute constant que son épouse, la femme qu'il admire et aime sincèrement depuis des années, en aime un autre. Il n'y a qu'une chose à faire pour passer à autre chose : la confrontation. Il ne veut pas en parler à la reine car elle a trop d'influence sur lui, il lui est trop facile de s'immiscer dans sa tête. Alors il va essayer de régler ça avec Antoine directement.

C'est pour cela qu'il l'a invité à aller chasser, juste eux, sans garde, sans Louvois, sans personne, afin qu'il essaye d'y voir plus clair et que son esprit s'apaise. Il ne peut plus être un bon souverain s'il ne fait que penser à ce qu'il se passe dans la couche de la reine. L'avenir de tout un pays est en jeu, du fait qu'il ne se donne pas à cent pour cent pour ses sujets.

Antoine se demande pourquoi le roi a demandé à ce qu'ils partent chasser seulement tous les deux. En temps normal, il y va avec tout un bataillon et Antoine n'y va que rarement. Mais depuis quelques jours, le roi l'observe beaucoup, il lui parle peu et a toujours l'air absent. Il se passe quelque chose qu'il ignore et il doit savoir quoi. Si une nouvelle guerre se prépare alors il va devoir reconsidérer son avenir dans l'armée royale. Il n'aura pas la force de repartir loin d'ici pendant plusieurs mois, voire des années, maintenant qu'il a retrouvé son cœur. Ce serait tout de même étonnant et prématuré car tous les royaumes sont endettés suite à la dernière guerre.

Il se rappelle alors de Madame de Marsan. Elle a disparu depuis des jours et il se souvient qu'elle tentait par tous les moyens de parler au roi pendant qu'il faisait son enquête sur le poison. Il ignore ce qu'elle voulait lui dire mais elle avait l'air déterminée et depuis les choses sont différentes. Même lors de l'interrogatoire d'Antoinette, le roi était étrange. Il lui a pardonné en moins d'une seconde alors qu'il ne faisait que répéter que s'en prendre à Thomas, c'était s'en prendre au roi lui-même. Mais là, même si elle est enceinte, il a compris et pardonné beaucoup trop vite pour que cela ne soit pas suspect.

C'est donc soit par rapport à la guerre soit par rapport à Ninon qu'ils sont là.

Après une chevauchée assez longue et sans un mot, Louis-Philippe s'arrête et Antoine fait de même. Ils sont en haut d'une colline avec une superbe vue sur le château de

Versailles. Louis-Philippe s'avance au maximum et Antoine vient se placer derrière lui.
— C'est magnifique non ? lui demande Louis-Philippe.
— Oui ça l'est, répond Antoine.
— D'ici tout à l'air si paisible, si calme. Comme si rien ne pouvait ternir la tranquillité du palais. Comme si tout allait bien et que tout le monde vivait sa vie sans souffrance.

Antoine regarde le roi septique et commence à se demander où son cousin veut en venir. Il n'est pas du genre à sortir ce genre de discours à peine compréhensible. Il est de plus en plus curieux et aimerait bien savoir pourquoi ils sont là.
— Tout va bien ? demande Antoine.

Louis-Philippe lâche le palais du regard mais n'arrive pas à faire face au duc alors il reste dos à lui. Il lui a toujours fait confiance, il a donc peur de le regarder dans les yeux quand il va obtenir la réponse qu'il cherche depuis des jours.
— J'imagine que tu te demandes ce que nous faisons ici.

Antoine ne peut s'empêcher de noter le tutoiement. Louis-Philippe fait cela quand il veut montrer sa supériorité, ce qu'il n'avait jamais fait avec lui auparavant.
— En effet, je me pose la question, répond Antoine.
— J'ai besoin de parler à mon cousin, mon meilleur ami. Celui à qui j'ai toujours demandé conseil quand je n'étais qu'un jeune idiot se demandant comment il allait pouvoir être roi.

Antoine avait toujours aimé ces moments. Quand ils étaient enfants, ils étaient proches. Ils avaient reçu leur éducation ensemble, du moins au début, et ils n'étaient jamais l'un sans l'autre. Puis la tragédie est arrivée. Antoine a tout perdu et la seule personne qui était encore là, c'était Louis-Philippe. Il était alors devenu son pilier même si en grandissant c'était devenu de plus en plus compliqué de simplement s'amuser. Un jour tout était redevenu à peu près normal et ils avaient recommencé à être comme des frères. Même s'il ne voyait plus aucune raison de vivre, il était toujours content de passer du temps avec lui. Antoine a toujours été reconnaissant envers son cousin et ami et il l'est toujours, même s'il le trahit de la pire des façons, encore un peu plus chaque jour, en aimant sa femme.

Depuis qu'il a vu Ninon tout émerveillée dans la Galerie des Glaces, il y a des années, sa vie a été bouleversée. De la pire et de la meilleure des façons. Elle l'a totalement envoûtée et sa loyauté de toujours envers son cousin n'est plus la même. Bien sûr, il est prince de sang et il fera toujours tout son possible pour que Louis-Philippe soit un grand roi. Sa tête reste lucide et il fait ce qui est juste, mais en ce qui concerne son cœur, il ne lui appartient plus. C'est désormais Ninon qui le possède depuis qu'elle lui a sauvé la vie.
— Il y a quelque chose dont vous voulez me parler ?
— On m'a de nouveau rapporté une liaison de la reine. Une fois de plus. Et cette fois je me demande si cela n'est pas vrai. J'ai toujours ignoré les dires en ce qui la concerne car elle est une femme peu protocolaire et libre d'esprit et cela ne plaît pas à tout le monde. Mais je ne peux plus me mettre des œillères.

Antoine commence à être nerveux. Ils n'ont pas été assez discrets, quelqu'un a dû les voir ou bien entendre une conversation. Ce quelqu'un c'est forcément Madame de Marsan, c'est ce qu'elle voulait rapporter au roi. Il n'est pas du genre à avoir peur, il s'est jeté devant des mousquetons sans hésitation. Mais quand il s'agit de la vie de celle qu'il aime alors il est terrifié.

Louis-Philippe continue :
— Tu es proche de la reine. J'ai remarqué que vous étiez ce qu'on pourrait qualifier d'ami et vous passez beaucoup de temps ensemble. En étant aussi proche, on voit, on sait des choses. Je suis ton roi et je vais te le demander qu'une seule fois : est-ce que la reine a une liaison ?

Le pire avec cette question n'est pas qu'elle ait été posée. Le pire c'est que c'est une question de loyauté. S'il dit non, alors il ment à son roi. S'il dit oui, il risque la vie de son

amante. Une question de loyauté et rien d'autre. Tant que la question n'avait pas été soulevée, il ne mentait pas à son roi, c'était une omission et non pas un mensonge. Maintenant que la question est sortie, il va devoir faire un choix : oui ou non. La réponse est simple mais va changer le reste de l'histoire.
— La reine ne trahirait jamais celui qu'elle aime.
— Mais est-ce vraiment moi qu'elle aime ? J'en doute fort, elle ne me laisse pas l'approcher. Je vais être franc Antoine, une fois de plus c'est ton nom qui est sorti à la suite du mot liaison. Ce n'est pas la première fois et je commence à me demander si je ne suis pas qu'un sombre idiot qui croit que la loyauté est plus importante qu'une histoire de cœur.

Louis-Philippe décide d'enfin lui faire face, il doit voir son visage, il doit voir comment se sent son cousin après qu'il l'ait accusé de trahison. Et comme il l'avait imaginé, Antoine a le visage impassible, dénué d'émotions, comme il l'a toujours été depuis le massacre de sa famille.

En le voyant se retourner, Antoine a pris le visage le plus calme possible pour ne pas se laisser trahir par ses émotions. Il aimerait pouvoir lui crier dessus et lui dire que son histoire avec Ninon n'est pas une simple liaison. Qu'ils devaient se marier avant qu'il ne décide de s'interposer entre eux. Qu'ils s'aiment depuis des années, que leur amour est plus fort que tout et que le dauphin est son fils. Que tout est de sa faute et que ce ne sont que les conséquences de ses actes.
— Dois-je me méfier de mon propre capitaine des armées ? De mon cousin ? demande le roi.
— Je suis désolé que mon nom soit toujours présent dans les ragots qu'on vous raconte. J'imagine que c'est parce que, je passe beaucoup de temps avec la reine, à votre demande, pour sa protection et celle de votre enfant. Je suis désolé que vous pensiez avoir été trahi par vos proches. Je suis désolé que l'on vous rapporte ce genre d'histoire alors que vous avez des choses plus importantes à gérer.

— Ça ne répond pas à ma question. Même après Gaston et la comtesse de Toulouse, je n'ai jamais cru en cette histoire, j'avais confiance. Même après vous avoir vu ensemble dans les jardins en train de rigoler, je n'ai pas cru un instant à une liaison.
— Et maintenant vous y croyez ?
— J'imagine que cela me travaille plus que je ne le voudrais. Madame de Marsan a entendu une conversation entre toi, Thomas, la reine et sa gouvernante. Elle a aussi dit que le dauphin ne serait pas mon enfant.

Antoine déglutit. Ils ont été plus qu'imprudents, ils se pensaient en sécurité dans les appartements de Ninon mais c'était loin d'être le cas. Ils pensaient pouvoir être un peu plus libres maintenant que ceux qui les avaient dénoncés étaient loin. Ils ont été imprudents et idiots de croire qu'ils pouvaient vivre en toute simplicité entre les murs de Versailles. Le danger est plus que réel et il doit tout faire pour sauver son fils et Ninon.
— Je ne peux pas être le père du dauphin, j'étais au front.
— Je sais. Et même s'il te ressemble plus que je ne veux l'avouer, c'est bien mon enfant, je n'en doute pas.
— La reine est une personne que j'apprécie et qui m'a aidé à voir que la vie mérite une chance. Vous avez la chance d'avoir pour reine une femme incroyable et vous ne devriez pas douter d'elle.

Il a répondu à la question sans vraiment y répondre, et en mentant le moins possible. Louis-Philippe reste une personne importante pour lui et même s'il est trop tard en ce qui concerne la loyauté envers son roi, il peut au moins essayer de lui éviter trop de souffrance en préservant son cœur et son esprit le plus possible.
— Tu as raison, c'est une femme hors du commun et elle a choisi de m'épouser. Elle n'est pas idiote et ne risquerait pas de mettre en danger l'alliance entre la France et Navarre.

Même s'il a été convaincant, Louis-Philippe n'est pas vraiment rassuré par cette conversation. Antoine a clairement des sentiments pour la reine, il la trouve incroyable. Pour pouvoir penser cela, il l'apprécie plus qu'il ne veuille bien l'admettre. Il a toujours cette petite voix qui lui dit que c'est un complot mais il est temps d'agir avant que les rumeurs n'arrivent aux oreilles des courtisans et que cela cause le chaos dans le château.

Antoine a bien saisi le message, il doit se tenir éloigné s'il ne veut pas qu'il arrive quelque chose à Ninon mais elle ne va jamais l'accepter.
— Nous devrions rentrer. J'ai des invités qui vont arriver au palais et nous devons y être avant eux.
— Qui allons-nous recevoir à Versailles ?
— Des alliés.

Le roi remonte sur son cheval et Antoine fait de même. Une fois de plus, tout se complique et les voilà revenus au point de départ. Le roi va être de plus en plus sur ses gardes maintenant et le moindre de leur mouvement sera observé. La prudence va devenir le maître mot de sa relation avec sa petite princesse.

25 – Intervention royale

Ninon fait les cent pas dans son salon personnel. Le roi a décidé de partir à la chasse avec Antoine, seulement Antoine. Louis-Philippe est étrange depuis quelque temps et Madame de Marsan a disparu. Elle a appris par Constance qu'elle essayait de parler au roi et depuis elle est introuvable. Tout cela est loin d'être normal, il se passe quelque chose, elle en est certaine. Le problème est qu'elle ne sait pas encore quoi et cela l'angoisse.

Elle entend toquer à la porte puis celle-ci s'ouvre avec fracas laissant apparaître le dauphin. Il court dans ses jupons et elle l'accueille avec joie, déposant plein de baisers partout où elle le peut. Il grogne légèrement et va s'asseoir sur le sofa. Il est suivi de Joséphine, sa nourrice qui la salue avant de rejoindre le petit. Thomas entre à son tour et vient se placer près de sa sœur.

— Antoinette a besoin que tu lui parles, elle est au plus mal et ses regrets sont sincères.

— Elle t'a empoisonnée en voulant s'en prendre à mon amie, je ne vais pas lui pardonner aussi facilement.

— Elle ne s'en remettra pas tant que tu ne lui auras pas parlé, Ninon.

— Je suis désolée, je ne suis pas encore prête. Vous lui avez tous pardonné trop facilement mais ce ne sera pas mon cas. Il faut laisser du temps au temps.

Louvois se fait annoncer et la porte s'ouvre de nouveau. Il entre, salue la reine et son frère et vient se mettre face à eux. Ninon sent une vague de panique monter en elle, elle a peur qu'il se soit passé quelque chose entre le roi et Antoine.

— Votre Majesté, le roi vous fait demander ainsi que le dauphin dans la salle principale. Il a également demandé à ce que le prince de Navarre et sa femme soient présents.

— Que se passe-t-il Louvois ? demande Ninon.

— Je l'ignore Majesté. Mais le roi est agité depuis quelques jours.

Thomas regarde sa sœur et peut lire l'inquiétude sur son visage. Il n'a pas franchement envie d'aller rejoindre le roi alors que sa femme est encore fragile mentalement mais il va le faire pour soutenir sa jumelle. Il sait que ce matin le roi est parti avec le capitaine et il est curieux de savoir pourquoi. Il espère simplement que Ninon et Antoine ne sont pas en danger.

— Je vais aller chercher mon épouse, annonce Thomas.

— Cela ne sera pas nécessaire, elle est déjà en chemin, j'ai envoyé quelqu'un à sa rencontre, répond Louvois.

Au même moment, on annonce l'arrivée d'Antoinette et elle entre tête baissée. Elle se risque à regarder la reine qui détourne le regard ne voulant pas croiser le sien.

— Henri ? Viens mon chéri, nous allons rejoindre papa.

Ninon lui tend la main et le petit se lève pour aller la rejoindre. Ninon lui sourit et fait signe à Louvois qu'ils sont prêts à le suivre. Ils sortent un par un et traversent les couloirs sans un mot. Antoinette jette des regards vers la reine mais celle-ci, a le regard figé devant elle. Ninon est terrorisée, elle ne sait pas ce qui l'attend dans cette salle. Et si le roi avait tout découvert et qu'Antoine était mort ? Et s'il la faisait appeler pour la mettre au pied du mur et la faire pendre ? Ainsi que tous ceux qui sont de leur côté, comme Thomas. La seule chose qui la rassure un peu, c'est que Louis-Philippe est un homme droit et qu'il ne ferait pas cela devant son propre enfant. Elle sait qu'il ne pense pas un instant ne pas être le père, c'est d'ailleurs ce qui pourrait les sauver.

En arrivant devant la porte, Thomas prend la main de sa sœur et la serre le plus fort possible. Il ressent sa peur et il veut lui faire comprendre qu'elle n'est pas seule. Ils entrent et Ninon remarque tout de suite Antoine debout derrière son époux. Il est vivant, il a la tête baissée et ne la regarde pas mais il est vivant. Elle avait raison cependant, il se passe quelque chose

pour qu'il n'ose même pas croiser son regard. Louis-Philippe quant à lui, est en train de lui sourire et leur fait signe de venir le rejoindre.
— Installez-vous sur vos sièges, nos invités seront bientôt là. Capitaine ? Placez-vous aux côtés du dauphin. Il ne risque rien mais je préfère vous savoir avec lui.

Le petit Henri va s'asseoir sur son siège, un trône adapté à sa petite taille et Antoine se met près de lui. Ninon prend place suivit par Thomas et Antoinette sur son côté gauche. Henri se lève et va rejoindre sa maman, Ninon le prend sur ses genoux en regardant le roi qui acquiesce.
— Capitaine, vous pouvez rester où vous êtes, nul besoin de vous rapprocher de la reine.

Cette fois c'est clair, le roi se doute de quelque chose. Il n'avait jamais demandé à Antoine de rester loin d'elle, encore moins quand elle était avec le dauphin. Elle a hâte de sortir d'ici, de recevoir ces invités dont elle ignorait la venue et de parler avec le duc de Bourbon. Elle doit savoir ce qui s'est passé ce matin avant de devenir folle.

Thomas regarde discrètement le roi, cette réflexion ne sort pas de nulle part, il a dû entendre de nouvelles histoires sur la reine et le capitaine. Il semble beaucoup trop calme, comme s'il était sûr d'avoir gagné la partie. Et Antoine est étrange lui aussi, il ne relève pas la tête, ne les regarde pas et ne dit pas un mot.

Les portes s'ouvrent en grand et plusieurs personnes entrent d'un pas assuré : Navarre. Le roi Henri s'avance, suivi de près par Charles, Marie et Hélène. Ils ont tous un sourire collé au visage sauf Marie, ce qui n'est pas vraiment étonnant. Ninon sent toute la tension se relâcher, sa famille est là, son père est là. Il lui manque tellement qu'elle en pleurerait de joie.

Ils s'inclinent tous face à eux pour montrer leur respect à la famille royale de France. Hélène ne peut s'empêcher de regarder Antoine en souriant. On lui a dit qu'il avait déjà quelqu'un mais après s'être renseignée, elle a appris qu'il n'était toujours pas marié. C'est sa chance, elle n'a jamais perdu espoir d'un possible mariage et maintenant qu'ils sont à Versailles, elle se dit que c'est maintenant ou jamais. Après tout, c'est en venant en visite à Versailles que sa sœur Ninon est devenue reine de France. Elle espère avoir le même destin et repartir d'ici en tant que duchesse de Bourbon.

Marie regarde Ninon et ne ressent que du ressentiment, elle aurait dû être assise sur ce siège, elle aurait dû être aux côtés du roi et elle aurait dû les accueillir à Versailles en tant que reine de France. Elle pensait avoir digéré cette histoire mais apparemment, c'est loin d'être le cas. Elle en veut même à Thomas d'avoir la chance de pouvoir vivre à Versailles avec son épouse comme s'il faisait partie de la famille royale de France.

Charles n'avait pas revu les jumeaux depuis leur départ pour Versailles, il y a de ça des années maintenant. Ils n'ont pas changé, en dehors du fait qu'ils soient mariés, ils sont toujours l'un à côté de l'autre. Inséparable.
— Votre Majesté, commence le roi Henri. Merci de nous accueillir à Versailles, c'est un honneur d'avoir reçu cette invitation pour l'anniversaire des jumeaux.

Ninon regarde Louis-Philippe, surprise. Il a organisé cela pour son anniversaire, il a fait venir sa famille pour elle et pour Thomas. Une nouvelle preuve d'amour qui la rend une fois de plus mal à l'aise. Dans ces moments-là, elle s'en veut de lui faire du mal comme elle le fait. Une fois de plus, il lui prouve qu'il est un homme bien et qu'il pense à elle.
— C'est moi qui suis honoré de vous recevoir, répond le roi de France.
— Voici donc mon superbe petit fils, dit le roi Henri en souriant. Il est vraiment très beau, tout comme son grand-père.
— Voici Henri, le dauphin de France, dit Ninon en se levant et s'avançant avec son fils vers son père.

Le roi prend son petit-fils dans ses bras et le regarde sous toutes les coutures, on peut voir la fierté dans son regard. Le petit Henri se met à gigoter afin qu'on le relâche, il fait son timide. Le roi le repose au sol et Henri court se réfugier dans les jambes du capitaine.

C'est alors que ça frappe Marie en plein visage : ils se ressemblent comme deux gouttes d'eau, le dauphin est le portrait craché du duc de Bourbon. Elle se rappelle alors qu'avant d'être destituée, elle avait remarqué un rapprochement entre Ninon et le duc. Un rapprochement qui a dû se concrétiser par un enfant apparemment. Elle esquisse un petit rictus, elle a enfin de quoi faire enrager sa petite sœur, voleuse de trône. Elle va lui tirer les vers du nez et faire d'elle une reine déchue. Elle aura eu sa revanche et pourra enfin être en paix.

Ninon regarde son père en souriant et cela marque le début des embrassades. Ninon se jette dans ses bras et laisse les larmes de bonheur rouler sur ses joues. Elle se sent légère, apaisée, en sécurité. Elle n'avait pas ressenti ce genre de plénitude depuis très longtemps.

Thomas se lève et va rejoindre son frère aîné, qu'il prend également dans ses bras, puis c'est au tour d'Hélène, qui a bien grandi. Il salue Marie avant de rejoindre son père. Ninon se réfugie à son tour dans les bras de Charles, son frère qu'elle aime tant, puis sa petite sœur. Elle se rapproche de Marie mais celle-ci ne lui fait qu'un vague signe de tête. Elle comprend alors que la hache de guerre est loin d'être enterrée. Peu importe, sa famille est là et c'est ce qui compte.

— Père, je vous présente Antoinette d'Autriche, mon épouse qui porte actuellement mon enfant.

Le sourire du roi s'élargit en regardant la femme de son fils le saluer. Il va la prendre dans ses bras, heureux de cette superbe nouvelle. Hélène se montre démonstrative à son tour, Charles la salue gardant ses distances, il s'agit de l'épouse de son frère, il ne peut pas être trop familier. Et Marie reste en retrait, toutes ces effusions de joie lui donnent mal à la tête.

Quand ils ont reçu l'invitation, elle ne voulait pas venir, puis elle s'était dit que c'était une bonne occasion de voir comment la vie à Versailles se déroulait. De ce qu'elle en a vu pour le moment, le palais est loin d'être tenu convenablement mais comment aurait-il pu en être autrement avec une reine sans éducation royale ?
— Capitaine, c'est un plaisir de vous revoir en un seul morceau, dit alors Charles en s'avançant vers lui.
— C'est un plaisir partagé, Votre Majesté.
— Appelez-moi Charles, nous ne sommes pas à Navarre, je suis simplement un prince parmi tant d'autres.
— Je suis aussi très heureuse de vous revoir Capitaine, vous m'avez manqué, intervient Hélène sentant ses joues rosir.

Antoine la salue, gêné, il ne sait pas très bien comment agir en sa présence. Il n'a pas oublié qu'elle voulait qu'ils se marient fût un temps et il espère qu'elle est mariée à présent. Il n'aimerait pas avoir une conversation gênante avec le roi de Navarre une nouvelle fois.
— Je suis ravi que vous ayez tous fait le déplacement jusqu'à Versailles, commence Louis-Philippe. Je voulais offrir à mon épouse, le plus beau des cadeaux pour son anniversaire et quoi de mieux que les personnes qu'elle aime le plus au monde ? Il se lève et va rejoindre Ninon. J'espère que cela vous fait plaisir ma reine.
— C'est parfait comme cadeau. Merci beaucoup.

Elle le remercie sincèrement car elle le pense. Elle n'aurait pas pu demander mieux que de passer du temps avec les siens. Même si elle attend toujours de pouvoir parler avec son amant afin de savoir ce qui s'est passé le matin même, cela lui semble moins urgent à présent. Elle veut profiter des siens, oublier tout ce qui se passe de compliqué dans sa vie même un court instant. Redevenir une jeune femme insouciante l'espace de quelques heures. Redevenir la princesse de Navarre tout simplement.

Alors que le dîner vient de se finir, Ninon n'a toujours pas réussi à parler à Antoine. Il est fuyant et s'arrange toujours pour être le plus loin d'elle possible, ce qui commence à l'agacer. Elle veut bien croire qu'il fait cela car sa famille est présente, mais il y a autre chose car il ne l'a pas regardé un seul instant. Elle a envoyé Louise et Constance à la chasse aux informations mais elles n'ont pas l'air d'avoir beaucoup de succès, elles reviennent toujours bredouilles.

Charles adore Versailles, c'est la première fois qu'il y vient et il doit bien avouer que ce que disent les gens de ce palais est la pure vérité. Sa petite sœur a bien de la chance d'être la reine de ce pays. Il a toujours su que Ninon ferait de grandes choses et épouserait un homme puissant mais cela dépasse tout ce qu'il s'était imaginé pour elle. Il est fier, très fier. Même si Marie a toujours été celle qui voulait devenir reine, Charles savait que la personnalité de Ninon ferait d'elle une femme de pouvoir et il avait raison. Ses courtisans sont fous d'elle, le peuple de France aime sa jovialité et le roi ne semble avoir d'yeux que pour elle. Ninon n'est pas prisonnière de Versailles comme il aurait cru, elle en est la maîtresse.

Marie observe tout ce qui se passe dans la pièce, la cour de France est en mauvais état. Les courtisans semblent faire tout ce qu'ils veulent sans respecter les convenances. La reine est trop obnubilée par le capitaine, Thomas jongle entre 2 femmes depuis le début de la soirée et le roi semble subir tout cela. Les jumeaux ont fait de Versailles, la cour des immondices, ce ne serait jamais arrivé si elle avait été la première dame de ce pays.

Hélène n'a d'yeux que pour le duc. Il est encore plus beau que dans ses souvenirs. Il a une cicatrice qui le rend encore plus viril sur le visage. Encore maintenant, elle donnerait tout pour épouser ce bel étalon, s'il l'acceptait comme une femme. Sauf qu'une fois de plus il ne la remarque même pas, elle est invisible à ses yeux et cela la blesse une fois de plus. Que doit-elle faire pour attirer l'attention du duc de Bourbon ? Elle commence à se demander s'il n'est pas attiré par les hommes.

Henri observe Ninon depuis un petit moment et le moins que l'on puisse dire c'est que sa fille semble ne pas être à son aise. Elle a le regard fuyant et semble préoccupée. Le roi de France se trouvant non loin de là, Henri décide d'aller se placer à ses côtés, ils doivent avoir une conversation tous les deux. Louis-Philippe ne quitte pas la reine des yeux.

— J'ai bien reçu votre message qui se trouvait avec l'invitation, dit le roi Henri. En êtes-vous absolument certain ?

— Si je devais être parfaitement honnête avec moi-même alors je dirais que oui j'en suis certain. Cependant il y a toujours cette part de moi qui dit que c'est impossible. C'est pour cela que j'ai décidé de vous demander de m'aider. Je sais que vous pourrez faire ce qu'il faut pour le bien de la reine de France.

— Si tout cela s'avère être vrai alors ma fille se retrouverait dans une situation vraiment délicate.

Le roi Henri sait que sa fille est dans une mauvaise posture. Elle aurait trompé son époux et si cela s'avérait être vrai alors aux yeux de Dieu et du peuple, elle serait une pécheresse. Il doit faire en sorte de la protéger quoiqu'il en coûte.

— C'est pour cela que je vous demande d'intervenir, je ne veux pas que la reine soit vue comme une traîtresse aux yeux de tous. Je la protégerai si elle reprend ses esprits. Pour une raison que j'ignore, j'aime votre fille plus qu'il humainement possible d'aimer. Je ne vais pas vous mentir, elle est loin d'être une reine aimante envers son époux mais je la veux à mes côtés jusqu'à ma mort et j'ai besoin de vous pour rendre cela possible.

— Vous savez qu'il est impossible de mettre Ninon en cage. Pour résoudre ce problème, ce n'est pas à elle que je vais devoir m'adresser. Je vais faire le nécessaire, assurez-vous de protéger mon enfant quoiqu'il arrive.

— Je vous en fais la promesse. Dernière petite chose : je crois qu'il est temps pour Thomas de rentrer à Navarre. Vous savez aussi bien que moi qu'il a une grande influence sur Ninon et son style de vie ne va pas aider la reine à retrouver le droit chemin. Son épouse est enceinte, c'est le bon moment vous ne pensez pas ?

Séparer les jumeaux est une très mauvaise idée, ils ne le supporteront pas. Mais le fait que Thomas ait pu vivre aussi longtemps à Versailles est déjà un exploit en soi. Le roi Henri boit son verre de vin d'une traite et regarde de nouveau sa fille, qui vient justement de rejoindre le capitaine. Il sent Louis-Philippe se tendre à ses côtés.

Ninon se place devant Antoine d'un pas décidé, cette fois il ne va pas réussir à s'échapper sinon elle fait un scandale. Une fois de plus, il a le regard fuyant ce qui l'agace vraiment.
— Qu'est-ce qui se passe ?
— Pas maintenant.
— Si ! Maintenant ! Je vais devenir folle si ça continue ! Je fais les cent pas depuis j'ai appris que vous étiez partis seulement tous les deux ce matin !
— Il sait, j'ai essayé de noyer le poisson mais il sait. Nous devons rester éloignés, surtout en présence de ta famille.

Il s'en va, la laissant plantée là, au milieu de la salle. Elle avait raison, le roi sait tout ! Fini de jouer, il va falloir mettre les cartes sur la table. Il y a encore quelque temps, elle aurait simplement fui Antoine même si elle en aurait souffert. Mais aujourd'hui elle ne veut plus fuir ses sentiments, elle va tout avouer au roi et advienne que pourra. Tant que son fils est en sécurité alors elle acceptera tout châtiment.

Marie la rejoint avec un petit sourire narquois au visage, sa sœur ne semble pas au mieux de sa forme, c'est le moment de mettre son petit grain de sel à son tour.
— Des problèmes au paradis ?

Ninon se retourne et tombe nez à nez face à Marie. Elle se serait bien passée de cette confrontation. Non seulement elle a des choses plus importantes à penser mais en plus elle n'en a pas la force. Sa vie va être sens dessus dessous dans peu de temps et gérer l'égo de sa sœur n'est vraiment pas sa priorité.
— Je ne vois pas de quoi tu parles chère sœur, tout va bien dans le meilleur des mondes.
— Tu m'exaspères tu le sais ça ? Tu es loin d'être une reine convenable et en plus tu te permets de prendre un amant ! Tu n'es qu'une petite prétentieuse qui se croit tout permis !
— Et toi ? Quand est-ce que tu rentres au couvent ? Je ne suis peut-être pas une reine convenable mais au moins je suis une reine !
— Tu n'es pas une reine, tu es une fille de joie. Tu as donné ton corps à un autre homme que ton époux !
— Au moins je vis ma vie ! Toi tu prends ton pied quand tu tricotes !

Ninon tourne des talons et s'éloigne rapidement avant que cette conversation ne dégénère en plein milieu de la réception. Cela faisait longtemps qu'elle n'avait pas dégainé de la sorte face à sa sœur, mais ce n'était pas le moment.

Marie sent la rage lui monter. Ninon vient d'admettre avoir un amant, elle peut enfin détruire sa vie. Elle peut faire d'elle une reine déchue, elle peut la faire regretter d'avoir volé sa vie. Il lui suffit de le dire au roi de France et la place de reine deviendra vacante. Alors qu'elle avance vers son père et le roi d'un pas décidé, elle commence à se demander si elle ne devrait pas attendre un peu avant de révéler la vérité. C'est vrai qu'en y réfléchissant, Ninon n'a jamais voulu être reine et cette situation lui a été imposée à elle aussi. Après tout ce n'est peut-être pas Ninon la vraie coupable, elle est loin d'être heureuse ça se voit et même Thomas a perdu de son éclat depuis qu'il est à Versailles. Elle est un peu dure avec les jumeaux, elle en convient, seulement elle a besoin de blâmer quelqu'un et c'est toujours plus facile de s'en prendre à eux car ils sont deux.

Le roi Henri s'avance vers Antoine, il est temps pour eux d'avoir une discussion. Il aime sa fille plus que tout et ne souhaite que son bonheur. Mais s'il est vrai qu'elle entretient une liaison, alors les conséquences pourraient être graves à bien des égards.

Antoine se sent vraiment mal à l'aise dans cette foule, cela ne lui avait jamais posé de problème avant mais là, il ne souhaite que s'enfuir le plus loin possible. Maintenant que le roi sait la vérité, les choses vont devenir compliquées. Il doit trouver une solution, réfléchir à ce qui serait le mieux pour Ninon, leur fils et lui-même. L'éloignement ne fonctionnera pas, ils ont déjà essayé et ce fut un échec. Peut-être qu'ils pourraient enfin faire ce qu'ils avaient décidé il y a de ça des années : s'enfuir et vivre comme tout le monde au milieu de nulle part. Ce serait faisable mais il faudrait beaucoup de préparation et de temps, ce qu'ils n'ont pas.

Alors qu'il est dans ses pensées, une voix grave le sort de sa torpeur.
— Capitaine, dit le roi Henri
— Votre Majesté, répond Antoine en s'inclinant.
— Je vous apprécie beaucoup vous savez et il semblerait que mes filles aussi d'ailleurs.

Antoine essaye de rester calme en entendant « mes filles », au pluriel, soit plusieurs et non pas qu'une ! Pas seulement Hélène et il est à peu près sûr que le roi ne parle pas de Marie, sa fille aînée.
— La reine doit être aux anges de pouvoir passer du temps sa famille, dit-il pour essayer de changer de sujet.
— Ninon me manque beaucoup c'est vrai. Notre palais à Navarre est beaucoup trop calme sans les jumeaux.
— J'imagine oui.

Antoine est de plus en plus mal à l'aise face à son interlocuteur. Même s'il réussit plus ou moins à garder contenance, il sent que ce ne sera plus le cas très longtemps.
— Capitaine, je vais aller droit au but. Il paraîtrait que vous entreteniez une liaison avec la reine. Avant que vous ne démentiez, car c'est votre intention j'imagine, sachez que je ne suis pas en colère. J'ai toujours su que ma fille aimait un autre homme depuis que nous sommes venus ici la première fois. J'ignorais qui cela était jusqu'à ce que je reçoive une missive du roi de France lui-même.
— Votre Majesté…
— Laissez-moi finir je vous prie. Aucune personne saine d'esprit ne peut ignorer la ressemblance entre vous et le dauphin. Même si j'ai ma petite idée de comment cela est possible je préfère ignorer cette vérité pour le bien commun. Je vous remercie d'avoir toujours pris soin d'elle et de l'aimer comme elle le mérite. Je peux lire dans ses yeux et les vôtres, l'amour qui vous uni mais il est temps que cela s'arrête. Si vous l'aimez sincèrement vous devez quitter Versailles. À cause de cet amour, sa vie est en danger et ça, je ne le permettrais pas. Vous devez lui rendre sa liberté et elle doit vivre en tant que reine du royaume de France.
— Je ne vais pas démentir car il semblerait que vous sachiez déjà tout ce qu'il y a à savoir. La vérité c'est que nous devions nous marier. J'aime votre fille depuis de nombreuses années et nous avons tenté de résister à nos sentiments réciproques, pendant longtemps mais en vain.

Antoine baisse la tête, il sait déjà comment va finir cette conversation. On peut oublier la fuite pour vivre comme des gens normaux dans une ferme loin d'ici.
— Il va pourtant falloir que cela cesse. Cette histoire met en danger sa vie, celle du dauphin et l'alliance entre nos deux pays. Je sais qu'elle va en souffrir mais c'est mieux ainsi, je vous laisse une chance de faire ce qui est juste. Je n'aimerais pas voir votre tête tomber.

— Vous connaissez votre fille, même si je pars elle fera tout pour me retrouver. Elle est têtue et ne renonce jamais. La seule manière pour qu'elle vive sa vie, même triste, serait qu'elle me croit mort.
— Dans ce cas vous allez devoir mourir mon cher ami.

Antoine sait qu'il n'a plus le choix. Tout le monde est au courant de leur histoire, ce qui signifie qu'ils doivent y mettre un terme avant que cela ne tourne au drame. Louis-Philippe a fait venir le roi Henri car il savait très bien qu'il réussirait à les séparer définitivement. Il n'a plus qu'une seule chose à faire pour que Ninon puisse vivre : mourir.

Le roi de Navarre reprend :
— Je vous laisse une journée pendant laquelle vous allez profiter de vos derniers instants avec ma fille. Rendez-la heureuse, faites-la sourire. Faites en sorte qu'elle se souvienne de vous comme de l'homme qui la rendait elle-même. Ce sera probablement sa dernière chance d'être vraiment heureuse, avant de souffrir pour le reste de sa vie.
— Je ne sais pas si je peux faire cela.
— Bien sûr que si vous le pouvez. Capitaine, sachez que si les circonstances avaient été différentes j'aurai été ravi de vous donner la main de Ninon.
— Cela aurait été un honneur de l'épouser. Vous pouvez être fier, c'est une femme incroyable.
— Et c'est pour cela que ça me déchire le cœur de vous demander de la faire souffrir.

Antoine regarde Ninon, qui en train de parler avec ses frères Charles et Thomas. Elle est magnifique, ses cheveux dorés tombant sur ses épaules en partie découvertes. Il est finalement temps pour lui de mourir, quelle ironie. Il a longtemps souhaité rencontrer la mort, mais ce n'est plus le cas depuis qu'il a une raison de vivre.

Ninon a vu son père parler avec le duc de Bourbon et se demande bien ce qu'ils ont pu se dire. Elle espère juste que ce n'est pas une proposition de mariage entre Antoine et sa jeune sœur Hélène, ce serait la pire chose qu'il puisse arriver. Pourtant ce n'est pas ce qui devrait la préoccuper, son époux sait qu'elle entretient une liaison avec son cousin, c'est cela qui devrait l'inquiéter. Louis-Philippe doit prétendre que tout va bien en la présence de sa famille. Il avait dû les faire venir avant de savoir qu'elle était une traîtresse sans cœur alors qu'il n'a fait qu'être gentil et patient avec elle ces dernières années. D'ailleurs, elle n'ose pas le regarder depuis ce matin, elle ne veut pas voir dans ses yeux toute la déception et la colère qu'il doit avoir à son égard.

Thomas ressent l'anxiété de sa jumelle et il ne peut s'empêcher d'être sur les nerfs lui aussi. Ninon lui a dit que le roi savait pour son adultère avec le capitaine et ça ne sent pas bon du tout. Louis-Philippe est un homme bon et droit mais il doit se sentir trahi par les personnes en qui il avait le plus confiance. Versailles est sur le point d'imploser mais il fera tout pour protéger Ninon.

26 – La fin d'une époque

Quand il est arrivé dans sa chambre ce matin, Ninon ne s'attendait pas à ce que son amant lui propose de passer une journée rien que tous les deux, surtout en présence de la famille royale de Navarre. Elle a alors tout de suite compris ce que cela voulait dire, c'est une journée d'adieu. En temps normal, elle aurait fait tout ce qu'elle aurait pu pour éviter cette séparation mais après une bonne nuit de sommeil, elle a compris ce que cela signifierait. Elle sait que, si le roi de France a fait intervenir Navarre alors cela signifie que c'est la fin. Elle risque la vie de beaucoup de personnes si elle continue de s'entêter. Navarre perdrait son alliance, Antoine perdrait la vie et elle sa tête. Même Thomas et ses amies pourraient être en danger.

Elle décide alors d'acquiescer et de le suivre comme si de rien n'était, comme si c'était normal qu'ils passent la journée ensemble. Il va partir, partir loin pour lui sauver la vie, elle le connaît et c'est probablement ce que lui a dit le roi de Navarre hier soir lors de leur discussion. Elle n'est pas prête mais elle va accepter son destin. Ils ne peuvent être ensemble, elle a réalisé qu'elle l'enfermait lui aussi à Versailles et qu'il ne pouvait pas vivre sa vie comme il le souhaitait. Elle avait fait la morale à Louise, concernant Thomas, mais en vérité, elle avait fait exactement pareil avec Antoine. Il est temps de lui rendre sa liberté et sa vie, s'il peut être heureux alors elle le sera aussi pour lui.

Antoine essaye de rester calme et d'être normal, mais il sait que Ninon n'est pas idiote et qu'elle se doute qu'il se trame quelque chose. La vérité c'est que cette nuit il a voulu partir sans rien dire à personne et juste disparaître. Même si le roi Henri lui a donné la permission de passer une dernière journée avec l'amour de sa vie, il a longuement hésité. Le problème c'est qu'il aurait sûrement regretté de ne pas avoir profité de cette dernière journée avec elle.

Antoine aurait aimé emmener Ninon à Paris, aller dans la boutique de Léopold, son créateur préféré et lui acheter tout ce qu'elle aurait souhaité. L'emmener déjeuner dans un restaurant et surtout lui donner une chance de passer une journée normale, en tant que Ninon et non pas la reine de ce royaume. Il aurait souhaité lui donner une journée rien qu'à elle, un soupçon de vie normale.

Mais cela n'est qu'un doux et joli rêve. Une vie impossible mais qui aurait pu être la leur. Quitter le château serait trop risqué alors il a décidé d'emmener Ninon près des remises, leur petit nid d'amour. Le temps est doux et ils vont pouvoir profiter des jardins comme elle aime tellement le faire.

Ninon suit diligemment son amant à travers les jardins de Versailles, elle sait déjà où ils se rendent. Son époux connaît sa liaison et son père est dans la confidence. Cette journée a comme un goût amer et elle ne préfère pas penser au lendemain. Elle décide de faire abstraction et de profiter comme une jeune fille amoureuse pourrait le faire.
— Je suis vraiment heureuse de passer cette journée avec toi, commence Ninon. Cela va nous faire du bien, tu m'as évité toute la journée d'hier.
— Je suis désolé, je ne voulais pas que ta famille comprenne ce qu'il se passe entre nous.
— Pourtant ils sont toujours au château.
— C'est vrai. Mais tu me manquais trop.

Il s'arrête et elle fait de même, il dépose un chaste baisé sur ses lèvres et la prend dans ses bras. Il ne sait pas comment il va réussir à vivre sans elle. Elle est devenue sa vie, rien d'autre ne compte mais c'est aussi pour cela qu'il va faire ce qu'il s'apprête à faire. Pour elle. Pour sa survie. Par amour pour elle.
— Antoine. Je veux que tu saches que je t'aime plus que ma propre vie. Tu es et seras à jamais celui que mon cœur a choisi.

— Tout comme tu es la personne pour qui je vis ma vie.

Ninon lui sourit. Ces déclarations ont un goût d'adieu mais elles semblent nécessaires à cet instant présent. Ils n'ont probablement que quelques heures devant eux, Antoine va quitter Versailles et bientôt elle sera seule. Elle devait lui dire ce qu'elle ressent pour lui avant de ne plus pouvoir le faire, même s'il le sait déjà, elle se devait de le lui rappeler, afin qu'il n'oublie jamais.

Thomas passe du temps avec son frère aîné et son père, cela faisait des années qu'ils ne s'étaient pas retrouvés tous les trois comme cela. Il est heureux de les voir mais il a lui aussi compris ce que cela veut dire. Ils savent pour la liaison de Ninon et ils sont venus tous les deux pour entamer des négociations si jamais sa jumelle décide de n'en faire qu'à sa tête. C'est sûrement aussi autour de cela que va tourner leur conversation entre hommes.

— Thomas, je tenais à te féliciter pour la future naissance de ton enfant, dit Charles. Je suis fier du mariage que tu as réussi à construire.

— Merci. J'ai eu la chance d'épouser une femme qui me correspond.

— Je vais de nouveau être grand-père. J'aurai pensé que cela viendrait d'abord de Marie mais il semblerait que je doive encore attendre la concernant.

— Antoinette est-elle heureuse à Versailles ? demande Charles. J'ai entendu parler de ton aventure avec la duchesse de Bretagne. La tentation est grande ici, il semble facile d'avoir une liaison.

Et voilà, le mot liaison est sorti. Ils vont bientôt en venir à Ninon, c'est certain, mais pourquoi parler d'Antoinette ? Thomas sent que cette conversation ne va pas du tout lui plaire.

— Je crois que la tentation est partout, pas seulement à Versailles, répond Thomas.

— Avec toi oui c'est certain, nous en avons l'habitude. Mais c'est bien la première fois que ta sœur agit de la sorte ! intervient le roi Henri.
— Comment l'avez-vous su ?
— Le roi lui-même, répond Charles.
— Ninon devait épouser le duc de Bourbon. Ils s'aiment depuis toujours, ce n'est pas une histoire de tentation mais bien une histoire d'amour en ce qui les concerne.
— J'en suis tout à fait conscient, dit le roi Henri. Malheureusement c'est inacceptable de la part d'une reine. Louis-Philippe la porte dans son cœur et c'est une chance pour nous. Cependant il pense que tu as une mauvaise influence sur ta sœur, il ne pense pas un seul instant que cette liaison est liée au véritable amour.

Louis-Philippe a des œillères tellement grandes qu'il ne voit même pas le bout de son nez. Thomas est toujours impressionné par sa capacité à se cacher la vérité. Mais de là à croire qu'il a une quelconque influence sur sa sœur, c'est bien mal la connaître. Ninon pense et agit par elle-même, elle n'a pas besoin qu'on lui dicte sa conduite.
— Et qu'est-ce que cela signifie ? Il ne veut plus que je sorte de mes appartements pour éviter d'influencer la reine ? rigole Thomas.
— Cela veut dire que tu rentres à Navarre, lui dit son père.

Le sourire de Thomas s'efface en une fraction de seconde. Son père reprend :
— Si tu rentres à Navarre avec nous et si le capitaine quitte Versailles alors notre alliance restera inchangée et ta sœur pourra continuer à vivre. Si on considère ce qu'a fait Ninon, c'est un petit prix à payer. Nous partons demain.
— Mon épouse ne peut pas voyager aussi loin alors qu'elle est enceinte ! réplique Thomas.
— Nous nous adapterons Thomas ! Si tu veux que tout se déroule pour le mieux alors tu vas faire ce que je te dis.

Thomas sent la colère monter en lui. Bien sûr il n'a jamais voulu vivre à Versailles mais il a toujours voulu vivre auprès de sa jumelle, peu importe l'endroit, tant qu'ils sont ensemble. S'il part, si Antoine part, alors elle sera plus seule que jamais. Cela va la détruire et elle ne survivra pas ici sans eux. L'inquiétude est en train de le gagner à présent, sa sœur va devenir une coquille vide.

Ninon est allongée dans les bras d'Antoine et regarde le ciel. Ils ne parlent pas, ils profitent simplement de l'instant présent. Elle se redresse sur le coude et le regarde, il a les yeux fermés mais il ne dort pas, sa respiration est rapide. Elle dessine de ses doigts chaque recoin de son visage, elle veut l'imprimer dans sa mémoire. Il n'ouvre toujours pas les yeux, et elle continue encore et encore.

Antoine fait tout ce qu'il peut pour garder les yeux fermés. Il a besoin d'un peu de temps pour reprendre ses esprits et rester concentré. Plus il est avec Ninon et plus il se rend compte qu'il ne va jamais réussir à partir. Finalement, il aurait peut-être dû s'enfuir la nuit dernière car maintenant qu'il sent ses doigts le parcourir c'est encore pire.

Mais il finit par ouvrir les yeux et la regarder, c'est peut-être la dernière fois qu'il pourra la voir en chair et en os. Ses cheveux blonds si brillants dans la lumière, ses yeux lumineux pleins d'amour alors qu'elle le regarde, ses doigts fins qui le caressent. Sa poitrine si parfaite qui l'appelle alors qu'elle respire de plus en plus fort. C'est un appel à la débauche et il lui est impossible de résister. Il glisse sa main dans le dos de Ninon et la fait basculer vers lui, lui arrachant un baiser au passage, puis un autre, jusqu'à ce que l'envie devienne plus forte que tout le reste.

Thomas déambule dans les couloirs, il ne parle à personne, ne regarde personne, ne répond à personne. Demain il ne sera plus là, demain il va quitter Versailles, il va quitter Ninon et il va quitter Louise. Comment le lui annoncer ? Comment lui dire qu'il s'en va et qu'ils doivent se séparer ? La meilleure solution est simplement de ne rien dire. Ce n'est pas très convenable de sa part mais il n'a pas envie de cris et de pleurs. Pour le bien de tout le monde, il vaut mieux partir discrètement.

Il entre dans ses appartements et va rejoindre sa femme. Elle est allongée sur le lit, la grossesse n'est pas toujours facile pour elle. Il va s'asseoir à ses côtés pour lui expliquer la suite des événements. Elle sera probablement ravie de quitter le palais, Versailles l'a changée, elle est devenue une autre personne, jusqu'à tenter d'empoisonner quelqu'un. Quitter cet endroit lui fera le plus grand bien et la cour de Navarre est bien plus tranquille, elle y sera heureuse.
— Nous partons demain pour Navarre, nous allons rentrer avec ma famille et nous installer là-bas.
— Nous quittons Versailles ?
— Oui, nous allons élever notre enfant loin de ce palais.
— Et la reine ? Vous m'avez toujours dit que vous ne pouviez pas vivre sans elle.

Thomas ne sait pas si Antoinette est au courant de l'histoire concernant le capitaine et sa sœur alors il ne veut pas trop en dévoiler.
— Je sais et cela sera compliqué au début mais je dois penser à ma famille avant tout.
— Je serai très heureuse de quitter cet endroit. Et je suis sûre que Navarre est un royaume absolument superbe.
— Vous vous y plairez c'est certain.

Antoinette lui sourit et il fait tout possible pour le lui rendre mais c'est difficile, il est loin d'avoir envie de sourire. Il doit simplement se dire qu'il fait cela pour le bien de tous. Il se relève et commence à emballer des affaires.

Ninon sourit comme une enfant, Antoine vient de lui offrir le plus intense des moments de toute leur histoire. C'était tellement fort, comme si leurs corps avaient un besoin féroce l'un de l'autre, comme s'ils savaient que c'était la dernière fois. Mais son sourire s'efface petit à petit, elle réalise enfin la

gravité de la situation. Elle connaît Antoine, il doit avoir le cœur lourd, il doit se torturer l'esprit. Elle se demande même comment ça se fait qu'il ne se soit pas enfui sans un mot la nuit dernière. Elle va soulager sa peine, elle va faire en sorte qu'il puisse partir en paix.
— Tu sais, le jour où nous nous sommes rencontrés, j'ai tout de suite su que tu serais celui qui allait changer ma vie pour le meilleur.

Antoine se décale afin de la regarder alors qu'elle lui parle, elle sourit mais ses yeux sont tristes. Trop tristes.

Ninon reprend :
— Je suis tombée amoureuse de toi tellement vite que je ne me rappelle pas à quel moment j'ai su que je t'aimais. Tu as bouleversé mon monde, je ne pensais pas trouver quelqu'un qui saurait me comprendre et qui m'accepterait tel que je suis. Du fait que je suis une princesse, je m'étais dit que je serais mariée à un homme quelconque et que je n'aurais jamais la chance de connaître le véritable amour. Et pourtant j'ai eu cette chance le jour où tu es entré dans ma vie. Je veux que tu saches que tu m'as rendue plus heureuse que je ne l'aurais cru possible. Je t'aime Antoine.

Elle l'embrasse avant qu'il ne puisse répondre. Elle ne veut pas qu'il se sente obligé de dire quoi que ce soit, il n'a pas à la faire, elle connaît son cœur et son âme. Elle n'a pas besoin d'être rassurée, elle est celle qui reste, celle qui va continuer sa vie de reine dans une prison dorée qui se nomme Versailles.

Antoine ne répond rien, il n'en a pas besoin. Elle vient de lui faire ses adieux mais il n'est pas encore prêt à faire les siens. Il ne les fera pas car il en est certain : leur histoire n'est pas finie. Ils finiront par se retrouver car ils sont faits pour être ensemble. Leurs vies et leurs destins sont liés, c'est une certitude. Il la retrouvera tôt ou tard, il reviendra auprès d'elle. Leur amour est plus fort que tout et il compte bien le faire savoir au destin, à Dieu et même à toutes les personnes de ce monde. Un amour aussi pur et vrai peut défier toutes les tentatives de sabotage, toutes les lois et même une destinée royale.

27 – Artois

1694.

Six mois. Cela fait maintenant 6 mois 11 jours et 18 heures que Ninon n'a pas eu de nouvelle d'Antoine. Six longs mois à se demander où il est, ce qu'il fait et avec qui. Mais cela fait également six mois qu'elle n'a pas vu Thomas, qu'elle a perdu une moitié d'elle. Il a eu une petite fille, qu'il a appelée Ninon en son honneur, et cela lui avait mis du baume au cœur de savoir qu'il y avait une nouvelle Ninon à Navarre. Antoinette s'est bien adaptée à la cour de Navarre et va beaucoup mieux. Il a l'air lui aussi heureux d'être près de la famille et d'avoir retrouvé ses amis. Ninon est ravie pour lui, il semble mener sa vie comme il le désire.

Seulement ce n'est pas son cas à elle, elle est plus que jamais seule. Les deux hommes les plus importants de sa vie ne sont plus là et elle ne voit plus ses amies. Constance et Suzanne ont été remerciées de la cour de Versailles avec leurs époux et ils sont repartis dans leurs contrées respectives. Quant à Louise, elle est toujours à la cour mais elle est tout aussi désemparée qu'elle. Elle a très mal vécu le départ de Thomas, d'autant plus qu'il est parti sans un mot. Le roi a fait venir son époux à Versailles, elle ne peut donc plus être elle-même et prétend que tout va bien devant les nobles. Elles sont vraiment dans la même situation. Et même sans cela, Ninon sait très bien qu'elle rappelle beaucoup trop Thomas à son amie, pour que celle-ci supporte de passer plus de quinze minutes en sa compagnie.

Ninon voit également de moins en moins son fils, son éducation royale a commencé et elle ne peut plus passer du temps avec lui comme elle le faisait avant. Elle a aussi perdu sa confidente de toujours, Charlotte a été mise au service du roi, elles ne se voient plus, ne s'aperçoivent même plus. Elle passe donc son temps avec Claire, sa lectrice. Elle est gentille mais c'est loin d'être aussi fusionnel qu'avec Charlotte ou Louise. Seulement c'est la seule personne qu'elle peut faire venir dans ses appartements autant qu'elle le souhaite. Alors pour ne pas se sentir seule, elle se fait lire des livres pendant de longues heures.

Le roi l'a totalement isolée, elle n'a plus personne à part lui et c'était probablement le but de toute cette histoire. Il a éloigné toutes les personnes importantes pour elle, les personnes qui pouvaient se mettre entre eux. Elle est consciente d'avoir beaucoup de chance d'être toujours la reine de France et surtout d'être toujours vivante. Son époux aurait pu lui retirer la vie pour sa trahison mais il n'en a rien fait. Elle fait son possible pour paraître heureuse et souriante devant lui et jusqu'ici elle a plutôt bien joué son rôle. Le roi semble satisfait de la tournure qu'on prît les choses, il semble heureux et tant qu'il est heureux, personne n'est en danger. Ninon s'est toujours demandé pourquoi Louise n'avait pas été renvoyée du château comme ses autres amies, mais à présent elle se demande si ce n'est pas pour faire pression sur elle. Si elle fait un pas de travers, Louise pourrait en subir les conséquences. Le roi n'est plus aussi doux et angélique qu'avant. Il s'impose dans sa chambre à coucher, il l'oblige à assister à tout ce qui le passionne lui, tel que la chasse. Il a pris possession de sa vie et elle subit tout cela sans rien dire. Elle se rend compte maintenant, de la chance qu'elle avait quand elle avait encore un minimum de liberté et ses amies.

Ninon déambule dans les couloirs pour aller rejoindre le roi dans la salle du trône, aujourd'hui ils vont accueillir de nouveaux courtisans. Maintenant que certains ont été gentiment remerciés, il y a des places à prendre. Ninon n'a pas très envie de prendre part à cette cérémonie, mais le dauphin sera présent, alors elle prend sur elle et voit cela comme un moyen de passer du temps avec son enfant.

Elle entre dans la salle et tous les nobles font la révérence devant elle alors qu'elle se dirige vers sa place auprès du roi.

Le petit Henri est déjà présent et fait de grands sourires à sa maman, Ninon sent son cœur fondre, il a le même sourire que son père. Quand ils sourient, leurs visages s'illuminent, leurs pommettes remontent, soulignant leurs regards. Quand elle voit son fils, elle voit une partie d'Antoine et cela la rassure et lui fait du bien.

Les nobles s'avancent à leur tour et viennent se placer selon leur rang et leur position à la cour. Louvois salue le roi et annonce l'arrivée de la princesse de France, Augustine. Celle-ci s'avance vers le roi et la reine d'un pas décidé, elle n'a jamais été aussi sûre d'elle dans sa démarche, ce que ne manque pas de remarquer Ninon. Elle trouve cela très étrange, Augustine semble différente, métamorphosée. Ninon a un mauvais pressentiment et le regard que lui jette Augustine ne fait que confirmer son intuition : quelque chose se prépare.
— Augustine, cela faisait longtemps que nous n'avions pas eu la chance de vous avoir près de nous, dit le roi.
— Je suis désolée, j'étais occupée à faire en sorte que les choses rentrent dans l'ordre.
— Qu'est-ce que cela veut dire ? demande son frère.
— Je ne peux accepter votre épouse comme reine du royaume de France.

Louis-Philippe se redresse en entendant ces paroles. Ce qu'il redoutait le plus est en train de se produire. Il a fait tout ce qu'il a pu pour protéger Ninon, il l'a isolée de ceux qui pouvaient l'influencer dans la mauvaise direction, et a fait en sorte qu'elle devienne une reine modèle. Mais les courtisans savent tous ce qu'il s'est réellement passé, ou du moins la plupart d'entre eux et le fait qu'il n'est pas considéré cette liaison comme une trahison à la France allait finir par poser problème à certains. Seulement il ne s'attendait pas à ce que sa propre sœur en soit l'instigatrice.

Augustine reprend :
— Je ne peux tolérer d'avoir pour reine une traîtresse. Elle a trahi son pays, elle a trahi son roi, elle a trahi son rang. Elle a

entretenu une liaison avec le capitaine pendant des années, le propre cousin de Sa Majesté. Comment pourrions-nous accepter d'avoir une reine qui se fiche des convenances en participant à des soirées remplies de vices et où le péché est roi ? Comment pourrions-nous accepter d'avoir une reine qui pense à son propre plaisir plutôt qu'à celui de la France ? Comment pourrions-nous accepter une reine qui ne remplit pas ses devoirs ?
— Augustine ! Cela suffit ! intervient le roi.

Ninon sent la colère monter. Pas contre la sœur du roi car elle a tous les droits de penser cela et elle n'a pas tort. C'est vrai qu'elle est loin d'être une reine modèle pour un royaume comme la France. Elle est en colère contre elle-même, d'avoir cru s'en être sortie aussi facilement et d'avoir baissé la garde.
— Votre Majesté, je demande la destitution de la reine, finit Augustine.
— Je suis le roi et je décide de quoi faire avec la reine ! s'énerve Louis-Philippe.
— Cela fait également partie du problème, intervient le duc d'Alsace. Vous n'avez pas fait ce qu'il fallait quand il le fallait et vous nous avez imposé une reine qui a ruiné la réputation de la France. Nous ne pouvons tolérer cela et beaucoup d'entre nous pensent que vous n'êtes peut-être plus apte à régner.

La respiration de Ninon se coupe, elle n'arrive pas à en croire ses oreilles. Ils sont sur le point de destituer le roi de France, de lui enlever son trône à cause d'elle. Elle n'avait jamais pensé que cela pourrait lui porter préjudice à lui, elle a toujours su ce qu'elle risquait mais jamais au grand jamais, elle n'aurait cru que cela pourrait influencer la vie et le futur du roi de France. Son époux a toujours été droit avec elle et l'a toujours soutenue même quand il a su pour sa liaison. Il a essayé de la protéger sauf que maintenant il se retrouve dans cette situation.
— Qu'êtes-vous en train d'insinuer ? demande le roi en se mettant debout.

— Que nous sommes sur le point d'avoir un nouveau roi. Un roi qui se préoccupe plus de l'avenir du royaume que de couvrir les déboires de la reine.

Ninon se lève à son tour, elle doit essayer de faire quelque chose pour l'aider.
— J'assume mes actes et j'en prends la responsabilité, vous pouvez faire ce que vous voulez de moi mais le roi n'a rien à voir avec cela.
— Malheureusement il semblerait que le roi actuel soit beaucoup trop influencé par ses sentiments envers vous. Nous avons donc choisi une autre personne, plus apte à être sur le trône et sans influence quelconque, dit Augustine.
— Et qui donc ? demande Louis-Philippe. Qui pourrait prendre ma place selon vous ? Le dauphin n'est pas encore prêt.

Des bruits de pas se font entendre et le comte d'Artois entre dans la pièce avec un sourire narquois afficher sur le visage, un sourire satisfait qui est absolument irritant pour Ninon. Évidemment, qui d'autre aurait pu manigancer toute cette histoire. Augustine ne pouvait pas agir seule, elle a été influencée par son ignoble frère qui ne pense qu'au pouvoir. Le comte d'Artois se place devant le roi et la reine et fait une révérence toujours en souriant. C'en est trop pour Ninon.
— Qui pourrait croire un seul instant que vous êtes apte à monter sur le trône ? Vous n'êtes qu'une personne vile, qui ne se soucie que de lui-même. Vous êtes un manipulateur qui n'a aucun scrupule à s'en prendre à sa propre famille.
— Et vous, vous êtes une reine qui écarte bien trop facilement les cuisses, lui répond le comte.
— Comment oses-tu parler de la sorte à ta reine ? gronde Louis-Philippe.
— Oh mais il me semble que d'ici peu, elle ne sera plus reine, seulement une femme qui pendra au bout d'une corde pour trahison. Je pourrai pourtant me montrer clément cependant car sans elle rien de tout cela n'aurait été possible. Grâce à elle, je vais enfin avoir ce qui me revient de droit.

La respiration de Ninon s'accélère, elle le hait comme elle n'aurait jamais cru possible de haïr quelqu'un. Il est bien trop sûr de lui, il prépare cela depuis des mois, probablement depuis qu'il a été jeté du château et il a enfin sa revanche.

Le comte apprécie plus que tout de voir le visage de son frère se décomposer. Il attend ce moment depuis sa naissance, le moment où il va enfin pouvoir être la personne le plus puissante de ce pays. Il a été très facile de manipuler Augustine pour avoir les informations nécessaires, elle est tellement pieuse que dès le moment où il lui a parlé de la liaison de la reine avec le duc de Bourbon, elle est devenue son espionne à Versailles. Le départ d'Antoine, des amis de la reine et de Thomas était le signe que les choses allaient bientôt pouvoir se faire. Il n'y a plus de réel obstacle entre lui et le trône. Il fallait juste être patient et attendre le moment parfait. Et c'est maintenant.

Il s'avance vers Ninon qui le regarde avec haine. Il l'a toujours trouvé très belle et encore plus quand elle le regarde comme ça. Il aime qu'elle le déteste car il ne rêve que de la dompter et de la mettre à sa merci. Il avance la main pour lui caresser le visage mais elle tourne rapidement la tête avant qu'il ne puisse la toucher. Il s'avance alors encore un peu plus pour qu'elle soit la seule à pouvoir l'entendre.
— Je suis prêt à te laisser en vie si tu acceptes de vivre dans mes appartements et de faire tout ce que je te demande. Je te traiterai comme une reine, ne t'en fais pas.

Ninon remarque qu'il l'a tutoyé, un manque de respect qu'elle compte bien lui rendre.
— Je préfère encore mourir que de te laisser poser tes sales pattes sur moi, répond durement Ninon.
— Comme tu voudras.

Il sait qu'il ne la fera pas changer d'avis, encore une chose qu'il aime chez elle, elle est têtue. Si elle préfère mourir alors qu'il en soit ainsi. Il ne va pas batailler pour une femme. Il se retourne vers sa future cour et se racle la gorge.

— Je propose que la reine soit pendue pour haute trahison et que le roi soit destitué pour avoir accepté la situation et avoir laissé une traîtresse en première dame de ce royaume.

Un brouhaha s'élève, ils acquiescent pratiquement tous aux dires du comte d'Artois. Il leur a sûrement promis quelque chose pour qu'ils se rallient à sa cause. Louis-Philippe est un bon roi pour la France et en aucun cas, il a laissé Ninon et ses histoires l'influencer. Oui, il a pris parti pour elle et a fait le choix de l'épargner mais ne serait-ce pas ce que ferait tout homme amoureux ?
— Et bien sûr en tant que frère du roi, j'accepte de monter sur le trône, finit Artois.
— Tu ne peux pas faire cela, intervient le roi. Il y a des lois dans ce pays, des procédures à suivre et surtout tu n'es pas en position de prendre ce genre de décision.
— Il semblerait mon cher frère que je sois la future loi de ce pays. Mais ne t'en fait pas nous allons faire les choses correctement pour ne pas énerver ou risquer une guerre avec nos chers voisins. Après la mort de la reine, d'une maladie incurable, tu vas abdiquer en ma faveur, ne pouvant plus régner à cause de la peine causée par la perte de ta bien-aimée.
— Il semble que tu aies pensé à tout, intervient Ninon, mais tu penses sincèrement que nous allons nous laisser faire ?
— Si vous voulez que le dauphin survive alors oui, vous ferez ce que je vous demande. Tout le monde est de mon côté, sauf la duchesse de Bretagne que je n'ai pas réussi à rallier à ma cause. Mais elle est déjà en chemin pour rentrer chez elle, alors ce n'est pas vraiment un problème. Personne ne veut d'une reine facile et d'un roi incapable de faire ce qu'il a à faire.

Elle sait que la bataille est perdue, le roi ne peut rien faire s'il n'a plus aucun soutien. De plus, elle n'arrivera jamais à prévenir Navarre avant qu'on ne lui passe la corde au cou. Elle doit se rendre à l'évidence, cette fois le comte d'Artois a gagné, et elle fera ce qu'il lui demande si cela permet à son fils de rester en vie.

La mort qu'elle a toujours détestée, qu'elle a toujours trouvé amère, lui semble à présent plutôt douce. Elle a perdu beaucoup depuis son arrivée à Versailles et elle était prisonnière de sa vie depuis des années. Depuis quelques mois, elle ne vivait plus, elle survivait. Et maintenant, il est temps d'accepter sa mort, elle ne souffrira plus, elle ne pleurera plus, elle ne ressentira plus de manque, elle ne sera plus rien tout simplement. Artois la regarde et vient lui attraper le bras pour l'obliger à le suivre. Il se penche à son oreille.

— Tu m'as dit il y a des mois que je devais d'abord faire tomber la reine, c'est maintenant chose faite, merci du conseil.

— Je veux embrasser une dernière fois mon fils.

Artois la regarde et finit par accepter, il n'est pas un monstre non plus, ce pauvre petit n'a rien demandé après tout. Il peut bien voir une dernière fois sa mère avant d'être envoyé dans une lointaine contrée où il ne pourra pas lui faire de l'ombre. Il va le laisser en vie, seulement s'il ne devient jamais un concurrent au trône.

Ninon fait signe à Henri de la rejoindre, ce qu'il fait. Il n'a pas compris ce qui vient de se produire mais il a tout de même assimilé qu'il n'allait plus revoir sa mère. Il se glisse dans ses bras et la serre le plus fort possible avec ses petits bras. Ninon en fait autant, elle ferme les yeux pour profiter au maximum de cet instant de répit et de bonheur qui s'offre à elle.

Artois l'oblige à se relever et elle se force à sourire à son enfant. Elle veut que la dernière image qu'il est d'elle, soit celle de sa mère en train de lui sourire avec tout l'amour qu'elle lui porte. Elle regarde rapidement Louis-Philippe qui semble désemparé.

Son monde est en train de s'écrouler et il laisse faire. Sa reine va se faire assassiner et il laisse faire. Son trône va lui être volé et il laisse faire. Tout ceci est de sa faute, il regrette d'avoir éloigné tous ses partisans, tous ceux qui auraient été là pour le défendre lors d'un coup de ce genre, tous ceux qui auraient pu sauver la vie de Ninon. Il a voulu être trop avide, il a voulu Ninon pour lui tout seul et maintenant il va la perdre à jamais. Tout ceci est de sa faute et pourtant il peut voir dans ses yeux alors qu'elle le regarde, qu'elle ne lui en veut pas.

28 – La corde au cou

Louise parcourt plusieurs contrées à cheval depuis ces cinq derniers jours dans l'espoir de trouver de l'aide. Quand le comte d'Artois l'a approché pour lui demander son aide pour renverser le pouvoir mis en place, elle a tout de suite compris ce que cela voulait dire. Ninon est en danger et ça, elle ne peut pas l'accepter. Depuis des années, la reine est sa meilleure amie et Thomas ne lui pardonnerait jamais, s'il apprenait qu'elle savait et qu'elle n'avait rien fait. Elle a prétendu rentrer en Bretagne mais elle a abandonné son époux, sans un mot, en pleine nuit pour aller chercher de l'aide. Peu importe les conséquences par la suite, elle ne peut pas rester les bras croisés.

Elle a envoyé un cavalier à Navarre pour faire passer le message à Thomas mais cela va prendre plusieurs jours et Ninon n'a peut-être plus que quelques heures. Il est peut-être même déjà trop tard, mais elle ne va pas lâcher prise. Louise va dans toutes les campagnes aux alentours de Versailles et Paris en faisant passer le mot que la reine a besoin d'aide en espérant que ça arrivera jusqu'aux oreilles d'Antoine. Elle est certaine qu'il n'est pas parti bien loin, il ne peut pas vivre loin de Ninon et de son fils. Elle se doit de croire qu'il est proche et qu'il va recevoir le message à temps. Elle entre dans un genre de taverne et s'apprête à demander si quelqu'un connaît un homme appelé Antoine quand elle entend une conversation entre deux hommes assis près d'elle.
— La reine devrait être exécutée au lever du soleil. Le comte d'Artois demande à ce qu'on rentre tous à Versailles dans la nuit pour s'assurer que tout se passera bien.

En entendant ces mots, elle ressort en vitesse et monte sur son cheval direction Versailles, elle ne va pas laisser son amie mourir seule si jamais elle avait échoué dans sa mission. Elle veut que Ninon voie un visage amical lors de ses derniers instants.

Cela doit faire plusieurs jours que Ninon est enfermée dans un des cachots, il n'y a pas de fenêtre, elle ne sait pas s'il fait jour ou nuit, elle a perdu toute notion du temps. Elle ne peut même pas se fier aux repas car elle n'en a eu qu'un par jour depuis son arrivée ici. Elle a froid, elle a faim, elle est seule et elle a peur. Elle ne veut pas rester comme ça dans cette incertitude, elle veut simplement que tout cela s'arrête.

Elle a eu le temps de repasser sa vie en boucle, de se demander si elle avait des regrets, si elle avait des remords, si elle aurait fait les choses différemment sachant où tout cela l'a mené. Et la réponse à toutes ces questions est toujours la même : non. Elle n'a aucun regret, elle a vécu comme elle le voulait même si cela n'a pas toujours été facile et que tout ne s'est pas passé comme prévu. Elle n'a aucun remords non plus, elle est restée elle-même et a toujours suivi son cœur que cela plaise ou non. Et pour rien au monde, elle ne changerait quoi que ce soit. Elle se considère comme chanceuse, elle a connu le grand amour et de cet amour est né un adorable petit garçon. Elle a été aimée et entourée d'amis qu'elle considère comme sa propre famille.

Le plus dur sera de laisser ceux qu'elle aime derrière elle, savoir qu'elle ne pourra plus jamais les revoir, c'est le plus difficile. Elle aurait aimé pouvoir leur dire adieu et les prendre dans ses bras une dernière fois.

Thomas a bien reçu le message de Louise, à la seconde où le cavalier lui a dit ce qu'il se tramait, il est parti à cheval direction Versailles. Il est hors de question que sa sœur finisse à la potence, il est hors de question qu'elle quitte ce monde dans ces conditions. Il a fait confiance au roi de France, il a quitté Versailles pour la protéger, il s'est séparé de sa jumelle pour qu'elle puisse vivre et voilà où ils en sont : Ninon est sur le point de mourir. Jamais il n'aurait dû la laisser seule, s'il lui arrive quoi que ce soit, il ne s'en remettra pas. Il sait qu'elle est toujours en vie pour le moment, il le saurait sinon, leur connexion est toujours aussi forte même séparé. Depuis des mois, il ressent sa peine et sa solitude.

Il est épuisé et son cheval aussi mais il ne peut pas s'arrêter, elle a peur et elle est seule, il ne va pas la laisser dans cette situation. Il est tout proche et une fois qu'il l'aura sauvé, elle rentrera avec lui à Navarre.

La porte du cachot s'ouvre laissant passer un filet de lumière qui éblouit Ninon, elle doit cligner rapidement plusieurs fois des yeux pour ne plus avoir mal. Deux hommes s'approchent et l'obligent à se lever. Ils la font sortir et la mettent dans une autre pièce, beaucoup plus éclairée et plus grande. Elle voit une robe, des chaussures, des linges, du maquillage et une coiffe. Elle ne comprend pas très bien ce qu'il se passe.

La porte s'ouvre de nouveau et Charlotte entre dans la pièce, Ninon ressent un soulagement extrême. Elle court se réfugier dans ses bras, voir un visage familier est ce qu'il lui fallait pour pouvoir supporter tout ce qui va suivre. Elle a cru une seconde qu'elle était sauvée et qu'on venait lui apporter de quoi se changer, mais en réalité, il faut juste qu'elle soit présentable pour aller mourir car malgré tout elle reste la reine de France pour encore quelques instants. Charlotte se met à pleurer.

— Je suis vraiment désolée, je n'aurai jamais cru que les choses se dérouleraient de cette manière. J'aurais dû faire quelque chose.

— Charlotte, tout va bien, ne t'en fais pas, je suis prête.

— Ce n'est pas juste, la seule chose que vous avez toujours voulue, c'était d'être heureuse.

— Et ce fut le cas.

— Mais ce n'est pas normal de mourir pour cela.

— Charlotte, je veux que tu rentres à Navarre. Dès que tu le peux, quittes Versailles et rentres à la maison, je suis sûre que Thomas a besoin de toi. Et merci d'avoir toujours été là pour moi depuis mon enfance.

— Merci d'avoir été une princesse qu'il a toujours été un plaisir de servir.

Elles se prennent dans les bras l'une de l'autre tout en essayant de ne pas pleurer.

Ninon reprend :
— Maintenant, aide-moi à redevenir la princesse de Navarre.

Charlotte hoche la tête et comprend où veut en venir Ninon. Pas d'artifice, pas de coiffe pas de maquillage et une robe simple. Une fille simple qui a toujours détesté sa condition de princesse. Ninon de Navarre.

Après une préparation sans un mot, Ninon est fin prête, elle a apprécié chaque instant avec Charlotte, cela lui a rappelé de bons souvenirs. Charlotte a toujours été à son service même enfant et c'est tout à fait normal que cela se finisse comme ça.

La porte s'ouvre et les mêmes hommes que précédemment entrent, ils l'attrapent et l'oblige à avancer. Ils sortent des cachots, marchent le long des couloirs, elle entend Charlotte renifler derrière elle. Ils avancent encore et encore jusqu'à arriver dans les jardins. Ninon redresse la tête et voit l'échafaud qui a été monté en plein milieu de ses plantes préférées. Elle va être pendue dans son endroit préféré du château, quelle ironie. Mais cela signifie aussi qu'ils vont ruiner la beauté de cet endroit avec la mort.

Elle avance lentement, les nobles se sont rassemblés et la regardent passer, aucun d'eux ne la salue, elle est traitée en paria, une personne sans importance. Certains n'osent même pas la regarder en face pourtant ils sont rassemblés ici, peut-être par curiosité, peut-être parce qu'ils y ont été obligés mais ils sont tous là. Le comte d'Artois, le roi et leur jeune sœur se tiennent debout sur l'échafaud accompagné du bourreau. Artois à un sourire collé au visage alors que le roi a la tête baissée, le visage meurtri. Augustine ne semble pas à son aise. Elle vient peut-être de se rendre compte qu'une personne va mourir par sa faute.

Ninon monte les quelques marches qui mènent à sa fin, elle est placée derrière la corde puis on la lui met autour du cou. Elle essaye de rester forte, elle ne fera pas le plaisir à son assassin de pleurer ou de supplier pour garder la vie sauve. Elle va rester digne et va mourir comme une femme forte. Elle relève enfin la tête pour faire face à la foule, s'ils veulent la voir mourir alors ils devront la regarder en face. Elle repère Charlotte qui pleure à chaudes larmes puis aperçoit Louise qui se tient devant tout le monde, essoufflée et terrifiée. Ninon ne peut retenir une larme qui roule sur sa joue, elle n'est pas seule pour ces derniers instants et c'est tout ce qui importe.

Artois s'approche d'elle et la regarde toujours en souriant :
— Un dernier mot peut-être ? lui demande-t-il.

Elle le regarde avec toute la haine et la colère qu'elle ressent à son égard.
— On se reverra en enfer.
— Sans aucun doute mais pas tout de suite, j'ai encore des choses à faire.

Elle regarde droit devant elle en attendant que le sol se dérobe sous ses pieds, lui ôtant la vie.
— Dîtes adieu à votre reine, dit Artois d'une voix claire et concise.

Des bruits de sabots se font entendre et une voix qui crie « stop ». Ninon voit alors Antoine qui se tient sur son étalon accompagné de plusieurs soldats de l'armée royale. Elle relâche toute la tension, elle sait qu'elle a peut-être une chance de survivre finalement.

Artois donne l'ordre au bourreau de pousser le levier et en vitesse, mais Antoine sort son mousquet et tire sur l'homme qui tombe sur le sol avec fracas. Artois s'avance alors derrière Ninon et lui met son épée sous la gorge. Il regarde les soldats se trouvant devant lui avec colère.
— Arrêtez cet homme ! C'est un traître à la couronne !

Aucun ne bouge, ni même ne scille.

— Je suis le futur roi de France vous me devez obéissance ! gronde-t-il.
— Et moi je suis celui qui serait prêt à mourir pour eux au front, répond calmement Antoine.

Artois resserre la pression de l'épée contre la gorge de Ninon qui sent qu'il vient de la couper.
— Mon cher cousin, je te conseille de te rendre avant que je ne tranche la gorge de ta bien-aimée.

Antoine ne bouge pas. Il regarde Ninon pour qu'elle comprenne qu'elle ne doit pas avoir peur. Il pointe son mousquet vers le comte, il a toujours été un très bon tireur, il sait qu'il peut le toucher en pleine tête même à cette distance.

Gaston sait que son cousin est doué avec les armes et qu'il n'hésitera pas à tirer pour sauver celle qu'il aime. Il resserre alors encore un peu plus la pression et coupe Ninon un peu plus fort ce qui la fait pousser un cri. Le sang coule le long de sa gorge et Antoine rabaisse son arme en vitesse. Ils sont tous les deux désespérés, mais le capitaine ne mettrait jamais en danger la vie de Ninon.

Louis-Philippe regarde la scène sans bouger, il est content de voir son cousin mais il passe de nouveau pour un incapable. Antoine va sauver son épouse et il sera la risée parmi les nobles. Augustine quant à elle ne sait plus quoi faire, elle est terrifiée par ce qui est en train de se dérouler sous ses yeux.

Louise et Charlotte sont tellement soulagées de le voir qu'elles se rapprochent de lui pour montrer leur soutien au capitaine.
— Antoine, je te conseille de faire demi-tour et rapidement si tu ne veux pas mourir aux côtés de la reine, dit Gaston.
— Je ne peux pas faire ça.
— Dans ce cas j'espère que tu vas apprécier le spectacle.

Il relève son épée afin de la placer correctement pour trancher la gorge de Ninon, qui ferme les yeux sentant son heure arrivée. Mais avant qu'il ne puisse faire quoi que ce soit, une épée vient le transpercer de derrière en plein cœur. Il fait tomber la sienne et s'écarte de Ninon en crachant du sang.

Ninon regarde le comte tomber à ses côtés, une épée lui traversant le corps. Le comte est mort et elle est en vie. Elle se retourne rapidement pour voir qui vient de lui sauver la vie et voit Thomas à bout de souffle qui la regarde. Elle n'arrive plus à retenir ses larmes et pleure alors qu'il lui retire la corde et la prend dans ses bras.
— Je suis là, lui murmure-t-il.

Elle le serre fort, très fort, elle est vivante et elle est dans les bras de son frère. La vie lui a donné une nouvelle chance.

Le roi regarde son frère mort sur le sol mais ne ressent aucune peine, même lorsqu'Augustine se met à crier et à pleurer. Il devrait remercier Thomas pour cela mais il sait ce que cela signifie, il lui est à présent redevable et ça, ça ne le rassure pas du tout.

Antoine respire de nouveau, elle est en vie. Il espérait que Thomas réussirait à se faufiler par-derrière au cas où il n'aurait pas réussi à l'abattre lui-même. Il descend de sa monture et monte les rejoindre sur l'échafaud, suivi par Louise et Charlotte.

Ninon regarde Antoine s'avancer vers elle et pleure de plus belle. Elle s'écarte des bras de son frère et va se glisser dans ceux de son amant. Antoine se sent revivre et la serre de toutes ses forces.

Louis-Philippe regarde la scène et sent la colère monter en lui. Comment ose-t-il faire cela devant lui ? Il est ravi que la reine soit en vie mais elle est sa reine, Ninon lui appartient, il ne devrait pas l'oublier. Il se racle alors la gorge pour leur rappeler sa présence.

Antoine relâche Ninon, il avait oublié qu'ils avaient une audience et qu'ils ne devraient pas se comporter de la sorte. Ninon essuie ses larmes et se retourne vers le roi.

— Thomas, merci d'avoir sauvé la reine et de m'avoir permis de garder le trône, sans votre intervention, la France aurait pu en pâtir.
— Je ne l'ai pas fait pour la France ! Je l'ai fait pour sauver ma sœur, chose qui était votre devoir ! s'énerve Thomas.
— J'en conviens mais les circonstances…
— Peu importe les circonstances, je suis parti en vous la confiant et je la retrouve une corde autour du cou. Elle rentre à Navarre avec moi.
— Il en est hors de question ! Gronde le roi.
— Nous devrions ramener Ninon dans ses appartements, intervient Louise.

Ils se retournent tous vers elle et Antoine s'avance pour prendre ses mains dans les siennes.
— Merci, sans toi nous n'aurions jamais eu les messages.
— C'est normal, je n'allais pas laisser Ninon subir la potence.

Ninon s'avance vers elle, la prend dans ses bras et lui murmure un merci rempli de gratitude. Son amie lui a sauvé la vie.

Augustine se redresse et pointe Thomas du doigt :
— Cet homme a tué le frère du roi, il doit être pendu !
— Chère sœur, il est temps pour vous de vous taire, intervient le roi. Madame la duchesse, emmenez la reine se faire soigner. Je dois discuter avec le capitaine et le prince de Navarre.

Ninon les regarde tour à tour et ils lui font signe que tout va bien se passer. Elle suit alors la duchesse, refait le même chemin qu'à son arrivée mais cette fois avec la certitude qu'elle est et restera en vie.

Louis Philippe entre dans ses appartements, suivi de près par Antoine et Thomas. Il congédie Louvois avant même qu'il ne puisse ouvrir la bouche, il n'a pas besoin d'une audience pour ce qui va suivre. Il est temps de mettre les choses à plat, que les choses rentrent dans l'ordre et que chacun comprenne où est sa place.

Il sait que cette conversation sera loin d'être agréable surtout pour lui. Il va enfin demander toute la vérité sur ce qu'il s'est passé à Versailles depuis l'arrivée de la reine il y a plusieurs années. Il veut savoir le rôle qu'il a joué dans la chute aux enfers de la reine, comment elle a pu finir avec la corde au cou sans qu'il ne puisse rien faire pour l'empêcher.

Il se retourne et se met face à ses interlocuteurs, il essaye de garder la tête haute malgré le regard mauvais de Thomas. Antoine n'a pas l'air énervé, au contraire, il le regarde avec peine, ce qui est encore pire car il lui fait pitié. Et il a raison, il se sent comme le fou qui amuse la galerie plutôt que le roi de France.

— Je crois qu'il est temps que nous ayons une conversation, dit le roi.

— Il n'y a rien à dire, commence Thomas, Ninon rentre avec moi à Navarre ! Elle ne restera pas une seconde de plus dans cette prison maudite !

— Cela est impossible, rétorque le roi. La reine de France restera à Versailles où est sa place ! Elle reste avec moi.

— Je suis parti pour qu'elle soit en sécurité et ce n'est pas le cas ! Navarre est là où est sa place, auprès de nous, auprès de ceux qui pourront la protéger !

Louis-Philippe sent la colère monter en lui. Il est conscient qu'il n'a pas été à la hauteur concernant la sécurité la reine, mais il ne la laissera pas partir. Ils sont loin d'être heureux mais pour il ne sait quelle raison, il l'aime, il l'a toujours aimé, depuis la première fois où il a posé les yeux sur elle.

Antoine ne dit rien pour le moment, il est d'accord avec Thomas, Ninon devrait rentrer à Navarre. Elle sera en sécurité auprès des siens et il pourra être près d'elle lui aussi. Cependant il ne dit rien car il comprend son cousin, il sait ce que c'est que l'idée de perdre celle qu'on aime, de perdre Ninon. Le roi tient à elle, il en est persuadé sinon il n'aurait pas pris la peine de la garder comme reine après avoir découvert sa liaison.

Thomas n'en revient pas, encore maintenant le roi prétend pouvoir garder Ninon auprès de lui. Mais cette fois il ne se laissera pas faire, il ne repartira pas sans elle. Il a déjà failli la perdre et ça n'arrivera plus. Il a pensé pendant des heures qu'il allait perdre une partie de lui et il a bien failli, à quelques secondes près.
— Je comprends que vous pensiez pouvoir la protéger mieux que moi, mais la menace a été écartée, elle ne risque plus rien à Versailles.
— Dans ce cas, je reste aussi, intervient finalement Antoine.

Louis-Philippe et Thomas le regardent, surpris. Le roi est déstabilisé par ces paroles, bien sûr, si Antoine reste à Versailles, la reine sera en sécurité mais alors il la perdra définitivement. Il est temps de savoir la vérité. Il va s'asseoir dans un fauteuil près de la cheminée et se prépare à ce qui va suivre.
— Prenez place, Messieurs, nous devons avoir une conversation qui risque d'être pénible, dit le roi.

Antoine et Thomas se regardent curieux mais s'avancent à leur tour et prennent place face à lui.
— Antoine, tu as toujours été un frère pour moi, bien plus qu'un cousin, et tu le sais. C'est pour cela que je n'arrive pas à comprendre comment tu as pu me trahir de la sorte. Mais je veux comprendre, je veux tout savoir, je dois savoir.

Antoine ne s'attendait pas à ce que Louis-Philippe soit aussi direct, il n'avait pas prévu de lui raconter toute l'histoire car cela va lui faire beaucoup de mal. Mais si c'est ce qu'il souhaite, et s'il doit en passer par là pour qu'il accepte enfin de laisser partir Ninon, alors en effet il est temps de parler.
— J'ai rencontré Ninon dès son arrivée. Nous nous sommes très bien entendus et nous avons passé beaucoup de temps ensemble. Nous avons fini par tomber amoureux et nous avions prévu de nous marier. Je devais demander l'autorisation au roi de Navarre après votre mariage royal avec sa sœur aînée. Mais…
— Mais j'ai annoncé vouloir l'épouser, finit le roi.

— Avec cette annonce les choses sont devenues impossibles. Pour protéger Navarre, Ninon a accepté le mariage et nous nous sommes séparés. C'est pour cela que je suis parti au front sans même un regard en arrière. Je suis parti en laissant la femme que j'aimais en épouser un autre.

Pour Louis-Philippe, beaucoup de choses prennent un sens. Pendant les cinq ans qu'avait duré la guerre, Ninon n'était pas heureuse. Elle n'était plus la même, n'avait plus aucune joie de vivre. Elle est redevenue elle-même au retour d'Antoine du front.

Mais autre chose lui vient en tête : le dauphin. Maintenant qu'il est prêt à ouvrir les yeux, il voit clairement que son fils Henri ressemble beaucoup plus au capitaine qu'à lui. S'ils étaient amoureux, ils ont sûrement été intimes et la reine aurait pu être enceinte avant sa nuit de noces. Madame de Marsan avait raison sur tout.

— Vous avez recommencé à vous voir à ton retour du front c'est cela ? demande le roi.

— Non. Nous avons essayé de résister, j'ai même été avec Lucie de Nantes pour essayer de l'oublier mais rien n'a fonctionné. Nous sommes vite retombés dans les bras l'un de l'autre. Nous avons vraiment essayé mais l'amour a été plus fort que notre volonté. Je suis sincèrement désolé, mais je ne pouvais plus rester loin d'elle.

— Alors toi et la reine êtes amoureux depuis toujours et moi je ne suis que la personne qui a ruiné votre bonheur. C'est pour cela qu'elle ne s'est jamais ouverte à moi, qu'elle ne m'a jamais aimé. Peu importe ce que j'aurai pu faire pour elle, son cœur était déjà pris.

Antoine baisse la tête, il était temps que le roi comprenne le comportement de Ninon envers lui. Il aurait pu s'en rendre compte avant s'il ne s'était pas voilé la face pendant des années. Il le savait au fond de lui mais il ne voulait simplement pas le voir.

Thomas trouve ces révélations très intéressantes mais il commence à se demander ce qu'il fait là. Ce n'est pas comme s'il avait des révélations à faire de son côté, il n'a jamais rien caché et a toujours tout fait sous les yeux de tout le monde.
— J'imagine que vous étiez au courant de tout, demande le roi à Thomas.

Thomas regarde le roi un peu surpris, il ne s'attendait pas à ce que le roi lui adresse la parole et encore moins pour lui poser cette question.
— Vous imaginez bien, répond Thomas.
— J'ai toujours pensé que vous aviez une mauvaise influence sur votre sœur, c'est pour cela que je souhaitais vous voir partir. Mais à présent je sais de quoi il en retourne vraiment.
— Ninon n'a jamais été influencée par personne, elle suit simplement son cœur, dit Thomas.
— J'en conviens, acquiesce le roi.

Thomas trouve le roi assez pathétique et il commence à avoir un peu de peine pour lui. Il n'a jamais voulu voir ce qu'il y avait sous ses yeux sauf que maintenant qu'il connaît enfin toute la vérité, ou presque, il est vraiment pitoyable. Ses épaules sont affaissées et sa tête se baisse de plus en plus. Il aime une femme qui ne l'aimera jamais, c'est triste.
— Pourquoi suis-je ici ? demande Thomas. Si vous vouliez la vérité sur Ninon et Antoine, vous n'aviez pas besoin de moi.
— Parce que nous devons parler du futur de la reine à Versailles.
— Il n'y en a aucun, elle rentre avec moi, je ne la laisserai pas ici une nouvelle fois et je ne changerai pas d'avis !
— Dans ce cas, restez à Versailles avec elle. Je sais que je dois avoir l'air pitoyable à m'accrocher à ce mariage malgré ce que je viens d'apprendre. Mais je ne suis pas prêt à laisser la reine partir.
— J'ai une femme et une fille qui m'attendent, répond Thomas.

— Mais j'imagine que cela vous fait plaisir de retrouver la duchesse. Je peux la laisser revenir également, je peux faire revenir la marquise de Vauban et la duchesse de Provence. La reine pourra être de nouveau heureuse avec ceux qu'elle aime à ses côtés. Et puis elle ne peut pas laisser le dauphin et rentrer à Navarre. Il a besoin de sa mère auprès de lui.

Thomas se dit que ce n'est pas une si mauvaise idée. S'ils sont tous ici avec elle, elle pourrait avoir un semblant de vie normale. Le seul problème c'est qu'Antoine ne peut pas rester, alors qu'à Navarre, il pourrait vivre auprès d'eux.
— Je pense que c'est un choix qui appartient à Ninon. Trop de choix ont été faits pour elle et il est temps qu'elle reprenne le contrôle de sa vie, intervient Antoine très calmement.

Il le pense vraiment, il est temps que Ninon fasse ses propres choix. Maintenant qu'elle a une possibilité de fuite, elle devrait pouvoir la saisir si elle le souhaite. Après ce qu'il vient de se passer, les nobles ne diront rien si la reine annonce son départ pour Navarre pour se ressourcer. Ils sont tous complices du comte d'Artois, ils n'oseront plus rien dire ou faire contre le roi et la reine de peur des représailles. C'est une occasion en or, cependant Antoine n'est pas sûr qu'elle choisisse de partir sans leur fils. La seule solution pour qu'elle soit heureuse, serait qu'ils partent tous les deux pour son pays d'origine, chose qui est impossible de façon officielle. Cependant après ce qu'il vient de se produire si elle le lui demande, il risquera tout pour s'enfuir avec elle et leur enfant.

Ninon est allongée dans son lit, elle se remet doucement de ses émotions. Elle a vraiment cru qu'elle allait mourir, elle n'aurait jamais imaginé voir Antoine et Thomas débarquer pour lui sauver la vie. Pour elle, elle était perdue. Par chance son amie était là, à agir dans l'ombre pour essayer de la sauver. Elle lui en sera reconnaissante jusqu'à la fin de ses jours.

Louise est assise au chevet de son amie saine et sauve. Elle a réussi, ses messages sont parvenus à temps et Ninon est en vie. Thomas est arrivé de façon tellement impromptue que la scène était juste magnifique. Elle est très heureuse de le revoir, c'est bien le seul point positif dans toute cette histoire. Cela et le fait que Ninon et Antoine soient de nouveau réunis. Mais pour combien de temps ? Le roi ne va jamais le laisser rester à Versailles.

— Je ne te remercierai jamais assez pour ce que tu as fait Louise. Tu m'as sauvé la vie.

— Ce n'est rien, tu aurais fait la même chose pour moi.

— Quand je t'ai vu au milieu de la foule, je me suis sentie rassurée. Je n'allais pas mourir seule.

— Je ne savais pas s'ils auraient mes messages à temps et je ne voulais pas te laisser seule.

— Louise, je ne veux plus rester à Versailles et pour cela je vais encore avoir besoin de ton aide.

— Ce que tu voudras.

Ninon sait que ce qu'elle compte faire est des plus risqués, mais elle n'a plus le choix. Elle ne veut plus jamais revivre ce qu'elle vient de vivre. Elle sait ce que Thomas est en train de dire au roi, exactement ce qu'elle dirait si les rôles étaient inversés : ils repartent ensemble à Navarre.

Le roi pourrait même accepter, Thomas peut-être très persuasif quand il veut, elle pourrait être en direction de chez elle dès demain. Mais elle sait aussi que son époux ne verrait pas ça d'un bon œil, dans le sens où Antoine pourra être auprès d'elle.

En vérité, elle se fiche de la réponse positive ou non de Louis-Philippe, elle sait que même s'il la laisse partir ce ne sera que pour un temps. Elle devra revenir à la cour tôt ou tard, elle devra reprendre son rôle de reine de France et vivre de nouveau comme une prisonnière. Elle a failli mourir aujourd'hui et elle voit maintenant les choses d'une autre manière. La vie est trop courte et même si elle a des devoirs envers son époux, la France et Navarre, elle est enfin prête à penser à elle et seulement à elle.

Elle va partir mais ce sera pour ne plus jamais revenir. Elle sait qu'Antoine la suivra quoi qu'elle fasse et qu'il l'aidera surtout si cela leur permet d'être enfin ensemble. S'échapper ne sera pas la chose la plus difficile, ce qui le sera c'est de réussir à partir avec le dauphin. Elle imagine déjà leur vie à tous les trois à la campagne, dans une petite maison loin de tout ça. La vie dont ils ont toujours rêvé en silence.

Malheureusement elle ne va pas pouvoir faire tout cela seule et va devoir demander de l'aide aux êtres qui lui sont chers, les mettant également en danger. Elle sait qu'elle peut compter sur son jumeau et sur Louise mais ce ne sera pas suffisant. Elle va devoir en parler à Charlotte mais également à sa lectrice Claire, qui pourra faire sortir le dauphin sans problème prétextant une leçon. Elle pense pouvoir lui faire confiance mais elle est loin d'en être certaine, elles n'ont jamais vraiment été proches. Et si jamais elle ne pouvait pas compter sur elle alors elle a un autre plan en tête, elle partira coûte que coûte.

Elle va jouer sa vie et celles des autres avec un coup risqué, une tentative qui pourrait s'avérer hasardeuse. Mais elle n'a plus le choix, c'est maintenant ou jamais. Il est temps de quitter Versailles.

29 – La fuite

Thomas entre dans les appartements de Ninon sans même s'annoncer. Les nouvelles préposées au plumard, comme il aime les appeler, sont choquées de le voir entrer de la sorte mais il n'en a que faire. Le roi refuse de laisser partir Ninon et il refuse de laisser Antoine rester pour la protéger. Dans ce cas, lui, il refuse de la laisser ici, ils vont devoir trouver une solution pour partir de Versailles et au plus vite. Bien sûr, le roi lui a proposé de rester et il a été tenté mais s'il fait ce choix alors sa sœur sera toujours dans la même situation, rien ne changera et il ne veut pas lui faire ça.

Il va l'aider à trouver un stratagème pour annoncer son départ pour Navarre malgré le désaccord du roi. Qu'est-ce que Louis-Philippe fera de toute façon ? La pendre ? Il n'oserait jamais. Ils doivent partir dès ce soir, elle ne pourra probablement pas emmener le dauphin dans un délai aussi court mais il ne faut pas tarder, il faut partir maintenant, pendant que tout est chaud dans la mémoire des nobles. Aucun ne s'y opposera après ce qu'ils ont fait.

Ninon sursaute en entendant la porte de sa chambre s'ouvrir avec fracas. Elle se relâche en voyant Thomas arriver vers elle.
— Prépare tes affaires tu rentres à la maison, annonce Thomas.
— Tu as l'accord du roi ? Demande sa sœur.
— Non mais peu importe, je ne te laisse pas ici.
— Et mon fils ?
— On reviendra le chercher plus tard, c'est promis.
— Thomas…
— Écoute Ninon, il faut partir maintenant, ils penseront tous que tu pars te reposer à Navarre après ce que tu as subi.

— Mais je devrai revenir. Un jour ou l'autre je devrai revenir et ça, c'est impossible. Si je pars, c'est pour toujours et je sais comment faire.

Thomas sait qu'elle a raison et il se demande bien ce qu'elle a en tête. Elle a l'air sûre d'elle et déterminée. Elle a un plan et il est très curieux de le connaître. Ninon est très intelligente, elle a dû penser à tout.

Ninon sent que cette fois, elle a peut-être une chance d'être libre. Elle pense à Navarre et se demande ce que cela va entraîner par la suite mais elle va penser un peu à elle pour une fois et s'échapper de sa prison dorée. Elle aime la vie, elle aime Antoine et il est temps de vivre et d'aimer comme elle le souhaite. Elle a deux alternatives possibles : la première et l'idéale, serait qu'ils partent tous les trois. Mais alors il y aurait un risque pour l'alliance avec Navarre car ce serait une trahison. Par chance ses sœurs ne sont pas encore mariées et une autre alliance serait éventuellement envisageable. Avec l'autre alternative, qui serait aussi la plus triste, alors son royaume ne devrait pas être en danger.

Elle demande à Louise d'expliquer les plans à Thomas pour qu'il en parle au capitaine et à Charlotte à son tour. De son côté, elle doit aller voir avec sa lectrice, Claire, pour savoir si elle peut lui faire confiance pour l'aider avec le dauphin. Elle va tout faire pour partir avec lui, même si cela va être des plus difficile. Elle ne veut pas laisser son fils, loin de là, mais en cas d'échec du plan A, ce qui la rassure c'est que c'est un garçon. Sa vie sera bien meilleure que la sienne à Versailles, il sera plus libre, il fera ses propres choix et il deviendra roi. Pour elle, cela est loin de la vie idéale qu'elle imaginait pour lui mais elle est certaine qu'il sera un grand roi le cas échéant.

Lorsque sa nouvelle première dame annonce l'arrivée de Claire, elle demande à Louise et Thomas de quitter la pièce, elle veut être seule avec elle. Ninon s'approche lentement de Claire et vient se placer à ses côtés. Les gens ont du mal à aller

à l'encontre des ordres du roi, il va falloir la jouer fine, très fine.
— Claire, merci d'être venue. Je vous ai fait demander car je vais avoir besoin de votre aide.
— Je suis à votre service Votre Majesté. Que puis-je faire pour vous ?
— Vous n'êtes pas sans savoir ce qui m'est arrivé, ce fût une épreuve des plus difficile et j'ai besoin, vraiment besoin, de me retrouver avec mon enfant. Je sais que les ordres du roi sont que le dauphin doit rester dans sa salle de lecture pour ses leçons toute la journée, mais je vous en prie, aider moi à voir mon fils.
— Je ne saurais comment faire Madame.
— C'est simple, faites-le sortir pendant sa lecture.
— Je… Je suis désolée mais cela pourrait me causer de très gros problèmes, si cela venait à se savoir.

Claire est une personne que Ninon apprécie, elle lui a tenu compagnie quand elle était vraiment seule. Elle ne peut pas lui promettre qu'il ne lui arrivera rien car cela finira par se savoir. Si le dauphin disparaît pendant son heure de lecture, alors elle aurait de gros problèmes et finirait probablement au bout d'une corde. Seulement à cet instant précis, Ninon ne pense qu'à une chose : fuir le plus loin possible avec son enfant. Et pour cela, elle est prête à risquer la vie de sa lectrice. Versailles l'a changé plus qu'elle ne l'aurait cru, à présent elle est prête à laisser quelqu'un mourir pour elle.
— Je suis désolée de vous demander cela, mais j'ai vraiment besoin de le voir. Si jamais nous venions à nous faire attraper alors je vous promets de prendre toutes les responsabilités de mes actes et dirai au roi que tout est de ma faute. Il ne vous arrivera rien.

Claire semble réfléchir aux paroles de Ninon, elle n'a cependant pas l'air convaincue. Ninon savait que c'était un coup risqué de miser sur une personne que l'on ne connaît pas si bien que ça, voire pas du tout. Car elle sait que Claire est la lectrice de Versailles mais c'est à peu près tout ce qu'elle sait sur elle, elle ne sait pas son âge, d'où elle vient, de quelle famille, si elle est mariée, si elle a des enfants.

Des enfants. Ninon se rend compte qu'elle pourrait retirer une mère à ses enfants, par pur égoïsme. Elle prend alors conscience de ce qu'elle s'apprêtait à faire et décide de ne pas être aussi cruelle.
— Je ne sais pas si je pourrai le faire, je veux vraiment vous aider mais…
— Ne vous en faites pas, je ne veux pas vous mettre dans une position délicate, la coupe Ninon. Je verrai cela moi-même avec le roi. Vous pouvez retourner à vos occupations.

Elle montre la sortie à Claire, qui la salue avant de sortir rapidement. Elle a dû trouver la demande de Ninon un peu étrange et elle pourrait en parler à quelqu'un. Ninon sait qu'elle doit agir vite, avant que cela n'arrive aux oreilles de son époux. Elle sort en vitesse de sa chambre et file d'un pas rapide jusqu'à la salle du conseil, il est temps de passer au plan B.

À cette heure-ci, le roi est avec les conseillers et ils débattent sûrement de l'avenir de la France comme toujours. À croire que le pays court toujours à sa perte. Elle passe devant Louvois qui est en train de la saluer et entre sans même frapper, elle n'a pas le temps pour cela. Dans la salle, ils arrêtent de parler dès qu'elle pose un pied dans la pièce et ils se lèvent tous afin de montrer leur respect, seul Louis-Philippe reste assit et la regarde confus.
— Je dois vous parler Votre Majesté, commence Ninon. Seul à seul.

Elle n'a pas besoin de témoin et surtout elle ne veut pas que tout le monde soit au courant de ce qu'elle compte demander au roi. Elle garde un visage impassible, alors qu'au fond, elle est terrorisée. Si son époux refuse sa requête alors tout son plan tombe à l'eau et elle ne sait pas quand une occasion pareille se représentera.

— Messieurs, nous reprendrons plus tard.

Les conseillers saluent tous le roi et sortent un par un, non sans jeter un regard plus ou moins mauvais à Ninon qui vient de les interrompre une fois de plus pendant leur travail. C'est vrai que ce n'est pas la première fois qu'elle fait irruption dans cette salle sans y être invitée, mais elle a toujours une raison valable, du moins à ses yeux.

— Que se passe-t-il cette fois ma reine ? demande Louis-Philippe.

Il a l'habitude de la voir n'en faire qu'à sa tête et entrer ici comme si elle en avait le droit. Or cette salle du conseil est normalement réservée aux hauts conseillers de France uniquement.

— Je sais qu'Henri ne peut recevoir de visite ou sortir cette semaine car il est en pleine préparation pour son ascension en tant que dauphin de France, mais j'ai vraiment besoin de le voir.

— Je ne peux malheureusement rien faire, c'est une semaine des plus importante pour lui…

— J'ai failli mourir, j'ai cru ne jamais revoir mon enfant. J'ai eu la chance de survivre et j'ai vraiment besoin de serrer mon fils dans mes bras. Même pour seulement une petite heure. J'ai besoin de le sentir près de moi et je pense que vous pouvez le comprendre mon cher époux.

C'est la première fois qu'elle utilise le terme « cher » pour parler de lui et cela perturbe Louis-Philippe plus qu'il ne l'aurait cru. Il a tant rêvé entendre ce genre de mot de la bouche de la reine, mais maintenant que c'est le cas, il comprend qu'elle essaye simplement d'obtenir ce qu'elle souhaite. Et cela fonctionne, déjà parce qu'elle lui a enfin parlé comme une épouse devrait le faire, mais aussi parce qu'il comprend qu'elle veuille voir le dauphin. Il va accéder à sa requête, ce sera sa manière de se racheter auprès d'elle.

— Très bien. Je vais envoyer Louvois le chercher et vous pourrez passer une heure avec lui.

— Merci. Je sais que je ne suis pas toujours facile à vivre et pourtant vous accédez toujours à mes demandes.

Louis-Philippe est touché par ces mots, elle semble reconnaissante et c'est déjà plus qu'il ne l'aurait cru après ce qu'il s'est passé.

Ninon le salue et file vers la porte, mais avant de sortir, elle doit lui faire ses adieux. Elle a vécu sa vie ainsi à cause de lui, elle a été des plus malheureuse à cause de lui et pourtant elle ne peut le haïr complètement. Elle a toujours eu de la peine pour lui, il est sincèrement gentil au fond et il a toujours essayé, même maladroitement, d'être gentil et correct avec elle.
— Louis-Philippe, commence Ninon en se retournant vers lui. Merci d'être un bon époux et d'avoir toujours autant de patience avec moi. Je sais que je suis très loin d'être une femme et une reine idéale et que je vous ai fait plus de mal que je ne l'aurais voulu ces dernières années. Pourtant vous avez toujours été de mon côté.
— C'est parce que je vous aime sincèrement Ninon.
— Je le sais, je l'ai toujours su et je m'en excuse.

Ninon sourit à son époux pour la dernière fois si tout se passe comme prévu dans l'heure qui va suivre. Elle espère qu'il trouvera la paix dans son cœur et qu'il trouvera une femme qui l'aimera sincèrement. Elle reprend sa route et sort pour ne plus se retourner. Elle entend le roi appeler Louvois, la machine est en route, elle doit prévenir Louise et Thomas.

Près de trente minutes plus tard, alors qu'elle commençait à s'impatienter et à tourner en rond devant sa cheminée, Louvois annonce l'arrivée d'Henri. Ninon sent l'adrénaline monter en elle, c'est parti, plus de retour en arrière. Antoine et Thomas les attendent aux écuries, ils ont préparé des chevaux afin qu'ils puissent partir rapidement et le plus discrètement possible. Louise, quant à elle, reste au château pour le moment afin de les informer des retombées de leur plan. Elle les retrouvera plus tard quand ils seront en sécurité.
— Maman !

Henri court dans les jupes de sa mère, il est trop content de la voir, ça faisait longtemps. Ninon le sert fort contre elle et elle a l'impression de respirer pleinement de nouveau.
— On va aller faire une petite balade avec tonton Thomas d'accord ?

Henri hoche la tête, content de pouvoir enfin sortir dehors, il est obligé de rester enfermé pendant des heures et c'est vraiment embêtant.

Ninon le prend par la main et ils sortent des appartements, elle ordonne aux serviteurs de rester sur place car elle veut être seule avec son fils. Personne n'ose ouvrir la bouche et elle avance d'un pas rapide jusqu'aux jardins, puis aux écuries où son frère et son amant les attendent avec impatience.
— J'ai cru que vous n'arriveriez jamais ! dit Thomas en faisant monter Henri devant Antoine sur le cheval.
— J'ai malheureusement dû passer au plan B.
— Mais alors… commence Thomas.
— Oui, tu as compris, finit Ninon.

Thomas l'aide à monter à cheval, elle va se mettre aux côtés d'Antoine et lui sourit, elle sait que maintenant ils vont pouvoir être enfin heureux dès qu'ils auront quitté ce maudit palais.
— Tu es sûre ? lui demande Antoine.
— Allons vivre notre vie.

Les chevaux partent au galop et ils s'enfoncent rapidement dans les bois autour du palais. Par chance ils ne croisent personne et filent à grande vitesse jusqu'à leur liberté.

Mais alors qu'ils allaient quitter les terres de Versailles, des chevaux se dressent devant eux, trop nombreux pour essayer de passer au travers. Ils ralentissent et la garde royale leur fait signe de s'arrêter alors qu'ils les tiennent en joue. Ninon ne compte pas risquer la vie de son fils et fait signer à son frère et au capitaine de s'arrêter. Antoine s'avance alors vers ceux qui furent longtemps sous ses ordres.

— Que se passe-t-il ? leur gronde-t-il. Laisser passer la reine !
— Ils ne font qu'obéir aux ordres, dit alors Louis-Philippe en s'avançant entre les gardes, suivi par sa sœur Augustine. Je suis toujours le roi et donc leur chef. Je me suis douté que quelque se préparaient quand vous m'avez fait vos adieux ma reine.

Ninon savait que c'était risqué de parler au roi comme elle l'a fait avant de partir, mais elle devait lui faire passer un message.
— Je ne suis pas aussi idiot que vous le pensiez, réplique Louis-Philippe avec une pointe d'agacement dans la voix.

Elle sait que cette fois, elle ne va pas réussir à s'en sortir en faisant des courbettes, elle vient d'être prise la main dans le sac en train d'essayer de s'enfuir avec le dauphin et son amant. Elle descend de cheval pour montrer qu'elle se rend, maintenant elle va tout faire pour qu'il n'arrive rien à Antoine et Thomas.
— Je suis désolée, commence-t-elle, je suis la seule fautive, laisser partir le prince et le capitaine, ils ont seulement fait ce que je leur ai demandé.
— Ninon ! gronde Thomas en descendant de cheval à son tour.
— Je vous en prie Votre Majesté, reprend Ninon sans écouter la réprimande de son frère, Henri et moi allons revenir à vos côtés et je vous promets de rester docile à l'avenir.

Elle va récupérer Henri qui est toujours avec Antoine, celui-ci regarde Ninon avec tristesse, elle compte une fois de plus se sacrifier pour lui.
— Je ne vais pas te laisser faire, intervient Thomas.
— Si ! Thomas écoute moi, nous allons retourner au château, nous avons essayé et nous avons échoué, rentre à Navarre.

Antoine descend à son tour de cheval et s'avance vers eux, Ninon le supplie du regard de ne rien tenter. Elle ne veut pas que les choses tournent mal.
— Pourquoi devrais-je leur laisser la vie sauve ? demande le roi. Ils ont tenté d'enlever le dauphin et la reine de France.

— Vous savez que c'est faux, tout cela vient de moi. Je me sentais étouffée après tout ce qu'il s'est passé et je voulais fuir. Ils ont juste suivi les ordres de la reine. Louis-Philippe, je m'en excuse et je vous supplie de les laisser partir loin d'ici, loin de moi, et ce pour toujours.

Le roi se sent trahi une fois de plus et pourtant, voir la reine suppliante de la sorte le rend vulnérable. C'est une femme forte et elle semble si faible à cet instant. S'il les tue alors elle mourra aussi, il le sait. S'ils les laissent partir alors il a peut-être une chance de garder la reine près de lui pour toujours.

— Partez ! Tous les deux ! Partez et ne remettez plus jamais un pied à Versailles ou je vous ferai abattre sur le champ.

— Quoi ?! crie Augustine. Il a tué notre frère ! On ne peut pas le laisser partir !

— C'est un ordre ! Partez ! ordonne Louis-Philippe.

Ninon se sent soulagée, une fois de plus son époux montre qu'il a un cœur, elle regarde son frère et lui fait un signe de tête pour lui dire que tout ira bien. Il sait qu'il n'a aucune chance de survivre s'il tente quoi que ce soit maintenant, par contre s'il part gentiment alors il aura tout le temps qu'il faudra pour élaborer un nouveau plan pour la faire sortir d'ici si tout ne se passait pas comme prévu. Connaissant Ninon et l'incrédulité du roi, elle pourrait peut-être encore trouver une manière de partir sous ses yeux sans qu'il l'en empêche.

Elle regarde Antoine et lui sourit, ils n'auront pas réussi à fuir comme ils l'auraient voulu, mais ils auront eu la chance de connaître l'amour. Elle voit alors Augustine prendre le mousquet d'un des gardes et le pointer sur Antoine. Sans même réfléchir, elle vient se placer devant son amant et c'est à ce moment-là qu'elle entend une détonation. Elle est pile sur la trajectoire de la bille de plomb et une forte douleur l'envahit alors qu'elle sent la balle se loger dans sa chair. Elle se sent vaciller, ses jambes ne la tiennent plus et elle se laisse tomber en arrière, sentant des bras qui la rattrape avant qu'elle ne touche le sol. Ce sont ceux d'Antoine, ces bras qu'elle aime tant et qui lui ont donné tant de bonheur. Elle se sent apaisée, sereine et libre. Elle ferme lentement les yeux en lui souriant alors qu'il la serre contre lui.

30 – Les adieux à la reine

Thomas reste figé en regardant sa sœur inerte entre les bras du capitaine. Il remarque alors que sa poitrine ne monte et ne descend plus, elle ne respire plus. Il devient comme fou et se met à hurler, les mains sur la tête et regardant vers le ciel. Il respire de plus en plus fort, la colère monte en lui, ce satané roi aura réussi à tuer Ninon finalement. Alors qu'il s'apprête à se jeter sur lui pour le tuer à son tour, il remarque le petit Henri qui regarde sa maman la lève tremblante.

L'amour prend alors le dessus sur la haine et va vite le prendre dans ses bras pour le rassurer.
— Pourquoi maman elle dort par terre ? Il faut la réveiller, dit Henri.

Thomas ne sait quoi lui répondre, mais il sait qu'ils ne peuvent pas rester ici plus longtemps. Ninon doit voir un médecin avant qu'il ne soit trop tard. Seulement Antoine ne semble pas très enclin à bouger, il va falloir le secouer, lui et tous les autres.
— On ne peut pas attendre plus longtemps !! Antoine ! Emmène ma sœur à cheval jusqu'à Versailles ! Elle doit voir un médecin et vite ! cri Thomas.

Antoine, en entendant Thomas, secoue la tête pour se sortir de sa torpeur et se relève tout en prenant Ninon dans ses bras. Il a vu de nombreux corps inertes, il a vu la mort de très près de nombreuse fois. Mais cette fois c'est différent, il s'agit du corps de Ninon et ça change tout. Thomas s'écarte d'Henri et va aider le capitaine à se mettre en selle. Il installe Ninon entre ses bras et regarde Louis Philippe, s'attendant à une réflexion mais rien ne vient. Antoine part alors au galop dans l'espoir que Ninon ait encore une chance d'être sauvée.

Thomas retourne auprès de son neveu, ils doivent partir eux aussi. Il ne veut pas laisser Ninon toute seule. Il emmène Henri jusqu'à son cheval.

— Elle va où maman ? Demande Henri.
— Elle rentre au château et nous aussi. Viens là, lui répond Thomas.

Il attrape le petit et le monte sur le cheval, quand il s'apprête à montrer à son tour, Louis Philippe décide enfin de bouger.
— Stop ! cri-t-il. Mon fils vient avec moi ! Je suis le roi, c'est moi qui commande et le dauphin vient avec moi.

Thomas le regarde avec colère. Cela fait plusieurs minutes qu'il reste sans rien dire et sans rien faire comme un idiot, alors que sa propre sœur vient de tirer sur la reine. Et maintenant qu'il décide enfin de l'ouvrir, c'est pour dire des balivernes.
— Peu importe avec qui il monte à cheval ! Nous devons vite rentrer à Versailles !
— Je suis le roi ! Je donne les ordres ! Faite attention cher prince, restez à votre place.
— Je crois que vous ne réalisez pas très bien ce qu'il vient de se passer ! Ma sœur, votre reine, est en train de se vider de son sang par votre faute, je crois que vous n'avez pas à me dire quoi faire !
— Comment osez-vous ?!

Thomas sent la colère monter en lui, cela fait des années qu'il rêve de dire ce qu'il pense à ce roi de pacotille pour tout ce qu'il a fait à sa sœur. Et même s'il ne devrait pas manquer de respect ainsi au roi de France surtout devant le dauphin, il ne peut plus se retenir.
— Vous avez tué ma sœur à petit feu depuis des années ! Elle est arrivée à Versailles pleine de vie, heureuse, elle croyait en l'amour plus qu'en n'importe quoi d'autre. Le capitaine lui a donné tout ce qu'elle désirait et vous avez tout gâché ! Je l'ai vue devenir une autre pendant des années, vous l'avez emprisonnée, isolée. Elle a perdu sa joie de vivre, sa fougue et sa liberté de penser avec ce mariage royal. Vous êtes responsable de tout cela !

— Je lui ai donné un palais, une vie de reine !
— Vous l'avez bridé, c'est tout ce que vous avez fait ! Si vous aviez pris le temps de la connaître, vous auriez vu qu'une vie de château n'était pas faite pour elle ! Celui qui avait bien compris cela, c'était Antoine.

Thomas sait qu'il va un peu loin dans ses paroles mais ce n'est pas grave. Il est furieux et il n'arrive pas à se retenir. Louis Philippe sent la rage monter en lui et en même temps il sait que Thomas a raison, il a gâché la vie et l'amour de la reine parce qu'il la voulait pour lui. Il a été égoïste et il le sera toujours en ce qui concerne Ninon de Navarre.
— Votre sœur n'était pas si malheureuse que ça ! Elle n'en a fait qu'à sa tête depuis toujours. Elle allait dans des soirées où régnait le péché, elle se permettait d'intervenir dans des décisions royales et elle a même eu une liaison !
— Ce n'était pas une liaison ! Elle a simplement vécu l'histoire d'amour qui lui était destinée. Vous ne pourrez jamais empêcher ces deux-là de s'aimer, même après la mort.
— Ça suffit ! L'amour ce n'est rien comparé au pouvoir ! Elle était jeune quand nous nous sommes mariés et elle n'avait pas encore compris cela c'est tout !

Thomas n'en croit pas ses oreilles, le roi est vraiment très loin de comprendre Ninon. Il ne l'a même jamais comprise, c'est pour cela que toute cette histoire finit comme cela. Thomas sait que ce n'est pas la peine de parler plus longtemps. Il monte à cheval et va rejoindre sa sœur, elle a besoin de lui. Il part au galop direction de Versailles en espérant ne pas recevoir la pire des nouvelles à son arrivée.

Ils sont tous réunis dans la salle du trône, attendant des nouvelles de la reine. Le médecin est avec elle depuis longtemps déjà, c'est plutôt bon signe, cela veut dire qu'elle peut encore être sauvée. Joséphine arrive dans la salle et salue tous ceux qui s'y trouve, elle se dirige vers le dauphin et l'emmène avec elle pour qu'il n'assiste pas à ce qui va suivre si les nouvelles ne sont pas bonnes. Henri bataille pour ne pas partir et court

se réfugier dans les jambes du capitaine. Antoine s'accroupit pour lui faire face :
— Il faut que tu ailles avec ta nourrice maintenant, nous viendrons te voir tout à l'heure, lui dit Antoine.

Henri ne dit rien et décide d'écouter ce que lui dit le capitaine. Il est son héros, c'est toujours lui qui sauve sa maman des gens méchants. Il retourne vers Joséphine et sort de la pièce.

Louis-Philippe regarde Antoine avec colère, la scène à laquelle il vient d'assister lui brise le cœur plus qu'il ne l'aurait cru. Son fils, le dauphin, écoute, admire et aime le capitaine. Il ne peut s'empêcher de penser qu'Antoine lui a tout volé, l'amour de Ninon, son fils, la vie qu'il aurait dû vivre. Il n'avait jamais pensé cela jusqu'à maintenant mais à cet instant précis, il souhaiterait le voir mort.

Quand Ninon se remettra de ses blessures, il faudra qu'elle comprenne que son amourette d'adolescente est bel et bien finie et qu'il est temps d'être adulte. Une fois de plus elle a tenté de partir et avec le dauphin qui plus est. C'est la pire des trahisons, elle devra choisir entre sa vie et celle d'Antoine, comme ça elle comprendra peut-être enfin que ses actions ont des conséquences. C'est une leçon qu'il est grand temps qu'elle apprenne.

Augustine reste dans son coin et n'a pas prononcé un mot depuis qu'elle a appuyé que la gâchette. Quand ils ne seront plus préoccupés par la reine, ils vont enfin réaliser qu'elle est là et elle va devoir faire tout ce qu'elle peut pour ne pas finir au fond d'un puits. Quoique son frère, le roi, sera sûrement trop dévasté pour faire quoi que ce soit. Une chose est sûre, c'est qu'il a toujours aimé sa femme même si ce n'était pas réciproque. Il a toujours tout fait pour elle, sans jamais recevoir un merci ou même un peu de reconnaissance. Il est pathétique en ce qui concerne son épouse.

Elle le regarde dépérir depuis des années, devenir de plus en plus idiot pour essayer de gagner le cœur d'une femme qu'il n'aura jamais. Il ne pense qu'à cela et laisse sa position de roi au second plan. La France va mal et c'est pour cela qu'elle a soutenu son autre frère avec ce coup d'État, elle voyait en lui le nouvel espoir du royaume. Quand il est mort, tout espoir de voir la France retrouver sa grandeur est mort avec lui. Par chance, son frère lui avait pardonné son coup d'éclat avec Gaston et il l'avait laissé rester à Versailles malgré tout… enfin jusqu'à aujourd'hui.

Le médecin royal fait son entrée et tout le monde se fige, ils arrêtent même de respirer. Le médecin les salue et regarde le roi en croisant ses mains devant lui.
— Je suis navré mais la reine n'a pas survécu, dit-il.

Thomas s'effondre sur le sol, il n'arrive plus à respirer, il suffoque. Les mots qu'il redoutait le plus viennent d'être prononcés. Antoine sent son cœur s'emballer, il respire de plus en plus fort, il se sent nauséeux. « *La reine n'a pas survécu* » ces mots lui transpercent le cœur à la manière d'une épée sur le champ de bataille.

Louis Philippe ferme les yeux pour essayer de retenir ses émotions. Il aimerait hurler de désespoir mais ce ne serait pas convenable de la part d'un roi. Finalement il a fini par perdre sa reine, la femme qu'il aimait plus qu'il ne l'aurait dû. Une fois de plus il n'a rien fait pour la sauver, il se rend compte qu'il n'est pas aussi fort qu'il ne le croyait. Toutes les fois où la reine était en danger, il n'a rien fait.

Augustine se fait vraiment toute petite et sort de la pièce le plus discrètement possible. Cette fois le roi pourrait ne pas lui pardonner et la faire enfermer à la bastille.

Le roi essaye tant bien que mal de se lever, mais il sent faible, très faible. Il tient à peine sur ses jambes, pourtant il veut la voir, la voir une dernière fois. Mais avant qu'il ne puisse atteindre la porte, Thomas se met en travers de son chemin.
— Félicitations, vous avez finalement réussi à la tuer !
— Laissez-moi passer ! Je dois aller la voir !

— La seule chose qui me console, c'est que maintenant elle est enfin libre ! Libre de vous, libre de son mariage chaotique, libre d'être enfin elle-même.

Louis Philippe sait très bien que le prince souffre plus que quiconque de cette perte. Ninon était sa moitié, sa jumelle, il vient de perdre une partie de lui. Pourtant il ne va plus accepter qu'on lui parle sur ce ton.
— Je vous conseille de ne plus rien dire ou je vous fais emprisonner à la Bastille pour le reste de vos jours, le menace le roi.

Thomas sait qu'il en serait capable, il essaye alors de se contenir, ce n'est pas le moment de finir enchaîné contre un mur sale et humide au fond d'une prison. Mais il doit dire encore une chose avant de repartir pour Navarre annoncer la triste nouvelle.
— J'aimerais simplement dire une dernière chose avant de ne plus pouvoir le faire. Quand nous sommes arrivés ici il y a des années, Antoine n'aimait pas la vie et Ninon n'aimait pas la mort. Par amour, il vivait pour elle et elle est morte pour lui.

Louis-Philippe sent son cœur se serrer en entendant ces paroles. C'est vrai, elle n'a pas hésité une seconde à se mettre sur la trajectoire de la balle pour le sauver. Il a besoin de boire un verre et vite. Il ordonne aux hommes d'Église de faire sonner les cloches pour annoncer le décès de la reine et de préparer la cérémonie au plus vite, qu'on en finisse avec tout cela et qu'il puisse enfin noyer sa peine.

Thomas s'empresse de s'éloigner du roi avant qu'il ne donne l'ordre de l'arrêter. Il rejoint Antoine, qui a le regard dans le vide et l'oblige à le suivre. Le capitaine doit quitter Versailles au plus vite avant qu'il ne se fasse tuer à son tour. Maintenant que Ninon n'est plus, il risque la mort à chaque minute si l'envie en prenait au roi. Quant à lui, il doit tout préparer de son côté, les choses ne font que commencer pour Navarre.

Ils croisent Louise dans un des couloirs et elle comprend, rien qu'à leur tête, que la reine n'est plus. Thomas lui fait un simple signe de tête qu'elle lui rend et il continue son chemin. Louise n'a plus rien à faire à Versailles à présent. Après les obsèques de la reine, elle va partir loin d'ici à son tour pour ne plus jamais revenir. Elle va elle aussi retrouver sa liberté.

Antoine réalise qu'il doit parler au dauphin, il lui a promis mais il ne saurait que dire. Comment annonce-t-on à un enfant qu'il a perdu sa maman ? Henri va devoir apprendre à vivre seul, sans sa mère pour le conseiller et l'aider à devenir un homme et un futur roi. Maintenant c'est sa destinée, il sera roi de France et il sera un grand roi, sans aucun doute possible.

Un cérémonial réglé au millimètre donne la cadence des funérailles royales. La cérémonie est en train de prendre place dans la basilique Saint-Denis où tous les rois et reines sont inhumés. Tous les nobles sont venus saluer une dernière fois la reine de France. Le peuple est aussi réuni à l'extérieur, Ninon était une reine appréciée pour sa jeunesse et sa vivacité d'esprit. Tous veulent lui rendre un dernier hommage.

Le roi est assis et peine à rester en place, il a bu avant de venir, beaucoup trop, mais c'était la seule façon pour lui de pouvoir supporter cette journée.

Louise est assise au premier rang et ne peut détacher ses yeux du corps de son amie, posé sur cette stèle de pierre, dure et froide. C'est un moment très difficile, surtout qu'elle est seule, Antoine et Thomas ont quitté Versailles juste après l'annonce du décès. Thomas voulait prévenir la famille royale de Navarre lui-même de cette tragédie. Elle regarde le petit Henri, assit près du roi, les yeux gonflés par le chagrin. C'est pour lui que Louise ressent le plus de peine, car il ne saura jamais la vérité, sur sa mère, sur son père et sur l'amour qui les unissait.

La cérémonie commence et le cardinal parle encore et encore pendant ce qui semble des heures, Louise aimerait que cela se finisse au plus vite. Le roi est toujours aussi peu concentré et Henri sanglote sans que personne ne le console. C'est alors que les portes s'ouvrent avec fracas et Thomas s'avance

dans l'allée centrale, tel le prince qu'il est. Il ne pouvait partir sans dire un dernier mot à sa sœur. Il s'avance près de la stèle, Louis-Philippe essaye de réagir mais il n'y arrive pas. Thomas embrasse sa sœur sur le front puis se redresse et dit :
— Tu es libre à présent, tu peux partir en toute sécurité.

Louise souffle de soulagement en entendant ses paroles, c'est vrai, Ninon est libre. Après toutes ces années de tristesse et de douleur, elle est enfin libre et pour toujours. Il ne reste plus qu'un petit détail à régler. Les hommes d'Église repoussent Thomas et placent Ninon dans un cercueil. La garde royale s'approche et referme le cercueil. Ça y est, c'est fini, ils vont emmener Ninon dans quelques minutes.

À la fin de la cérémonie, tout le monde sort petit à petit de la basilique jusqu'à ce que Louise soit seule. Thomas l'a remercié et l'a embrassé délicatement sur la joue avant de partir rapidement. Elle se lève et va se placer devant le cercueil qu'elle ouvre sans ménagement. Elle place une fiole sous le nez de son amie et murmure :
— Il est temps à présent.

Après plusieurs secondes, Ninon ouvre les yeux qu'elle cligne plusieurs fois à cause de la lumière. Elle voit Louise à ses côtés et lui sourit. Elle sort tant bien que mal et elles se dépêchent de remplir le cercueil avec ce qu'elles trouvent pour faire du poids avant de le refermer en vitesse.

La mort était le prix à payer pour sa liberté.

Quatre jours plus tôt…

Ninon attend qu'on l'annonce devant la porte des appartements d'Augustine. Elles ne se sont jamais vraiment entendues et Augustine s'était même alliée avec le comte d'Artois pour la faire pendre mais c'est au final ce qui a poussé Ninon à venir ici : son esprit machiavélique.

La porte s'ouvre et elle entre sans se faire prier, elle n'a pas le temps de faire dans la délicatesse, elle doit aller parler au

roi tout de suite après et récupérer son fils. Augustine l'attend de pied ferme, les bras croisés sur sa poitrine, le regard mauvais. Il semblerait qu'elle ne soit toujours pas la plus grande fan de la reine de France.
— Que me vaut cette visite ? demande Augustine d'un ton sec.
— J'ai une proposition, qui je pense, pourrait vous satisfaire dans votre désir de pouvoir ma chère.
— Je n'ai aucun désir de pouvoir ! rétorque la sœur du roi.
— Ah non ? Vous ne souhaitez pas reprendre les rênes de ce royaume et lui redonner sa splendeur ?

Ninon remarque qu'elle a touché un point sensible et qu'elle a maintenant toute l'attention de sa belle-sœur. Une fois de plus, c'est un coup très risqué qu'elle va tenter. Après l'échec avec sa lectrice, Augustine est un peu son dernier espoir. Ce nouveau plan est bien meilleur pour son fils et pour tout le monde, quand on y réfléchit.
— Je vous écoute, qu'avez-vous en tête ? demande Augustine.
— Vous n'êtes pas sans savoir que je désire ma liberté plus que tout. Depuis mon arrivée à Versailles je suis loin d'être heureuse et je souhaite pouvoir vivre, comme je l'entends, notamment avec Antoine de Bourbon.
— Quant à moi je souhaite la mort du capitaine ! la coupe son interlocutrice.
— Et votre désir de revanche sur le capitaine pourrait-il être étouffé par la régence de la France ?

Ninon vient de dire le mot qui vient de définitivement mettre Augustine dans sa poche. La régence, toute femme de famille royale en rêve un jour ou l'autre. C'est la possibilité pour une femme d'avoir autant de pouvoir qu'un homme.
— Je ne vois pas comment cela est possible.
— C'est très simple, pour pouvoir vivre, je dois mourir et c'est vous qui allez me tuer. Je vous ai vu tirer avec une arme à la chasse et vous ne manquez jamais votre cible.
— Je ne comprends pas.

— Je vais dans quelques instants aller voir le roi afin de demander à voir le dauphin. Avant de sortir, je lui ferai des adieux pour lui mettre la puce à l'oreille. Mais vous savez autant que moi que cela ne suffira pas. Quand je sortirai, vous irez le voir et lui demanderez ce que je faisais là. Quand il vous l'expliquera, vous lui direz que je vais tenter de m'enfuir et que vous devez vous lancer à mes trousses. Nous allons partir à cheval vers l'ouest, nous ferons en sorte de ne pas aller trop vite pour que vous puissiez nous devancer et nous barrer la route.
— Quand bien même je ne vois pas quelle excuse je pourrai avoir pour tuer la reine ?
— Vous tirerez sur Antoine, tout le monde sait que vous souhaitez sa mort et je m'interposerai. Tout le monde sait que je l'aime assez pour le faire.

Augustine n'en croit pas ses oreilles, Ninon à un esprit bien plus machiavélique qu'elle ne l'aurait imaginé. Et en même temps si son plan est réalisable, devenir régente serait parfait pour enfin faire de la France le plus grand des royaumes. Son but depuis toujours. Elle est lasse de voir son frère délaisser la France de la sorte.
— Continuez, dit Augustine.
— Je prétendrai alors être morte tout simplement.
— Tout simplement ? Si je vous tire dessus, vous ne survivrez pas.
— Comme je l'ai dit, vous ne ratez jamais votre cible, vous devrez me tirer dans le bras ou dans l'épaule, Antoine m'a dit que c'était le moins dangereux.
— Et si je vous blesse sérieusement ?
— C'est un risque que je suis prête à prendre.
— Très bien. Et le médecin royal ? Vous vous doutez bien que vous serez emmenée ici en urgence afin qu'il vous soigne.
— Louise de Bretagne va le payer grassement en or et en joyaux afin qu'il dise ce que nous souhaitons. Il annoncera ma mort et nous lancerons les obsèques.

— Et si des gens vous voient respirer pendant la cérémonie ? Vous savez que vous serez à la vue de tous.
— Il y a un poison non mortel qui me plongera dans un sommeil profond pendant plusieurs jours.

Augustine la regarde en plissant les yeux. Elle a pensé à tout il faut bien l'admettre mais il y a une chose qu'elle ne peut prévoir et sans cela, elle n'obtiendra jamais la régence.
— Et pour le roi ? Comment pouvez-vous m'assurer la régence ?
— Il aura du mal à se remettre de ma mort et Thomas se chargera de le pousser à bout avec des remarques et des vérités qu'il n'a jamais voulu entendre. Vous savez comme moi que je suis la faiblesse du roi, il aura du mal à assumer toutes les paroles de mon frère.
— Vous le haïssez à ce point ?
— Je ne l'ai jamais haï, malgré l'isolement et l'enfermement, je ne l'ai jamais détesté car il a toujours, à sa manière, veillé sur moi. Seulement, je ne veux plus vivre ainsi.
— Vous êtes prête à laisser votre fils juste pour vivre votre histoire d'amour ?
— Il deviendra un grand roi, j'en suis certaine. C'est sa destinée et je veillerai sur lui quoiqu'il arrive, ne l'oubliez jamais. Il est jeune, vous serez régente pendant longtemps et même encore après, vous savez que la régence ne finit jamais vraiment. Vous entrerez dans l'Histoire.
— Je ferai de votre fils, un très grand roi, aimé et craint de tous. Si mon frère me laisse la vie sauve ! Si je tue son épouse, il ne me le pardonnera jamais.
— Si c'est le cas, vous direz que vous vouliez tuer Antoine parce qu'il a aidé à tuer le comte, il vous croira et comprendra.
— J'accepte si le prince de Navarre m'aide à fuir en cas de problème.
— Cela devrait pouvoir s'arranger.
— Dans ce cas je suis prête à vous aider.

Ninon sent un poids en moins dans sa poitrine. Elle a longtemps réfléchi à la possibilité de laisser son fils à Versailles. C'était tout d'abord inconcevable mais après avoir parlé avec Antoine, elle a compris que son fils avait un destin hors du commun, il est le futur roi de France. Elle ne veut pas lui enlever cette chance de faire de grandes choses et de devenir quelqu'un dont on se souviendra pendant des siècles. Bien sûr, elle suivra son avancée sur le trône de très près mais sans qu'il sache qu'elle est toujours en vie. C'est la partie la plus difficile de son plan, son fils doit assister à sa mort pour qu'il y croie et ne tente jamais de la retrouver. C'est un sacrifice qui va être très dur pour elle mais l'avenir de son enfant est plus important que tout le reste.

Elle va vivre d'ici quelques jours dans un endroit reculé de la France. En dehors d'Antoine, Thomas et Louise, personne ne saura qu'elle est toujours en vie. Si Navarre l'apprenait alors ce serait une trahison ultime de sa part. Et en la pensant morte, l'alliance entre les deux pays subsisterait et ne provoquerait pas la ruine de son pays, comme cela aurait été le cas, si elle avait simplement fui Versailles.

Maintenant qu'Augustine est de son côté, il ne lui reste plus qu'une chose à faire. Prévenir Louise de la mise en marche du plan et aller voir son époux pour la dernière fois.

Il n'y a plus de retour en arrière.

Épilogue

1711.

Henri a maintenant 22 ans, il est à présent seul sur le trône. Sa tante a été d'une grande aide toutes ces années et elle a fait de lui un homme fort. Il sait comment diriger un royaume sans se mettre le peuple à dos ni la noblesse. Elle a fait de lui un roi juste et fiable, un roi aimé et écouté, un roi que l'on respecte. Elle ne s'est jamais mariée et n'a jamais eu d'enfant, il est son enfant. Elle lui a dédié sa vie ainsi qu'à la France. Même si maintenant il est assez âgé pour être seul sur le trône de France, elle n'est jamais bien loin et cela l'arrange bien car il n'est pas sûr de pouvoir faire tout cela seul.

Il a eu une enfance compliquée, il a perdu sa mère, son point de repère alors qu'il était encore tout jeune et la mort de son père seulement deux ans plus tard, n'avait rien arrangé. L'ancien roi était devenu fou, il passait ses journées à parler à la reine défunte comme si elle était toujours présente au palais. Il buvait beaucoup pour effacer la douleur et la peine. Henri se dit souvent qu'il a perdu son père, le jour de la mort de sa mère.

Cependant, il s'est toujours posé des questions concernant la mort de la reine. Il se souvient bien l'avoir vue étendue sur le sol, couverte de sang et de l'enterrement mais pourtant il a cette impression qu'elle est toujours auprès de lui. Peut-être à cause de la folie de son père ou bien parce qu'il a toujours cette étrange sensation qu'on lui a caché quelque chose sur cette fameuse journée. Il se souvient très bien avoir été sorti du palais en vitesse et la balade à cheval qui a suivi. Sa mère était clairement en fuite, mais que voulait-elle fuir ?

À force de se poser des questions, il en a parlé à sa cousine. Ninon s'est d'abord moquée de lui en disant qu'il était fou puis elle s'est mise à le croire à force d'arguments. Elle a même fini par questionner son père, qui l'a tout de suite rembarré en lui demandant de ne plus parler de chose qui fâche. Un nouvel élément qui le poussait à croire qu'on lui cache quelque chose. Pourquoi ne veut-il pas parler de sa sœur jumelle ? Cela n'a aucun sens. Son oncle Thomas vient régulièrement à Versailles mais ne prononce jamais un seul mot sur l'ancienne reine alors qu'il devrait raconter des histoires et faire perdurer sa mémoire. Il devrait être celui qui l'aide à se souvenir de sa mère. Même sa tante, Augustine, n'a jamais voulu parler de sa mère. Pourquoi tout le monde refuse de lui parler d'elle ? Elle était pourtant aimée de tous, ça il s'en souvient très bien.

Il y a quelque temps, il a décidé de prendre les choses en main et a chargé un de ses officiers, son ami en qui il a le plus confiance, d'enquêter sur ce qu'il s'est passé il y a bientôt dix-sept ans. C'est ainsi qu'il a découvert que sa mère n'a jamais été heureuse à Versailles et qu'elle a entretenu une liaison avec le capitaine, cousin de son père. Il se souvient du capitaine, il aimait passer du temps avec lui lorsqu'il était enfant, il se sentait proche et c'était un peu son héros. Suite à la mort de sa mère, il semblerait qu'il ait quitté le palais et personne n'a plus jamais entendu parler de lui. Il a questionné son oncle Thomas sur lui mais il est resté très vague, une fois de plus. Il a aussi appris que l'ancienne duchesse Louise de Bretagne était très proche de sa mère et de son oncle, il a alors tenté de la joindre par tous les moyens mais ses missives sont toujours restées sans réponse. Il a également eu confirmation que sa mère avait été très aimée de tout le monde au château et qu'elle faisait partie des reines dont on se souviendrait pour son audace et sa folie. Elle avait beaucoup d'amis et pourtant personne ne semble pouvoir, ou vouloir raconter ce qui s'est passé il y a dix-sept ans. C'est le secret le mieux garder de Versailles et c'est pour ça que c'est vraiment étrange. Il n'y a aucun secret ici, tout se sait, tout le monde parle sauf de cette histoire.

C'est quand il a trouvé une lettre de sa mère dans un coffre contenant de vieilles affaires à elle qu'il a compris que toute cette histoire était bien plus compliquée que ce qu'on lui avait raconté. Il a donc continué à chercher pour finalement rencontrer une personne qui lui raconta une chose très intéressante. Selon son ancienne lectrice, Claire, sa mère voulait fuir Versailles plus que tout et si elle avait réussi ? Ses recherches ont fini par le mener à l'ancien médecin royal, qui sur son lit de mort lui a parlé d'une espèce de poison qui ferait dormir pendant des jours. Il était sénile et avait à moitié perdu la tête, mais il a dit une chose qui a donné un sens à tout cela : la reine était en vie lors de son enterrement. C'était la chose la plus étrange qu'il n'avait jamais entendue et en même temps la plus logique de toute cette histoire.

Finalement suite à toutes ses recherches, il a découvert qu'elle vit avec le duc de Bourbon dans un petit cottage sur les côtes bretonnes. Il s'y était alors rendu pour voir de ses yeux s'il s'agissait bien de sa mère et c'était bien le cas. Elle était en vie, elle était plus vieille que dans son souvenir mais elle avait l'air vraiment heureuse. Elle souriait constamment et regardait le capitaine avec les yeux pleins d'amour. Quand il y pense, elle a toujours regardé le capitaine avec des yeux pétillants. La mère triste dont il se souvient en majorité n'existe plus, elle est simplement heureuse. Il n'a jamais osé aller la voir, une partie de lui, lui en veut de l'avoir abandonné et une autre comprend tout à fait ce qu'elle a pu ressentir. Même s'il aime être roi, la solitude est très dure à vivre et pour une reine cela doit être encore pire. De la voir ainsi heureuse, le rassure, elle ne l'a pas abandonné pour poursuivre une destinée qui ne lui a pas réussi. Au contraire, et il est heureux pour elle. Il retourne la voir de loin, dès qu'il le peut, et garde l'idée au coin de sa tête qu'un jour ils seront de nouveau réunis. Quand il sera prêt, quand il pourra lui faire face car au fond il a peur de la décevoir.

Après avoir fui leur vie au château, Ninon et Antoine se sont réfugiés dans une petite ferme abandonnée dans le centre de la France. Cette période fut difficile pour eux, le temps d'adaptation a été plus long qu'ils ne l'auraient cru mais ils étaient enfin ensemble et c'était tout ce qui leur importait. Une vie à deux, loin de leur prison dorée. Thomas leur faisait envoyer des vivres régulièrement pour qu'ils ne meurent pas de faim. Ils avaient beau vivre dans une ferme, il leur a fallu admettre qu'ils étaient loin d'être fermiers et que travailler dans les champs était une tâche vraiment difficile. Ils n'ont pas été élevés pour vivre ainsi et ont été forcés de constater que la vie à la ferme n'était pas ce qu'il y avait de mieux pour eux.

Ils ont alors migré vers la Bretagne après une visite de Louise. Quand son mari est décédé, elle a hérité de tout, dont un petit cottage dont tout le monde ignore l'existence. C'était l'endroit parfait, près de leur amie et surtout ce n'était pas une ferme. Ils sont heureux depuis, Antoine s'est découvert une passion pour la pêche et Ninon adore créer des choses avec des coquillages. Louise leur rend souvent visite et Thomas leur envoie toujours de quoi subsister même s'ils n'en ont plus vraiment besoin. Ils ont une vie paisible et tranquille. Quand ils se rendent au petit village d'à côté, personne ne les connaît et ils se sont même fait des amis. Il arrive même à Antoine de vendre le poisson qu'il a pêché de temps à autre. Ils vivent la vie dont ils avaient toujours rêvé, pour eux. De leur nouvelle vie sont nés trois nouveaux enfants, les jumeaux François et Alexandre et une magnifique petite fille qui se prénomme Rose. Seulement, ils ressentent constamment un manque, leur fils Henri. Ils ont fait le choix de le laisser vivre sa destinée, même si eux avaient fait le choix de ne pas vivre celles, qui leur avaient été imposées. Savoir que leur enfant deviendrait un grand Homme était ce qui les avait poussés à faire ce choix.

Ils ont toujours surveillé de loin la vie d'Henri et c'est vraiment devenu un jeune homme droit et honnête. Il a épousé la princesse d'Angleterre et la traite comme il le faut. Elle a l'air heureuse, selon les dires de Thomas. Celui-ci se rend le plus régulièrement possible à Versailles afin de s'assurer qu'Henri va bien et qu'il a une bonne vie. Il fait toujours des rapports détaillés à Ninon, comme ce qu'il a mangé quand il était avec lui. Thomas ne comprenait pas bien pourquoi elle voulait savoir ce genre de chose mais il le faisait avec plaisir car pour Ninon chaque détail compte.

La jeune Ninon est également à Versailles, elle est proche d'Henri et cela réchauffe le cœur de Ninon que son fils et sa nièce s'entendent aussi bien. La jeune Ninon a décidé d'aider son cousin du mieux qu'elle peut pour qu'il soit aimé de tous. Thomas dit souvent qu'elle a le même caractère qu'elle et que ce n'est pas toujours facile à gérer pour Henri. Cela la fait beaucoup sourire et elle espère que lorsqu'elle devra se marier et probablement quitter le palais, elle aura toujours cette influence positive sur le roi de France.

À chaque fois qu'Antoine regarde sa femme, car ils se sont mariés dès qu'ils ont quitté Versailles, il se sent apaisé. Leur histoire n'a pas toujours été facile mais ils ont finalement réussi à simplement être heureux. Ils ont changé d'identité et sont devenus de simples gens. Monsieur et Madame tout le monde. Pourtant cela fait quelque temps maintenant qu'il cache un secret à son épouse. Il sait que leur fils les a retrouvés, il a reçu des nouvelles de Claire, l'ancienne lectrice de Ninon, disant qu'il faisait des recherches dans le plus grand secret. Même Thomas n'en saurait rien. Et Antoine, qui n'a pas perdu ses talents de capitaine de la garde royale, l'a vu plusieurs fois traîner dans le coin et les observer. Il a hésité plusieurs fois a allé le voir, mais il s'est dit que s'il ne venait pas à eux alors cela signifiait qu'il n'était pas prêt. Il n'a pas envie de le pousser dans ses retranchements ou bien de le faire fuir. Il attend donc patiemment que leur enfant fasse le choix de venir les voir et alors ils pourront lui expliquer pourquoi ils sont partis. Il n'a rien dit à Ninon jusqu'à présent car il ne veut pas qu'elle passe son temps à attendre une chose qui ne viendra peut-être jamais. Henri pourrait ne jamais leur pardonner et ne jamais vouloir les voir. Et il en aurait tous les droits, ils ont fait un choix et ils doivent maintenant en payer le prix.

Thomas est resté vivre à Navarre toutes ses années, il a décidé de rester pour aider son frère à gouverner à la mort de leur père. Il a très peu revu sa jumelle depuis leur départ de Versailles, en grande partie pour sa sécurité. Sa propre fille a un jour décidé de rester à Versailles, quand elle a vu le palais pour la première fois. Elle est tout de suite tombée sous le charme des jardins, un point commun que les deux Ninon de la famille partagent. Il a accepté qu'elle reste mais sous certaines conditions, il se souvient que trop bien de tout ce qui se passe dans les endroits cachés et reculés du château. Il a même été l'instigateur de pas mal d'entre eux. Mais elle semble heureuse alors il la laisse vivre là-bas, tout en surveillant ce qu'il s'y passe. Sa femme est décédée il y a quelques années d'une maladie incurable, ce fut une période assez difficile car il avait fini par l'aimer sincèrement. Ce fut d'autant plus difficile parce qu'il ne pouvait partager sa peine avec Ninon. Elle lui avait bien sûr adressé son soutien par de nombreux intermédiaires mais ce n'était pas pareil que de l'avoir auprès de lui. C'est un sacrifice qu'il a accepté le jour où elle lui a expliqué son plan afin de mourir.

La famille de Navarre a mis du temps à se remettre de la perte de l'un d'entre eux. Thomas se souvient que son père a été dévasté et qu'il s'en est particulièrement voulu d'avoir accepté ce mariage. Il avait aidé à l'isolement et à la détresse de sa fille. C'est ce qui d'ailleurs l'a rendu malade et il est parti seulement quelques années plus tard. Leur mère a d'abord fait comme si tout allait bien mais avec le temps, elle a fini par montrer des signes de tristesse et de peine. Pour Charles, ce fut un grand choc, elle était sa petite sœur favorite, celle qui le faisait rire. Quand il est devenu roi, il a même instauré une journée à Navarre en hommage à Ninon, princesse de Navarre et reine de France. Marie a fini par épouser le prince d'un pays lointain mais très prospère, bien, bien plus à l'est. Si loin qu'ils ne l'ont jamais revu. Elle avait enfin accompli son rêve d'être reine et depuis elle vit sa vie sans se préoccuper de celle des autres. Elle s'est mariée tout de suite après l'annonce de la mort de sa sœur, Thomas pense qu'elle avait seulement voulu fuir. Après leur relation des plus tumultueuse, Marie ne voulait sûrement pas gérer les sentiments qu'elle ressentait. Quant à Hélène, elle a épousé un duc d'Angleterre et vit maintenant là-bas. Elle donne des nouvelles de temps à autre et sa vie semble lui convenir.

Par une belle journée de printemps, Ninon est en train de profiter des premiers rayons du soleil en lisant un livre, lorsqu'elle entend des bruits de chevaux qui arrivent au pas de course dans sa direction. Antoine est parti pêcher avec Rose et les jumeaux et elle est seule à la maison. Par sécurité, elle rentre en vitesse et regarde par la petite fenêtre de la cuisine. Elle reconnaît les chevaux de la garde royale et elle se sent prise de panique, ont-ils fini par découvrir la vérité sur sa mort ? Elle regarde autour d'elle pour essayer de trouver un endroit où se cacher, s'ils décident de s'arrêter. Le problème, c'est que le petit cottage, bien que très chaleureux, est par définition petit. S'ils fouillent la maison, ils la trouveront à coup sûr. Il n'y a pas de passages et coins secrets comme à Versailles ici. Elle espère qu'Antoine les a aussi entendus et qu'il est en route pour les accueillir avant qu'ils ne la voient. Les chevaux sont, à présent, à seulement quelques mètres, il est trop tard pour fuir. Elle attend, cachée dans la cuisine en espérant qu'ils continueront leur chemin s'ils pensent qu'il n'y a personne. Les chevaux ralentissent, c'est mauvais signe. Elle commence à paniquer car si on découvre qu'elle est vivante alors ce sera le chaos total. Les chevaux s'arrêtent et son cœur s'emballe de plus belle, elle tente un petit regard et voit alors un jeune homme qui s'avance vers la porte. Il est accompagné d'une jeune fille et d'un garde, son uniforme ressemble énormément à celui d'Antoine quand il était capitaine. Elle regarde de nouveau le jeune homme qui s'avance et soudain elle se sent prise de vertige. C'est le portrait craché de son père : Antoine de Bourbon quand il était plus jeune. Son cœur s'emballe de nouveau mais plus pour les mêmes raisons, son fils, Henri est à quelques mètres d'elle. Est-ce une pure coïncidence ou bien pensait-il tomber sur Antoine en venant ici ? Elle ne sait que faire, mais l'envie de le voir et de l'embrasser, est plus forte que la peur de ce qui pourrait lui arriver si la vérité venait à se savoir.

Antoine, qui avait entendu les chevaux au pas de course, est en train de retourner au cottage avant qu'un drame ne se produise. Depuis qu'ils ont emménagé ici, personne en dehors de Louise n'est venu et ce n'est sûrement pas elle qui arrive à cette vitesse. De plus, il reconnaît les pas de course des chevaux royaux et il y en a au moins trois qui arrivent à toute allure. Il sait qu'il n'arrivera jamais avant eux et espère que Ninon les a aussi entendus et qu'elle a eu le temps de fuir pour ne pas se faire remarquer.

Henri a le cœur qui bat tellement fort qu'il a l'impression qu'il va sortir de sa poitrine. Il s'est enfin décidé, il y a quelques jours à aller voir sa mère. Après avoir discuté avec Ninon, sa cousine, il s'est rendu à l'évidence : il ne pourra jamais être lui-même s'il n'affronte pas sa peine. Il en veut à sa mère de l'avoir abandonné mais il a fini par comprendre pourquoi elle a fait tout cela grâce à la duchesse de Provence. La jeune Ninon l'a rencontrée et la duchesse lui a raconté la grande histoire d'amour entre la reine et le capitaine de l'armée royale, cousin de feu le roi Louis-Philippe. La duchesse de Provence était aux premières loges de leur amour et il semblerait que ce fût un amour vrai et sincère que personne ne pouvait empêcher, pas même le roi.

Ninon de Navarre, une appellation qui a d'abord été celle de sa tante, la sœur jumelle de son père. Après avoir entendu l'histoire de Constance de Provence, elle a ressenti une admiration immense pour l'ancienne reine de France. Subir sa vie pendant des années, alors qu'elle aurait pu être heureuse si son autre tante Marie avait épousé le roi comme c'était prévu. Pourtant elle n'avait jamais renoncé et avait tout fait pour être heureuse. Elle avait finalement réussi en prétendant être morte. Elle est contente que la duchesse se soit enfin décidée à lui raconter cette histoire, sans cela ils ne seraient pas là aujourd'hui. En apprenant toute cette histoire, dont elle ne se doutait absolument pas, elle en a beaucoup voulu à son père de ne pas lui en avoir parlé. Elle a maintenant plus de 16 ans et n'est plus une enfant, elle aurait pu comprendre.

Ninon se redresse et s'avance doucement vers la porte. Elle va retrouver son enfant, le voir en chair et os, ce n'était pas arrivé depuis le fameux jour de leur fuite. Elle ouvre la porte avec la main tremblante mais elle n'hésite pas une seconde. Elle sort doucement se mettant face à celui qui était sur le point de frapper.

Henri regarde la femme qui se tient devant lui. C'est elle, c'est sa mère, elle n'a pas changé, elle a peu vieilli bien sûr, mais elle est toujours aussi belle. Sa peau est toujours aussi claire, ses cheveux toujours aussi dorés, ses yeux toujours aussi verts. Elle est exactement comme dans son souvenir.

Antoine arrive avec ses enfants au même moment et voit la scène qui se déroule à quelques mètres de lui. Il reconnaît son fils, même s'il est dos à lui, et n'ose plus bouger, attendant la réaction de sa femme tout en se tenant prêt à intervenir si besoin. La jeune Ninon regarde sa tante et constate qu'elle est le portrait craché de son père. Elle est vraiment très belle et comprend pourquoi les hommes se battaient pour la princesse de Navarre à l'époque.

Ninon sent les larmes lui monter, son fils est si beau et si grand, il tient de son père sauf pour son nez, il a le sien. Elle n'ose prononcer un mot, elle attend de voir ce qu'il va faire, elle lui laisse la liberté de prétendre ne pas la reconnaître si c'est ce qu'il souhaite.

Henri avait décidé de rester formel en lui parlant, de garder une certaine distance entre eux car au final, il ne la connaît pas. Mais en la voyant, la seule chose qu'il veut c'est se jeter dans les bras de celle qui lui a donné la vie.
— Maman… murmure-t-il.

Ninon acquiesce et laisse les larmes rouler sur ses joues. Elle écarte les bras et il s'y réfugie en un instant. Elle ferme les yeux et profite de ce moment, un moment dont elle a rêvé toutes les nuits depuis dix-sept ans.

Antoine décide alors de se rapprocher d'eux afin de profiter lui aussi de leur fils. Bien sûr, il ne peut toujours pas lui révéler qu'il est son père mais être auprès de lui, lui suffit largement.

ANNEXE PERSONNAGES

LA FAMILLE ROYALE DE NAVARRE :

Henri de Navarre : le roi

Anne d'Écosse : la reine

Charles : le dauphin de Navarre

Marie : Princesse de Navarre, aînée des trois sœurs

Ninon : Princesse de Navarre, cadette des trois sœurs

Thomas : Prince Navarre, jumeau de Ninon

Hélène : Princesse de Navarre, benjamine de la famille

Antoinette d'Autriche : épouse de Thomas

Ninon : Fille du prince Thomas et d'Antoinette d'Autriche

LA FAMILLE ROYALE EN FRANCE :

Louis de France : le roi

Louis-Philippe : dauphin de France

Augustine : fille du roi, duchesse d'Anjou, la cadette

Gaston : fils du roi, comte d'Artois, le benjamin

Antoine : Prince de sang, neveu du roi, duc de Bourbon, capitaine dans l'armée royale

Henri : Dauphin de France, fils de Ninon de Navarre et Antoine de Bourbon

ENFANTS DE NINON ET ANTOINE :

François et Alexandre : les jumeaux

Rose : benjamine

LES NOBLES :

Louise : duchesse de Bretagne
Constance : duchesse de Provence
Philippe : duc de Provence
Comtesse de Toulouse : noble aimant les potins
Comte de Toulouse : banquier du roi
Pierre : Marquis de Vauban
Suzanne : Marquise de Vauban
Lucie de Nantes : maîtresse d'Antoine
Eugénie : petite sœur de la comtesse de Toulouse

AUTRES :

Charlotte : servante puis gouvernante de Ninon
Louvois : premier intendant du roi
Colbert : conseiller d'État à Versailles
Claire : lectrice de Ninon
Madame de Marsan : première dame de Ninon
Joséphine : nourrice du dauphin

Table des matières

Prologue 3
1 – Le futur mariage 8
2 – Bienvenue à Versailles 16
3 – Délicieuse rencontre 23
4 – Vices à Versailles 32
5 – Le bal des condamnés 41
6 – Lendemain difficile 50
7 – Faîtes vos jeux 57
8 – Liaisons dangereuses 65
9 – Bouleversement 79
10 – La guerre est déclarée 92
11 – Dauphine de France 100
12 – Navarre 109
13 – L'héritier de la couronne 115
14 – Retour à Versailles 123
15 – Masqua-rade 136
16 – Déjeuner sur l'herbe 153
17 – Conversation au sommet 162
18 – Le verre de l'amitié 176
19 – Liberté retrouvée 181
20 – Le chasseur et la proie 195
21 – Instant thé 203
22 – Petites libertines 211
23 – Le poison de l'amour 219
24 – Les suspicions du roi 228
25 – Intervention royale 235
26 – La fin d'une époque 249

27 – Artois 257
28 – La corde au cou 266
29 – La fuite 281
30 – Les adieux à la reine 291
Épilogue 303
ANNEXE PERSONNAGES 313